本成果受到中国人民大学"统筹推进世界一流大学和一流学科建设"专项经费的支持

中 国 人 民 大 学 唐 宋 史 研 究 丛 书

刘后滨 著

唐代选官政务研究

A Study of Policy and Practice for
Selecting Officials in the Tang Dynasty

社会科学文献出版社
SOCIAL SCIENCES ACADEMIC PRESS (CHINA)

"唐宋史研究丛书" 总序

中国人民大学历史学院唐宋史研究中心计划集编出版"唐宋史研究丛书",下文谨述其缘起与基本思路。

隶属于中国人民大学历史学院的唐宋史研究中心,成立于2010年,它是一个汇聚同好而组成的松散学术团体,一个学术交流平台,旨在推动关于中国唐宋历史研究领域的发展。除了不定期地举办学术讲座、召开学术会议外,中心主要的事务是从2015年起编辑出版年刊《唐宋历史评论》。现今在此年刊基础之上,同仁们经过集议,认为有必要集编出版一套专门以唐宋史研究为主题的学术丛书。

一方面,至少在形式上,这套丛书可以将中心成员学术著作汇集起来,以显示"学术团队"的总体力量。目前中心主要由本学院以及本校国学院从事唐宋史研究的教师组成,并聘有校外兼职研究员,经常参加中心学术活动的有20余人,还有已经毕业或在读的硕士博士研究生数十人。中心成员的学术兴趣涉及唐宋史众多领域,大致有政务文书与政治体制、社会经济、城市、财政、律令制度、宗教与民间信仰、历史文献、历史地理、医疾、民族关系、敦煌吐鲁番文献,以及辽金政治、地理、史学等多个议题。今后随着研究生培养工作的推进,我们的研究力量与研究议题必然会不断扩充与拓展,用一套学术丛书来集中展示我们的研究成果,无疑是构建中国人民大学唐宋史研究学术团队的合适途径。

另一方面,更为重要的是,这套丛书的集编出版,反映了我们关于如何深化唐宋史研究的一些学术思考。《唐宋历史评论》"发刊词"曾指出:

> 唐宋时代是中国古代历史上继周秦之变以后再次经历重大社会与文化变迁的时期,魏晋以来相承之旧局面,赵宋以降兴起之新文化都

在此时期发生转变与定型。唐朝以其富强，振作八代之衰，宋代以其文明，道济天下之溺；唐宋并称，既有时间上的相继，又有文化上的相异。唐、宋的时代特色及其历史定位，要求唐宋历史的研究突破原先单一的唐史研究、宋史研究画地为牢圈于一代的旧局面，构建"唐宋史观"的新思路，树立"唐宋史研究"的新框架，在更为宏观的历史视野中观察、理解中古史上的唐宋之变。

所谓"构建'唐宋史观'的新思路，树立'唐宋史研究'的新框架"，当然不仅仅是将习称之"唐宋变革"或"唐宋转折"的两端扯到一起，让两个断代史领域叠加起来而已，而是希望推进研究范式的某种转变，是如何从长时段"会通"地来观察历史的问题。

不同历史解释体系对于唐宋间存在着一个历史转折似无异议。从明人陈邦瞻（1557～1628）所论"宇宙风气，其变之大者三：鸿荒一变而为唐虞，以至于周，七国为极；再变而为汉，以至于唐，五季为极；宋其三变，而吾未睹其极也"①，到 20 世纪初由日本学者内藤虎次郎（1866～1934）在《概括的唐宋时代观》一文中提出的"宋代近世说"，认为唐宋之间存在一个历史的"变革"②，及至现今仍流行于欧美学界的"唐宋转折"论，细节上虽多有差别，主旨却基本相同。

即便按照传统的、将整个中国帝制时期都划入"封建社会"的历史分期法，由于这个"封建社会"过于冗长，学者们也都试图将其再细分为不同的时段，以便于深入讨论。他们有将其分为前、后两期的，也有分为前、中、后三期的。但不管哪种分法，唐宋之际都是一个分界点。③

从内藤氏以来，学者们对这个转折的具体内容做过许多侧重面略有差异的描述。陈寅恪（1890～1969）先生以"结束南北朝相承之旧局面"④

---

① 陈邦瞻：《宋史纪事本末》附录一《宋史纪事本末叙》，中华书局，1977，第四册，第 1191～92 页。
② 论文原载（日）《历史与地理》第九卷第五号（1910 年），黄约瑟中译本，载《日本学者研究中国史论著选译》第一卷，中华书局，1992，第 10～18 页。关于由内藤此文影响下形成的"唐宋变革"论，可参见邱添生《论唐宋变革期的历史意义——以政治、社会、经济之演变为中心》，《台湾师范大学历史学报》第七期，1979 年 5 月。张其凡《关于"唐宋变革期"学说的介绍与思考》，《暨南学报》（哲学社会科学版）2001 年第 1 期。
③ 参见白钢《中国封建社会长期延续问题论战的由来与发展》，中国社会科学出版社，1984。
④ 陈寅恪：《论韩愈》，原载《历史研究》1954 年第 2 期，后收入氏著《金明馆丛稿初编》，上海古籍出版社，1980，第 296 页。

一语来概括唐代前期历史，最为精到。此外也有一些学界前贤，发表过一些相当有启发性的意见，向我们展示了这种长时段、全方位观察视野的犀利目光。

但是，从学术史的角度看，前贤的这些论断的影响，似乎更多地只体现在引导学者们去关注唐宋之间历史的变异与断裂，不管是称之为"变革"还是"转折"，都是如此。近数十年来我国史学的发展现状是，虽然关于应该摆脱断代史框架的束缚，从历史发展的长时段着眼，以"会通"的视野，来观察中国历史的沿革与变化的立场，差不多已经成了学界常识，但将这种常识落实到实际的研究工作中去，则还处在言易行难的初步阶段。具体就宋代历史研究领域而言，集中表现在制度史领域，越来越多的学者意识到应该从晚唐五代去追溯宋代制度的渊源，但真正"会通"的成果尚不多见。总体看来，唐与宋各自分为两个"断代"局面未见有大的改观，中间那道隔离墙并不易被拆除。

唐宋两朝研究各自囿于断代史畛域的主要原因，并非仅仅出于历史文献过于庞驳、史事制度过于复杂，以致多数学者以一人之心力，难以兼顾，而在于观察的视野与分析的理路，常常局限于一朝一代，未能拓展开去。我们强调应该跳出断代史的框架，摆脱一时一地的局限，以会通的眼光来观察历史，也绝非以为凡叙述某一史事，都必须从唐到宋，甚至更长时段地，跨朝越代，从头说到底。实际上，关于中国古代历史研究的绝大多数专题，都不得不具体落实到某一个"断代"的某些侧面，跨朝越代式的史事叙述，对于不少学者来说，无论在精力上还是智力上，都是不太容易应对的挑战。因此，我们在这里所强调的，是要以一种会通的立场、眼光与方法去分析处理断代史的问题。

所谓"转折"，指从一种形态转向另一种形态。但是，假定了"转折"的存在，绝非意味着研究者可以将其两端相互割裂开来。毋宁说，基于对"转折"的认识，更要求研究者持有一种长时段、全方位的观察眼光，从历史前后期本来存在的有机联系入手，来讨论造成"转折"的种种因素，分析"转折"的前因后果。

如果未能明了赵宋以降文化史与思想史的基本走向，就不太可能真正理解韩昌黎（公元 768~824）"文起八代之衰，而道济天下之溺"的历史地位。同样的，未能充分掌握中原地区古代服饰演变的全局，认清秦汉而下直至明清，含蓄收敛服饰风尚实为常态，倒是"非华风"的盛唐风范实属例外，仅以唐宋间的简单对比，来划出"开放"与"保守"的文化分野，就未免流于世俗的片面之论了。笔者近年讨论宋代城市史，跳出传统的唐宋间产生所谓"城市革命"，亦即主要从历史的断裂层来作分析的思路，改为更多地观察唐宋间城市历史的延续性，小有收获，也可为一例。

所以说，如果能站在整个中国古代历史前后转折的高度，从时间与空间两个维度来做观察，关于"唐宋转折"的假设不仅不会使我们将唐宋间历史机械地割裂开来，反而会更推动我们去探索它们相互间的有机联系，深化对它们的认识。这大概就是一种正确的方法可能带给研究者的丰厚回馈。

相对而言，如何通过观察历史后续的发展，也就是元明清各代的历史，再反过来验证自己对唐宋时期历史的分析，或者在对历史后续发展的观察之中，来就前期彰显未明的史事的走向，获得一些启发，关注者看来更少一些。同样的，据我们对元明清史研究领域的粗浅观察，论者能跨越断代，将对史事的梳理上溯至唐宋者，似亦有限。因此，对于许多制度的沿革，史事的源起，常常只能知其然，而不能知其所以然。

前贤的许多论述，例如前引陈邦瞻之语，接下去又说："今国家之制，民国之俗，官司之所行，儒者之所守，有一不与宋近乎？非慕宋而乐趋之，而势固然已。"还有近人严复（1853~1921）之所论，"中国所以成为今日现象者，为善为恶，姑不具论，而为宋人之所造成，什八九可断言也"[1]。或者如王国维（1877~1927）所说"近世学术，多发端于宋人"[2]。这些议论虽已为人们所耳熟能详，也多见引于学者的论著之中，但它们之所指出的历史现象，真正被学者纳入自己的观察范围，予以深入讨论的，则不多见。

易言之，鉴于学术史的现状，立足于唐宋的观察视角的学术意义，还在于可能推进对经由唐宋转折定型的中国帝制后期历史的贯通性研究。这样的贯通性研究，无论是对于我们进一步理解唐宋，还是元明清，或者今天的中国，都是极为必要的。

所以，立足于"唐宋"的观察方法，不仅要求我们拓宽视野，将7~13世纪整个民族的历史活动纳入分析讨论的范围，更需要我们将观察的眼

---

[1] 严复：《严几道与熊纯如书札节钞》第39通信札，见《学衡》第13期，1923年1月，第12页。

[2] 王国维：《静安文集续编·宋代金石家》，见《王国维遗书》第五册，上海古籍书店1983年据商务印书馆1940年版影印。

光从一代一朝、一时一地，拓展到民族历史发展的全过程。同时，它也必将会对我们的学术能力提出更高的要求。

归纳而言，我们这套丛书以"唐宋史"为题，收录论著的具体议题自然不出唐宋两代的史事，而且多数仍不免分别讨论唐代或者宋代，但观察的视野与分析的理路，则希望不仅要会通唐宋两代，关心的时段也比唐宋历史时期还要广泛一些。更重要的是，与其说这样的专题选择是出于一种学术领域的划分，不如说是基于一种自以为更合适的学术方法与学术眼光的思考。我们希望以这种更具有透视力的学术眼光来自励，并希望以此为深化对民族历史的理解做出自己应有的努力。

具体就丛书的集编组织而言，我们希望能够遵循学术研究的自然规律，不分批分辑，杜绝批量生产，同仁的论著成熟一本推出一本，积以岁月，观以长效。同时，也欢迎学界同好加入我们的研究团队。

谨此说明。

包伟民

2016 年 3 月 30 日

目　录

Contents

绪　论　走进"苏东坡之问"

生活在北宋的苏轼（号东坡居士）以自拟策试考题的形式，提出了选官制度中如何做到人与法并重的问题，这就是著名的《私试策问·人与法并用》。其文曰：

> 问：任人而不任法，则法简而人重；任法而不任人，则法繁而人轻。法简而人重，其弊也，请谒公行而威势下移；法繁而人轻，其弊也，人得苟免，而贤不肖均。此古今之通患也。夫欲人法并用，轻重相持，当安所折衷？使近古而宜今，有益而无损乎？今举于礼部者，皆用糊名易书之法，选于吏部者，皆用长守不易之格。六卿之长，不得一用其意，而胥吏奸人，皆出没其间。此岂治世之法哉！如使有司皆若唐以前，得自以其意进退天下士大夫，官吏恣擅，流言纷纭之害，将何以止之？夫古之人，何修而免于此？夫岂无术，不讲故也。愿闻其详。①

苏轼提出一个普遍性的问题，即人治与法治这两种管理体制各自存在的弊端如何折中，又进一步将这一问题落实到选官方面，将两种理念下的选官弊端点明，进而提出如何建立合理的选官制度和标准？如何避免人治与法治各自所带来的选官之弊？这是当时十分突出的现实问题。在苏轼的理解中，唐朝及以前的选官制度，既无礼部"糊名易书之法"，亦未有吏部"长守不易之格"，各个部门的长官可以按照各自的需要和独立的判断来选

---

① （宋）苏轼著，孔凡礼点校《苏轼文集》卷七，中华书局，1986，第218～219页。

拔官员。苏轼对唐朝及以前选官制度的描述自然不是全部客观的，而是通过美化前朝尤其是最靠近当下的前朝来针砭时弊。这也是中国政治文化中的一个传统。但是，苏轼的理解也并非空穴来风，唐朝尤其在宋人最为推崇的唐前期，选官制度在实际运作中确实还没有出现宋代那种严格按照资历和量化指标来任用官员的情况。宋人对唐制的理解尽管有许多美化或不实的成分，却是今天我们理解唐朝制度无可逾越的基点。欧阳修、司马光和苏轼等人对唐朝选官制度和相关政务的描述和评论，为我们进入唐朝选官政务运行实际情景起到了无可替代的引领作用。

选官与用人的问题，一方面是要讲究原则，另一方面则还需要有制度的保证。随着科举制的诞生和铨选制的成立，唐代选官制度中提出了一些重要的原则，例如按照才学选官的原则、通过考试选官的原则、按照岗位需要因人授任的原则、兼顾公平与效率的原则以及"不历州县不拟台省"的原则，等等。要使这些原则具备可操作性，就只有将其落实到选官制度上，需要制度设施的完善与配套。到苏东坡的时代，中国古代选官制度已经非常完备，但是随着制度的完备又出现了新的困局。一个人能否做官，能够做什么级别的官，不是哪个人可以说了算的，而是通过严格的资历体系中各项指标的计算得出来的。这个资历体系，由出身、任职经历、考绩、举主、年资等因素构成，而且都是有档案可查的。所以，他提出了任人与任法的两难抉择问题：既要保障铨选部门或其他政务部门首长可以根据自己的判断行使选官用人权，又要避免请谒公行、官吏恣擅，流言纷纭之害；既要保障选官政务中的机会公平，规避人情干扰，又要保证优秀人才能够脱颖而出，兼顾效率。苏轼提出，选官用人过程中如何克服人情干扰与规则约束的矛盾，应该是能够找到折中办法的。我们不知道苏轼心里所想到的办法到底是什么，但是苏轼所尊崇的司马光却间接地回答了这个问题。《资治通鉴》记唐代宗大历十四年（公元779）五月甲戌贬常衮为潮州刺史，以崔祐甫为门下侍郎、同平章事之后，有一段综述：

> 　　上时居谅阴，庶政皆委于祐甫，所言无不允。初，至德以后，天
> 下用兵，诸将竞论功赏，故官爵不能无滥。及永泰以来，天下稍平，
> 而元载、王缙秉政，四方以贿求官者相属于门，大者出于载、缙，小
> 者出于卓英倩等，皆如所欲而去。及常衮为相，思革其弊，杜绝侥幸，

四方奏请，一切不与；而无所甄别，贤愚同滞。崔祐甫代之，欲收时望，推荐引拔，常无虚日；作相未二百日，除官八百人，前后相矫，终不得其适。上尝谓祐甫曰："人或谤卿，所用多涉亲故，何也？"对曰："臣为陛下选择百官，不敢不详慎，苟平生未之识，何以谙其才行而用之。"上以为然。①

"安史之乱"爆发及其被平定后的一段时间里，选官政务中相关标准和规则出现了忽松忽紧的反复。从战争爆发后的滥赏官爵到元载、王缙秉政时期为四方以贿求官者大开方便之门，到常衮担任宰相时期，突然收紧，各地奏请的官员都一律杜绝任命。崔祐甫在唐德宗新即位而"居谅阴"的情况下，取代常衮担任宰相，一改常衮收紧的做法，将滞留下来的大量等候任命的官员快速加以任命。不到 200 天的时间里，除授了 800 人，终于引起了反对者的不满。在唐德宗为何"多涉亲故"的追问下，崔祐甫的回答显得理直气壮：既然陛下委任我担任宰相，令我选择百官，那我自然要认真对待、谨慎负责，因此只能在有过接触的人群中加以选择，以保证谙熟其才能与德行。崔祐甫的回答得到了唐德宗的理解。这就提出了一个问题，有选官权的人在选任官员的时候，是否只能在熟识的人中间加以选择才能保证选官质量呢？接下来，全国的中低级官员都要由尚书吏部、高级或职位重要的一些中低级官员都由宰相和皇帝亲自任命，选官权如此集中，有选官权的人又怎么可能对全国的官员候选人都熟识呢？这两个相互关联的问题，直抵苏东坡之问，这种"任人"而不是"任法"的做法，确实很容易引起"官吏恣擅，流言纷纭之害"。

尽管由于唐德宗对崔祐甫的信任，当时没有引起大的波澜，但同样的问题到宋代却难以避免政治风浪的兴起。寇准在宋真宗时期再次担任宰相，面对日渐僵化的选官制度，他想有所改变，却最终引起了同僚和皇帝的不满，并因此罢相。《宋史·寇准传》记载：

准在相位，用人不以次，同列颇不悦。它日，又除官，同列因吏持《例簿》以进。准曰："宰相所以进贤退不肖也，若用例，一吏

---

① 《资治通鉴》卷二二五《唐纪四十一》代宗大历十四年五月甲戌，中华书局，1956，第 7257～7258 页。

职尔。"①

邓广铭先生认为寇准是打破北宋官场守成循默之风的第一人，并引南宋人叶适《水心别集》卷十二《资格》中的一段话"至咸平、景德初，资格始稍严。一寇准欲出意进天下之士，而上下群攻之矣"，说明寇准罢相是因为背离了宋朝的祖宗家法。②寇准强调的是"任人"而不是僵化地"任法"，而"任法"是祖宗家法的明确取向。《宋史·寇准传》接着记载了宋真宗对其继任者王旦的告诫之语："寇准多许人官，以为己恩。俟行，当深戒之。"寇准对祖宗家法的突围宣告失败。

到了司马光的时代，王安石宣称"祖宗不足法"。尽管司马光站到了反对王安石变法的立场上，但还是一定程度上接受了那个时代改革思潮的影响，在选官用人问题上，比群起而攻击寇准的那些人要看得高远一些。在上引《资治通鉴》所记崔祐甫用人多涉亲故的事件之后，司马光发表了一段评论，"臣光曰"：

> 臣闻用人者，无亲疏、新故之殊，惟贤、不肖之为察。其人未必贤也，以亲故而取之，固非公也；苟贤矣，以亲故而舍之，亦非公也。夫天下之贤，固非一人所能尽也，若必待素识熟其才行而用之，所遗亦多矣。古之为相者则不然，举之以众，取之以公。众曰贤矣，己虽不知其详，姑用之，待其无功，然后退之，有功则进之；所举得其人则赏之，非其人则罚之。进退赏罚，皆众人所共然也，己不置豪发之私于其间。苟推是心以行之，又何遗贤旷官之足病哉！

司马光当然不是直接回答"苏东坡之问"，而是借助史论间接提供了一个答案。一方面，司马光认为不能因为亲故就不任用，如此亦非出于公心；另一方面，他更不认同崔祐甫的做法，仅凭一人之力，熟识的人总是有限的，即使完全出于公心，也不可能没有遗漏。他提出的办法是，"举之以众，取之以公"，"己不置豪发之私于其间"。这是司马光有关选官用人问题论述中最切近制度设计的议论，也是对"苏东坡之问"最接近出口的一个回答。这样做既不陷于人情干扰，又可免于越来越繁密的规则的束缚。

---

① 《宋史》卷二八一《寇准传》，中华书局，1977，第27册，第9531页。

② 参见邓广铭《宋朝的家法和北宋的政治改革运动》，载《邓广铭学术论著自选集》，首都师范大学出版社，1994，第139~161页。

但是，这个议论毕竟还是停留在理念上，在制度设计中如何做到"举之以众，取之以公"，这就不是生活在遥远北宋时代的司马光和苏轼们能够解决的问题了。

以司马光和苏轼为代表的宋人对于唐朝选官制度的议论，是本书思考的起点和切入点。本书试图回答的问题主要有：唐朝的选官制度到底是如何建立和完善起来的，在选官政务的实际运行中，有哪些具体的规程和措施，选官制度中的一些重要原则是在什么背景下提出又如何在制度层面和政治实践中加以落实。对这些问题的回答，并不是停留在典章制度的平面描述，而是从选官制度的发展演变以及选官政务的运行机制入手，试图切近唐代政治生活的真实情景。

本书名为"唐代选官政务研究"，故有必要对选官政务的概念略加交代。大体在战国到秦汉时期，随着《周礼》一书的成型，以《周礼·六官》为指导思想，中国帝制时代对国家政务的类别开始按照天、地、春、夏、秋、冬进行划分，到隋朝最终落实为以尚书六部为依托的政务划分模式。隋唐以后，吏、户、礼、兵、刑、工六部既是国家政务裁决机关，也是政务划分的依托。将国家政务分为六大类进行管理的行政模式，贯穿整个中国帝制时代的后半段，一直持续到清朝末年。而且，这种划分模式还在很长时期内影响着地方官府的政务运行模式和裁决机制。官员的选拔和任用是国家政务中的首要内容，隋朝以后由尚书吏部承担。自从隋文帝废除地方长官自辟僚属之制以来，"大小之官，悉由吏部，纤介之迹，皆属考功"①，一切有品级的官员（即所谓"流内官"）都要由朝廷任命。这是中国古代选官制度史上一个划时代的变化。选官权集中到朝廷后，在君主、宰相和具体掌管选官事务的尚书吏部之间如何分工协作，并形成新的权力运行机制，这是随着政治格局的变化，政治制度面临的新问题。同时，由朝廷选拔任用的官员，作为一种可以享受各种政治、经济和法律特权的身份，其本人及亲属的户籍登记及身份确认，以及领取俸给、请受田宅、蠲免赋役等权利的落实，许多都要通过各级地方官府。此外，到地方赴任的官员，其上任、政务交割以及考课等环节，也都发生在地方官府。所以说，选官权虽集中在中央，但与官员选任相关的政务却是从中央贯穿到地方的。围绕官员选拔、任命而出现的各项政务，依托的文书有告身、敕牒和各种

---

① 《隋书》卷七五《儒林·刘炫传》，中华书局，1973，第1721页。

"省符"，包括敕符、攒符、签符、蠲符等。这些文书的形成和下发过程，体现了中央和地方以及地方上州县之间的权力配置关系，是涉及政务运行机制的重要问题。

随着中国古代国家治理机制的完善和文书行政的发展，选官政务的运行越来越依赖于政务文书。隋唐时期，选官权的划分及其运行机制，很大程度上体现在官员的授任文书上，分别通过制书、敕旨和御画奏抄对不同品级和重要性的官员进行授任。其中敕授官范围的不断扩大，反映了君主和宰相对任官权控制的加强，是对隋朝实行地方佐官由吏部统一任免以来相关制度缺环的一个修补。此外，其他与官员选任和考课相关的政务文书在层次和环节上日渐细化，选官政务中的文书行政更加完备。所谓"其铨综也，南曹综核之，废置与夺之，铨曹注拟之"①的一整套流程，都是通过对相关文书的审勘和制作而完成的。随着选官政务中参加铨选者（即选人）日益增多而可以注拟的官阙远远不能满足，选人与官阙之间的矛盾日渐凸显。唐高宗总章二年（公元 669）对铨选制度进行了改革，吏部侍郎（时称司列少常伯）裴行俭"始设长名榜，引铨注期限等法，又定州县升降，官资高下，以为故事"②；同时，司列少常伯李敬玄委托新增置的吏部员外郎张仁袆，"始造姓历，改修状样、铨历等程序"。经过这些改革，"铨总之法密矣"③，对选人参选资格进行严密地档案材料审查的制度建立起来了。从此，两员吏部员外郎的中心职掌为"一员判废置，一员判南曹"④，分工在不同环节上对选人（无论是初次参选者还是前资官参选者）申请铨选的各种档案文书进行审核和厘定。这些文书包括选人的解状、簿书、资历、考课等方面的档案记录，这是与宋代磨勘相类似的档案材料审查制度。如果说唐代铨选时需要审核的档案文书包括《旧唐书·职官志》所说"解状、簿书、资历、考课"等还显得笼统，宋代磨勘需要审核的档案材料就比较清楚了，主要包括告身、敕牒、宣札等任命文书，内容详密的家状，被称为印纸、历子等的考核文书（考状），保荐官员参加磨勘的举

---

① （宋）王溥：《唐会要》卷七四《选部上》论选事序，中华书局，1955，第 1333 页。
② （宋）王溥：《唐会要》卷七四《选部上》吏曹条例，第 1347 页。
③ （宋）王溥：《新唐书》卷四五《选举志下》，中华书局，1975，第 1175 页。
④ （宋）王溥：《唐会要》卷五八《尚书省诸司中》吏部员外郎条云："判废置一员，判南曹一员。南曹起于总章二年，司列少常伯（吏部侍郎）李敬玄奏置"，第 1006 页。唐人李肇记其事云："员外郎二厅，先南曹，次废置。"见所撰《唐国史补》卷下郎官故事条，上海古籍出版社，1979，第 51 页。

状，州府对任满解官参加磨勘官员出具的证明文书解状（解由）等①。唐代吏部员外郎审核的选人档案材料，应大致与此相当，只是还没有细化到宋代那种繁杂的程度。应该说，日益繁密的档案文书和相关管理机制，是导致官员选任逐渐背离"官得其人"与"人尽其才"目标的重要原因。

通过宋人的引领，以北宋选官制度和选官政务中的问题为落脚点，站在观察唐宋之际政务分化与重组的高度，细绎唐代选官制度的发展演变、选官政务运作的基本流程及其中的文书行政诸环节、选官制度中一些重要原则提出的背景和实施细则等，是本书与以往有关唐代铨选制度研究的主要不同之处。只有通过对唐代选官政务及其运行机制的具体分析，才有可能对苏轼所说吏部选官所遵循的"常守不易之格"的形成背景和制度轨迹有切实了解。论述过程中对唐史和宋史两界研究成果的借助很多，都已随文注出，但肯定存在对前辈时贤论著理解不准确不到位之处，尤其是对于宋代选官制度研究成果的吸收和借鉴，基本还停留在常识的层面，甚至对常识的东西也有误解。敬祈同行和不同行的读者诸君批评指正。

---

① 参见苗书梅《宋代官员选任和管理制度》，河南大学出版社，2008，第378~386页。又，参见邓小南《北宋文官选任制度诸层面》，河北教育出版社，1993；邓小南《再谈宋代的印纸历子》，《国学研究》第32卷，北京大学出版社，2013，收录于《宋代历史探求——邓小南自选集》，首都师范大学出版社，2015，第207~249页。

第一章　举选分离与铨选制的建立

汉魏两晋南北朝的选官途径，大体可以分为征召、辟举和察举（包括特举和岁举），而且逐渐向着以察举中的岁举为主的方向发展。[①]征召主要是皇帝下令征调某人至朝廷任职，辟举则是公府长官和地方长官辟置僚属的主要途径，察举是各级官员向朝廷推荐官员或后备官员。担任公府和地方官府的僚佐构成察举的资历，经过察举后再被任命为朝廷的官职。大抵到南北朝时期，察举对象就不局限于在职的公府僚佐，没有官职的士人逐渐成为被举的主体。南北朝时期，察举制向着科举制的方向发展，秀才试策、孝廉试经的考试科目之区分，是隋唐时期进士科和明经科区别的滥觞；从孝廉开始有寒门的加入，到秀才和孝廉都逐渐容纳寒人，这个过程中门第限止逐渐放宽，因此为隋唐科举制度的建立开辟道路。这些都表明，在察举制内部产生了科举制的萌芽。[②]

察举制是一种举选合一的选官制度。随着汉魏以来征召、辟举等选官途径的地位下降，察举成为各种选官途径中的主体，选官政务因此向中央集中。到隋朝开皇三年（公元583）废除地方长官自辟僚属之制，实行地方佐官中央任免。从此，"大小之官，悉由吏部；纤介之迹，皆属考功"[③]，实现了所有有品级的官员都统一由尚书吏部和兵部进行考核和授任。铨选

---

① 参见汪征鲁《魏晋南北朝选官体制研究》上编第五章"魏晋南北朝选官系统析论"第四节《授官系统》，福建人民出版社，1995，第277~293页。

② 参见唐长孺《南北朝后期科举制度的萌芽》，原载《魏晋南北朝史论丛续编》，生活·读书·新知三联书店，1959，第124~131；后收录于《唐长孺文存》，上海古籍出版社，2006，第512~519页。又，吴宗国《唐代科举制度研究》，辽宁大学出版社，1992，第1~4页。

③ 《隋书》卷七五《儒林·刘炫传》，中华书局，1973，第1721页。

制因此成立。正如宁欣所论，"铨选制的正式确立，若以吏部专总选官大权为标志，则始自隋；若以循资格原则的普遍实施及选官层次的正式定型为标志，当在开元年间"①。不过，吏部专总选官权还只是铨选制成立的表征，举选分离才是隋唐之际铨选制成立的决定性要素，察举制成为选官主要途径则是举选分离的前提。正是在举选分离的过程中，举本身发生着从察举到科举的转变，而且逐渐成为获得任官资格的考试。当科举制确立之时，铨选制也随之建立起来。

一 察举选官权向尚书吏部的转移

选官政务由分散走向集中，是随着中央集权的发展而出现的必然趋势。魏晋南北朝时期，在察举制的发展中，选官政务逐渐向尚书吏部归并。

汉魏两晋时期，察举制中的被举者以公府和州郡吏员为主（尚未入仕的平民被举者居少数），他们与官学学生（官贵子弟为主）大抵都是直接入仕的。东汉时期，州郡所举茂才（秀才）和孝廉，到朝廷后即直接叙用，或任为三署郎官，或直接任为州县长官及中央机构的官职。诚如黄留珠先生所说，"两汉察举还没有设选官的专职官员，仅仅由中央三公九卿及地方郡国长官兼管，当时士获选即入官，举士举官相统一，尚未分途"②。

汉代的察举包括临时下诏举荐人才的特举和岁贡的常举，而且有的特举科目逐渐被调整为常举。特举是皇帝下令由各级长官向朝廷推荐人才，如汉武帝建元元年（公元前140）冬十月，"诏丞相、御史、列侯、中二千石、二千石、诸侯相举贤良方正直言极谏之士"③。有举荐权的人包括丞相、御史、列侯、中二千石、二千石、诸侯相等。东汉光武帝建武十二年（公元36）八月乙未诏书，"三公举茂才各一人，廉吏各二人；光禄岁举茂才四行各一人，察廉吏三人；中二千石岁察廉吏各一人，廷尉、大司农各二人，将兵将军岁察廉吏各二人；监察御史、司隶、州牧岁

---

① 参见宁欣《唐代选官研究》，台北文津出版社，1995，第34页。
② 黄留珠：《中国古代选官制度纵横谈》，《西北大学学报》1988年第3期。
③ 《汉书》卷六《武帝纪》，中华书局，1962，第155～156页。

举茂才各一人"①。有举荐权的范围进一步扩展。推荐上来后，都是由皇帝亲自策试或临时委派官员审查考核并指定为某官，或者推荐的时候就明确其任职去向。由于公府和郡县长官都自辟僚属，自己署置官吏，皇帝需要任命的官吏数量有限，被举荐至朝廷的人往往也就可以直接任命为某官了。早期的察举是皇帝自身直接选用官员的制度，相当于皇帝的"辟召"。其时，朝廷具体负责选官的机构是丞相府或太尉府的东曹。"东曹主二千石长吏迁除及军吏"②，即负责朝廷官吏之任用，并掌管地方长官之档案③。但无论从环节还是途径看，东曹所掌在国家选官事务中都不占有核心地位。

汉武帝元光元年（公元前 134）冬十一月，"初令郡国举孝廉各一人"④，标志着察举制度中岁举性科目的产生及其在汉代仕进制度中主体地位的确立⑤。《北堂书钞》卷七十九引《汉旧仪》载："武帝（元光）元年令郡国举孝廉各一人，诣御史举试，拜为郎中。"⑥ 被举为孝廉者，无论其本秩高低，一律拜为郎中，称为"孝廉郎"，担任皇帝的宿卫，然后从郎中出任其他官职⑦。董仲舒在贤良对策中针对地方长吏多不称职的情况，指出其原因在于选官制度本身，"夫长吏多出于郎中、中郎，吏二千石子弟选郎吏，又以富訾，未必贤也"。郡县长吏都是出自郎官，而郎官皆由官员贵族子弟根据任子之制通过皇帝下诏除授。这种郎官被称为"诏除郎"⑧。董仲舒建议通过察举选拔郎官，"使诸列侯、郡守二千石各择其吏民之贤者，岁贡各二人，以给宿卫，且以观大臣之能。所贡贤者有赏，所贡不肖者有罚。夫如是，诸侯、吏二千石皆尽心于求贤，天下之士可得而官使也"⑨。据此可知，常规性的岁举制度诞生后，在西汉时期是由御史大夫府来统一主持和管理郡国孝廉的考试事务的，并将考试合格者拜为郎官，担任宿卫。至于从郎官补授其他官职的环节，以及通过其他察举科目直接担任非宿卫之郎官、在职官员迁转等官员任用事务，大抵都是由丞相府（西汉成帝绥和

① 《续汉书·百官志》注引《汉官目录》，见《后汉书志》第二十四《百官一》，中华书局，1965，第 3559 页。
② 《后汉书志》第二十四《百官一》，第 3559 页。
③ 参见祝总斌《两汉魏晋南北朝宰相制度研究》，中国社会科学出版社，1990，第 48 页。
④ 《汉书》卷六《武帝纪》，第 160 页。
⑤ 参见黄留珠《秦汉仕进制度》，西北大学出版社，1985，第 86 页。
⑥ （隋）虞世南：《北堂书钞》卷七九《孝廉》，中国书店影印本，1989，第 289 页。
⑦ 参见阎步克《察举制度变迁史稿》，第 36 页。
⑧ 阎步克：《察举制度变迁史稿》，第 23 页。
⑨ 《汉书》卷五六《董仲舒传》，第 2513 页。

改制后为三公府）东曹负责的。

茂才（秀才）科作为岁举科目，大抵始于西汉末年，至东汉光武帝建武十二年进一步完善而形成了制度。①随着郡国举孝廉和茂才（秀才）的岁举制度的建立及其在汉代仕进制度中主体地位的确立，选官事务的第一个环节即作为储官的郎官选用之权开始集中。西汉时期"诣御史举试"或许还只是程序性的，举试本身还没有成为是否能够"拜为郎中"的关键环节，集中到御史大夫府（汉成帝绥和改制以后当为三公府中的司空府）的举试权还不是真正意义上的选官权。东汉时期，随着尚书行政体制的发展，察举制度在公府考试的基础上，又出现了尚书台复试的环节。《后汉书·左雄传》载：

> （左）雄又上言："郡国孝廉，古之贡士，出则宰民，宣协风教。若其面墙，则无所施用。孔子曰'四十不惑'，《礼》称'强仕'。请自今孝廉年不满四十，不得察举，皆先诣公府，诸生试家法，文吏课笺奏，副之端门，练其虚实，以观异能，以美风俗。有不承科令者，正其罪法。若有茂才异行，自可不拘年齿。"帝从之，于是班下郡国。明年，有广陵孝廉徐淑，年未及举，台郎疑而诘之。对曰："诏书曰'有如颜回、子奇，不拘年齿'，是故本郡以臣充选。"郎不能屈。雄诘之曰："昔颜回闻一知十，孝廉闻一知几邪？"淑无以对，乃遣却郡。于是济阴太守胡广等十余人皆坐谬举免黜，唯汝南陈蕃、颍川李膺、下邳陈球等三十余人得拜郎中。自是牧守畏栗，莫敢轻举。迄于永熹，察选清平，多得其人。②

时在顺帝阳嘉元年（公元 132），左雄时任尚书令。左雄的建议中提到郡国察举孝廉的两个程序，一是被察举的孝廉要先由三公府进行考试，"诸生试家法，文吏课笺奏"；二是公府考试之后，由尚书台进行复试，即所谓"副之端门，练其虚实，以观异能，以美风俗"。端门是东汉洛阳宫城正殿太极殿的南门，端门进行公开复试，主持考试的当为尚书台的郎官和尚书令③。其

---

① 参见阎步克《察举制度变迁史稿》，第 44 页。
② 《后汉书》卷六一《左雄传》，中华书局，1965，第 2020 页。
③ 参见祝总斌《两汉魏晋南北朝宰相制度研究》，第 123 页。阎步克对此进行了详密考证，引《后汉书·顺帝纪》及《黄琼传》，认为"副之端门"应作"复之端门"，是尚书省官员到端门进行审察复试，见《察举制度变迁史稿》，第 64~65 页。

中明确说广陵孝廉徐淑在复试中遭到"台郎疑而诘之",在尚书郎不能令其屈服的情况下,尚书令左雄本人出面诘问,最后被遣还本郡。表明孝廉的复试是由尚书台的郎官负责的,复试通过者,皆得拜为郎中,成为"孝廉郎"。

阳嘉之制表明选官权有向尚书台转移的趋势。东汉选官政务中三公府和尚书台之间的权力转移有一个过程,尚书台获得对郡国孝廉复试权,是这个过程中的重要一步。尽管到东汉后期,朝廷公卿、尚书和郡国守相的选任之权,以及孝廉的初试权,都还在三公,但是尚书获得了很大一部分的选官权却是事实。所以桓帝时陈蕃上疏建议,"尺一选举,委尚书、三公"①。东汉尚书台六曹中有吏曹,由西汉的常侍曹改名而来,原本其职掌为"主公卿事",负责传递审核朝廷公卿上奏文书,由于公卿所上文书主体是关于官员任用的,东汉初期就改为吏曹了。正是在东汉时期,吏曹逐渐发展成为"典选举"②的机构。主持考试郡国孝廉的机构由西汉的御史大夫府到东汉由三公府和尚书台分工负责,与官员选任之机构由丞相、三公府到尚书台的转变是一致的,是东汉尚书行政体制发展的必然结果,体现了皇权在官员选任政务中的扩张趋势。到曹魏时期,就形成了"选才之职,专其吏部"③的局面,尚书系统中的吏部曹成为"典选举"的专门机构。

从三公府(西汉前期为丞相、御史大夫府)负责选官到尚书吏部典选举,不仅是官员选任职权在不同机构之间的转移,更主要的变化是将原本在选官渠道和环节上都较为分散的选官权归并到一个专职机构。从大的趋势看,这种归并体现在两个方面。一方面是途径的归并,东汉以后,察举制中常规性的岁举秀才、孝廉成为主流入仕途径,原本多渠道的举荐变为以州郡长官为察举的主体,而州郡举荐上来的人,到曹魏时期已经集中由尚书吏部进行考试和选任。另一方面是环节的归并,如东汉时期的孝廉举,需要经过郡国的举荐、三公府的课试、尚书台的复试,通过考试和审查后,还要由三公府进行任用,而到魏晋时期,尚书吏部已经集中了考试选拔和任用两方面的职权。

---

① 《后汉书》卷六六《陈蕃传》,第 2162 页。
② 《后汉书志》第二十六《百官三》,第 3597 页。
③ 《三国志》卷二一《傅嘏传》,中华书局,1959,第 623 页。

二　察举制重心由举到试的转变

如果察举制的重心是举荐，则有资格举荐的官员很多，途径多元，被举者在得到举荐之后直接任官，表明选官政务是多途径运作的。随着察举制的重心从举荐到考试的转变，考试的主持和录用权又逐渐归并到尚书省，便呈现出选官权向尚书省尤其是尚书吏部归并的趋势。在这个过程中，选官事务逐渐系统化，形成了其作为国家政务主体部分的形态。当然，这个变化经历了一个漫长的历史过程。

两汉时期察举的核心环节是州郡的举荐，考试只是一种对被举者的辅助性检验，所检验的是具体的知识技术即经术或文法①。秀才、孝廉在州郡举至朝廷之前都要先担任州郡吏职，与尤异、廉吏等科目一样，被举者都是在职官吏，察举制下的被举者主体是吏员而非处士②。尽管察举制中采取考试办法很早，据阎步克考证，西汉的太学射策有甲、乙、丙科之分及黜落之法，而贤良对策只有等第之分，"似未见对策不中而不得除官者"。至阳嘉新制行，孝廉察举亦有黜落。并引《后汉书·左雄传》"于是济阴太守胡广等十余人皆坐谬举免黜，唯汝南陈蕃、颍川李膺、下邳陈球等三十余人得拜郎中。自是牧守畏栗，莫敢轻举。迄于永熹，察选清平，多得其人"，说明"至少阳嘉至永熹这十余年中，孝廉考试黜落之法是严格执行了的"③。不过，汉代察举中的考试，包括阳嘉之制中的考试，似乎还不能称之为真正的考试选官，考试在察举中还没有成为关键环节。《后汉书·左雄传》载尚书令左雄在端门复试中将广陵孝廉徐淑"谴还"本郡之例，主要还是对其资格的审查，是因为年龄不到制度规定的岁数而将其遣还，还不能说明孝廉考试中已有因为考试成绩不合格而黜落的情况。随之被免黜的是举荐孝廉的郡太守，除了得拜郎中的30余人之外，其他被举的孝廉应该也是被谴还了。他们之所以没有称之为"黜落"，或许在于他们不是因为考试成绩不及格而落选，而是因为各方面资格包括年龄不到而被退回本郡的。郡守不敢轻举，因而"察选清平，多得其人"，正表明他们举荐到朝廷的孝

---

① 参见阎步克《察举制度变迁史稿》，第240页。
② 参见阎步克《察举制度变迁史稿》，第48~49页。
③ 参见阎步克《察举制度变迁史稿》，第70~72页。

廉都符合条件，都得以授官。也就是说，阳嘉之制中的孝廉由公府主持"诸生试家法，文吏课笺奏"，本身还没有形成严格的考试黜落之制，也未有等第之分，尚书台官员的复试则主要是对举送条件和资格的把关。

南宋徐天麟编《东汉会要》，提出"西都止从郡国奏举，未有试文之事；至东都则诸生试家法，文吏课笺奏，无异于后世科举之法矣"①，认为阳嘉年间在孝廉的考试之中行试文之法，使孝廉科无异于科举。阎步克认为，这个说法"虽嫌简单却不为无据"，"阳嘉考试之制"是一种通过考试方法选官的制度。②这是对阳嘉之制在中国考试选官制度史上地位的明确肯定，是认识上的一次推进，然尚有值得商榷之处。由公府主持的"诸生试家法，文吏课笺奏"，还不能等同于科举制，其与后世科举之法的差别在于，它不仅还没有形成严格的考试黜落之制，也未有等第之分，尚书省复试后对一部分被举者的遣还，不是因为考试不及格，而是资格审查不通过；更主要的是，科举是应举者远远多于及第者的考试，而且越来越成为一种以黜落为目的的考试，而阳嘉之制中的考试并没有黜落的任务，目的是为了选拔而不是黜落。所以说，阳嘉之制中的孝廉考试并不表明察举制度中已经有了区分等第和差额黜落的做法，还不能说"无异于科举"。

当然，说阳嘉之制中的孝廉考试已经呈现出察举的重心由举到试的转变，则无疑义。正如阎步克所说，"察举制度在发展中渐重考试，乃是一历史趋势。汉代察举制岁举以秀才、孝廉最为重要。孝廉科于东汉顺帝阳嘉年间始行家法、笺奏之试；至西晋太康年间，秀才一科也采用对策考试之法了……晋代以降，又形成了孝廉射策试经术、秀才对策试文辞的二科并立之格局"③。随着阎步克所说的西晋时期秀才对策区分等第及制度化黜落之法的建立，可以说察举制度中举荐之后朝廷的考试成了能否获得官职以及获得什么级别官职的关键，考试取代举荐成为察举制的重心。

到南北朝时期，随着参选主体身份从吏员到文士的变化，文人士子入仕从被动的荐举向主动的应举转变（学生亦可根据在学年限按照规定应举），尽管还没有突破察举制的框架和流程，但是否被举已经不是关键，被举后的考试成了中心环节。在南朝，秀才对策，孝廉试经，通过考试环节，被举者获得入仕资格。这就改变了汉魏时期察举、铨选和考课界限不甚明

① （宋）徐天麟：《东汉会要》卷二六《孝廉》，上海古籍出版社，1978，第390页。
② 参见阎步克《察举制度变迁史稿》，第74页。
③ 参见阎步克《察举制度变迁史稿》，第133~134页。

晰的状况，察举已经呈现出具有出身性质的考试特征，出身开始从铨选事务中分离开来①。《通典·选举二》载：

> 宋制……凡州秀才、郡孝廉，至皆策试，天子或亲临之。及公卿所举，皆属于吏部，叙才铨用。凡举得失，各有赏罚。失者，其人加禁锢，年月多少，随群议制。初，废帝荥阳王时，以蔡廓为吏部尚书。录尚书徐羡之谓中书令傅亮曰："黄门以下悉委蔡，吾徒不复厝怀，自此以上，故宜共参同异。"廓闻之曰："我不能为徐羡之署纸尾也。"遂辞不拜。选案黄纸，录尚书与吏部尚书连名，故廓云"署纸尾"也。按，宋黄门，第五品也。②

南朝刘宋时期，朝廷对州郡所举秀才、孝廉的策试，并非由尚书吏部官员专门主持，而是博士等太常学官与中书省、门下省（梁陈时有集书省）等机构的官员临时受命主持。阎步克引《初学记》卷二十梁《仪贤堂监策秀才联句诗》，分析其中各位作者的身份，论证到萧梁时期，策试秀才的主持者则变为以尚书省特别是吏部曹官员为主。③ 这是选官事务在南朝后期向尚书吏部曹归并的一个重要迹象。

尽管这种由皇帝临时任命官员主持，甚至有时"天子或亲临之"的策试，一定意义上已经成为获得出身的考试，但它总体上还是铨选事务的一部分，在很长一个时期内，还要朝着向尚书吏部曹归并的方向发展。至于获得出身资格的考试要从尚书吏部政务中分离出来，那是要到唐代开元二十五年（公元737）的事了。不过，南朝至少在刘宋时期铨选事务中的策试环节还没有完全归并到尚书吏部（吏部曹）。吏部授任在整个铨选事务中也还不是核心环节，之前的荐举尤其是考试才是决定一个人是否能够获得官职以及获得何种官职的关键。或者说，一直到南北朝时期，在举和选两个环节中，考试更多附属于举的环节，是对举后是否录用的考试。而铨选制度建立后，选的环节有了独立全面的考试，身言书判的铨试成为是否能够获得官职的考试。如此看来，南北朝时期选官制度的重心还在举而不是选，尽管举的环节其重心已经从举荐转变为考试。所以《通典》所载刘宋

---

① 参见阎步克《察举制度变迁史稿》，第236~240页。
② （唐）杜佑撰，王文锦等点校《通典》卷一四《选举二·历代制中》，中华书局，1988，第333页。
③ 参见阎步克《察举制度变迁史稿》，第230页。

选官制度中特别强调对"举"之得失的赏罚。汉魏以来，受官者需要忠于和感谢的都是他们的举主，形成了举主与故吏之间的某种依附关系，至于具体任命他们的官员（魏晋以后为尚书吏部的官员），因为不是决定其获得官职的关键人物，所以并未有什么实质性的关系。

不仅如此，即使是考试合格后"叙才铨用"的环节，名义上"皆属于吏部"，实际上却是受到尚书省长官录尚书事的制约。在《通典》所记载的录尚书徐羡之与吏部尚书蔡廓之间的纠纷中，徐羡之坚持的应是旧制，蔡廓坚辞不任吏部尚书，则是吏部尚书总揽选官政务具备了一定的基础，反映了铨选事务向吏部归并的趋势，从此以后，随着铨选事务向尚书吏部归并，尚书省长官与吏部尚书之间在选官权上的矛盾会不断加剧。这个矛盾制约着选官体制的下一步发展。

在北朝，秀才和孝廉被举到京师后也要通过考试，而且朝廷的考试成为是否能够获得官职的关键；不仅举荐的重要性在下降，而且出现了自举的情况。北齐时，马敬德在燕、赵间教授生徒，"河间郡王每于教学追之，将举为孝廉，固辞不就。乃诣州求举秀才。举秀才例取文士，州将以其纯儒，无意推荐。敬德请试方略，乃策问之，所答五条，皆有文理。乃欣然举送至京。依秀才策问，唯得中第，乃请试经业，问十条并通。擢授国子助教，迁太学博士"①。马敬德是在河间郡王要将其举为孝廉而固辞不就的情况下再"诣州求举秀才"，虽然还不同于唐代士人可以"怀牒自列于州县"的制度上保障的自举，但毕竟是自举的开始，是唐代怀牒自举制度的萌芽②。在自举的情况下，无论是州郡的考试还是朝廷的考试，自然就是最重要的环节了。

北齐时期考试由不同的机关主持。《隋书·礼仪志》载：

> 后齐每策秀孝，中书策秀才，集书策考贡士，考功郎中策廉良。皇帝常服，乘舆出，坐于朝堂中楹。秀孝各以班草对。其有脱误、书滥、孟浪者，起立席后，饮墨水，脱容刀。③

《通典·选举二》所载与此略同，其中"集书策考贡士"句作"集书

---

① 《北齐书》卷四四《儒林·马敬德传》，中华书局，1972，第590页。
② 参见唐长孺《南北朝后期科举制度的萌芽》；吴宗国《唐代科举制度研究》，第1~4页。
③ 《隋书》卷九《礼仪四》，第188页。

策贡士"①。阎步克援引严耕望的说法对此进行了详细的考证，指出北齐的策试之制中，应作"中书策秀才，集书策孝廉，考功郎中策廉良"，而所谓廉良，当指郡国之计吏。②则对于州郡举荐上来的秀才、孝廉、计吏之策试，分别由中书省、集书省和尚书省的吏部考功司负责。但是，考试之后是否擢第，则是尚书吏部的职权。《北史·文苑樊逊传》载东魏北齐时樊逊举秀才事：

> 武定七年，齐文襄崩，（右仆射崔）暹为文宣徙于边，宾客咸散，逊遂徙居陈留。梁州刺史刘杀鬼以逊兼录事参军事。逊仍举秀才，尚书案旧令，下州三载一举秀才，为五年已贡开封人郑祖献，计至此年未合。兼别驾王聪抗辞争议，右丞阳斐不能却。尚书令高隆之曰："虽逊才学优异，待明年非远。"逊竟还本州。天保元年，本州复召举秀才。二年春，会朝堂对策。策罢，中书郎张子融奏入。至四年五月，逊与定州秀才李子宣等以对策三年不调，被付外。上书请从罢，诏不报。梁州重举逊为秀才。五年正月，制诏问焉。尚书擢第，以逊为当时第一。十二月，清河王岳为大行台，率众南讨，以逊从军。③

樊逊以梁州佐官的身份被举为秀才，却因为该州没有举送的名额而被退还本州。第二年，北齐取代了东魏，改武定八年（公元550）为天保元年（公元550），樊逊再次被举为秀才，并参加了次年的朝堂对策。从"策罢，中书郎张子融奏入"的记载看，主持策试的应该是中书省官员，符合上引《隋书·礼仪志》记载的"中书策秀才"。这一次对策之后，樊逊没有获得官职，即"三年不调"。到天保四年（公元553），梁州重举为秀才，并在第二年正月的策试中，被"尚书擢第"。这个尚书应该是吏部尚书。

樊逊在天保二年（公元551）秀才对策后"三年不调"的情况，在北齐并非个案，如被称为"丑舍人"的荀士逊"武定末，举司州秀才，迄齐天保，十年不调。皇建中，马敬德荐为主书，转中书舍人"④。秀才对策通过后多年不予授任官职，要授任官职还需经过其他的推荐和吏部的拔擢，这是察举朝着作为出身考试的方向发展的重要迹象。正如阎步克所说，北

---

① （唐）杜佑撰，王文锦等点校《通典》卷一四《选举二》，第340页。
② 阎步克：《察举制度变迁史稿》，第266～267页。
③ 《北史》卷八三《文苑·樊逊传》，中华书局，1974，第2788～2789页。
④ 《北史》卷八三《文苑·荀士逊传》，第2791页。

齐中书省策秀才、集书省策孝廉，但他们大约只负责现场组织及策文拟制；等第评定及叙录授官，为尚书省之事①。尚书省何时叙录授官，并不完全服从于察举，授官作为国家政务的独立部门从察举制度中分离出来。正是在这个过程中，尚书行政体制朝着适应新的政务部类的方向发展。北齐的尚书行政体制中，吏部已经设置了吏部、考功、主爵三曹，隋代由于北周以来勋官的大量设置而设置司勋一曹，吏部四曹的体制得以确立。

三　举选分离与铨选制的建立

"铨选制"是指由尚书吏部、兵部专门负责的，通过对获得任官资格者及解任前资官的考试和资格审查，根据官阙叙任六品以下中低级官员的制度。广义的铨选，原指所有官员的选拔，所谓"铨衡人物，擢尽才良"②；狭义的铨选则指由尚书省吏部和兵部主持的六品以下官员的选授，唐人杜佑在《通典·选举典》中概括为：自六品以下旨授，"凡旨授官悉由于尚书，文官属吏部，武官属兵部，谓之铨选"③。按照杜佑的说法，铨选制的建立当在隋文帝时。《通典·选举典》对隋朝选官制度概述如下：

> 牛弘为吏部尚书，高构为侍郎，最为称职。当时之制，尚书举其大者，侍郎铨其小者，则六品以下官吏，咸吏部所掌。自是，海内一命以上之官，州郡无复辟署矣。④

据《隋书·高祖纪》，开皇十九年（公元599）"九月乙丑，以太常卿牛弘为吏部尚书"⑤。则杜佑认为至少到开皇末年，铨选制已经建立了。当然，铨选制度在隋炀帝时和唐朝初年还有反复，最后的确立应该到唐高宗时期。详见后论。

隋唐之际铨选制成立的标志是举和选的分离，选官事务从举选合一并

---

①　参见阎步克《察举制度变迁史稿》，第 268 页。

②　《旧唐书》卷四三《职官二》，中华书局，1975，第 1823 页。

③　（唐）杜佑撰，王文锦等点校《通典》卷一五《选举三》，第 359 页。

④　（唐）杜佑撰，王文锦等点校《通典》卷一四《选举二》，第 342 页。

⑤　《隋书》卷二《高祖纪下》，第 44 页。

以举为中心的察举制中独立出来。官之需要选，而不是通过世袭和荐举直接安排，是中国古代帝制国家发展到一定阶段的政治举措。苏轼《论养士》说，"三代以上出于学，战国至秦出于客，汉以后出于郡县吏，魏晋以来出于九品中正，隋唐至今出于科举"①。苏轼所说并不是选官制度的全部，而是各个历史时期"士"出任官职的途径。"出于学"即是夏商周三代实行的世卿世禄制下的任子制度，通过官学培养贵族子弟世袭担任官员。春秋战国至于秦朝，郡县制逐渐取代分封制，军功爵制逐渐发展，军功授官是选官的一个重要途径，但从"士"出任官职来说，任用客卿确实一个显著的特色，此所谓"战国至秦出于客"。两汉选官途径众多，但通过察举选拔郡县官吏中的茂才、孝廉和廉吏等却是最主流的途径，而且随着察举制中考试环节的设立及其重要性的提高，察举制中举"士"的色彩非常显著。汉代行察举以后，随着儒生与文吏的融合，官员的主体定型为士大夫，尤其是高级官员必须具备经学和文学的素养，这是中国古代士大夫政治的基本特征。②魏晋南北朝时期实行九品中正制，中正官评定的乡品成为士人出任官职的依据。但士人任官的途径还是需要经过察举，而且大部分时间里要经过考试，秀才对策，孝廉试经，察举制不断完善。正是在察举制的发展完善过程之中，官员需要经过培养和遴选的问题被提出。随着察举制考试环节形成区分等第和黜落之制，以及察举考试通过后需要候任现象的出现，就为科举制的产生以及举士与选官的分离准备了条件。不过，举选分离经历了一个漫长的多线索的历史过程，需要进一步从唐代律令体系中《选举令》的成立过程加以分析。简言之，《选举令》中举选分离的格局，以及《通典·选举典》"大唐之制"、《新唐书·选举志》中举选分列的叙事模式，都是铨选制成立之后才有可能出现的情形。

从选官途径的变化看，以茂才（秀才）和孝廉为主要科目的察举制中的岁举成为选官主要途径，是举选走向分离的前提。其他选官途径大抵无法走向这一步。例如，汉代的任子制度，是一项继承前代的保证官贵子弟世袭为官的制度。《汉书·哀帝纪》注引应劭："任子令者，汉仪注，吏二

---

① （宋）苏轼：《苏轼全集》（上），《续集》卷八《论养士》，中国书店据世界书局 1936 年版影印，第 249 页。

② 参见阎步克《秦政、汉政与文吏、儒生》，《历史研究》1986 年第 3 期；阎步克《士大夫政治演生史稿》第十章"儒生与文吏的融合：士大夫政治的定型"，北京大学出版社，1996，第 412～463 页。

千石以上视事满三年，得任同产若子一人为郎。"①尽管"郎"还具有后备官员或储官的性质，但任子为郎往往由皇帝特诏除拜，成为所谓"诏除郎"，获得了一种起家官职，相当于直接入仕。可知在世袭为官的途径中，出身与铨选没有分离开来。唐代选官制度中，通过科举考试的士人获得出身后也可以散官身份当番待选，但待选的散官只能作为一种"起家官"，还不是正式的入仕，只有经过铨选获得官职才能称之为"释褐"，正式进入官员行列②。

从察举对象来说，汉魏到南北朝之间发生着从举荐吏员到考试文人的深刻变化，体现为汉魏时期的察举以公府和州郡长官举荐吏员为主，"南朝察举中居职而应举者越来越少，白衣举秀孝者越来越多"③。这就使得获取任官资格的所谓出身环节，有可能从铨选政务中分离出来。如果察举的对象都是州县官吏，其原本已经是官，自然不存在把通过察举中的考试作为获得任官资格的问题。只有参加秀才和孝廉举者有越来越多的白衣之士，才有可能出现上文提到的北齐樊逊、荀士逊等通过考试后多年不调的情况，而作为任官资格的出身也才能因此而成立。不过，在樊逊和荀士逊的经历中，还不能说已经有了独立的获取任官资格的考试。察举制的母体内可以产生科举制的萌芽，但举和选的分离却要求选官制度必须彻底突破察举制的框架。这个突破出现在周隋之际。

首先，作为取得出身以后至获得实任官职之前这一段时间里身份安排的本官或者阶官体系在周隋之际形成。要实现举选分离，即获得出身与获得官职两个环节的分离，安排获得出身又没有取得官职者的身份就是一个无法回避的问题。周隋之际，正是官僚位阶制度发展的关键时期，作为官员身份标志和特权主要依据的"本品"或者"本阶"开始形成。西魏北周的柱国、大将军、开府与仪同等位于中高端的勋官序列与居于中低端的文武散官序列共同构成官僚"本品"；隋初仍以散实官与文散官、散号将军作为官员"本阶"，炀帝改制废除散号将军，而以"名似文散官，实为散实官"的光禄大夫等"散职"为官员"本阶"；唐初经过武德、贞观两度改

---

① 《汉书》卷一一《哀帝纪》，第337页。
② 参见黄正建《唐代的"起家"与"释褐"》，《中国史研究》2015年第1期；孙正军《官还是民：唐代三卫补吏称"释褐"小考》，《复旦学报》（社会科学版）2013年第4期。
③ 阎步克：《察举制度变迁史稿》，第243页。

制，文武散官最终战胜勋官，确立"本阶"地位①。官员"本品"（本阶）制度的形成，有一个复杂的历史过程②，是官僚政治发展到一定阶段的结果，并非为了配合举选分离，但却为举选分离创造了条件。文武官员有了不依托于职位的"本品"，获得出身之后的身份安排就有了着落。"起家官"在汉魏以来一直是作为第一次授任官职的称呼，直到北周，"起家"也还是指释褐之后初次授任职事官，如库狄凝"少知名，起家吏部上士。历小内史、小纳言，授开府阶，迁职方中大夫，为蔡州刺史"③。令狐熙在北周时"起家以通经为吏部上士，寻授帅都督、辅国将军，转夏官府都上士，俱有能名"④。而唐人"释褐"之前的"起家"，就是一种出身途径，获得出身之后，其"起家官"不是职事官而应是散官。这是在职事官与散官彻底分化基础上出现的变化，是铨选制建立的一个重要前提。

其次，随着地方佐官由州郡辟署转为中央任免，带来对由朝廷选拔的预备（储备）官员的极大需求，举选分离有了现实的动力。只有通过有别于直接授任官职的获得出身的选拔，朝廷才能掌握大量的储备官员，满足地方佐官授任的需要。隋文帝开皇三年（公元583）的制度改革中，配合"罢郡，以州统县"，将全部原有和新置的地方佐官都纳入朝廷任免，"皆吏部除授，每岁考殿最"⑤。其时大儒刘炫对此种情形及其与以往制度的不同有清晰的认识。《隋书·刘炫传》载：

> 弘尝从容问炫曰："案《周礼》士多而府史少，今令史百倍于前，判官减则不济，其故何也？"炫对曰："古人委任责成，岁终考其殿最，

① 参见陈苏镇《北周隋唐的散官与勋官》，《北京大学学报》1991年第2期；王德权《试论唐代散官制度的成立过程》，收录于《唐代文化研讨会论文集》，台北文史哲出版社，1991，第843~906页。顾江龙对西魏北周隋唐时期官僚本品或本阶制度形成过程及相关研究的概述相当精准，并提出将西魏北周的柱国（上柱国）至都督序列、隋初"散实官"和大业"散职"统称为"勋官"，而不是"戎秩"，周隋的勋官乃是官僚制度史上所产生的第一个成熟的"本品"序列。见氏著《周隋勋官的"本品"地位》，《魏晋南北朝隋唐史资料》第26辑，2010。

② 参见阎步克《品位与职位》第九章"西魏北周军号散官双授考"，中华书局，2002，第473~526页；卢向前、熊伟《本阶官位形成与演化——北周隋唐官制研究》，《浙江大学学报》2009年第1期；熊伟《唐代本阶官位的形成与勋官地位的演革》，《郑州大学学报》2014年第3期。

③ 《周书》卷三三《库狄峙传附子库狄凝传》，中华书局，1971，第570页。

④ 《隋书》卷五六《令狐熙传》，第1385页。

⑤ 《隋书》卷二八《百官下》，第792页。

案不重校，文不繁悉，府史之任，掌要目而已。今之文簿，恒虑覆治，锻炼若其不密，万里追证百年旧案，故谚云'老吏抱案死'。古今不同，若此之相悬也，事繁政弊，职此之由。"弘又问："魏、齐之时，令史从容而已，今则不遑宁舍，其事何由？"炫对曰："齐氏立州不过数十，三府行台，递相统领，文书行下，不过十条。今州三百，其繁一也。往者州唯置纲纪，郡置守丞，县唯令而已。其所具僚，则长官自辟，受诏赴任，每州不过数十。今则不然，大小之官，悉由吏部；纤介之迹，皆属考功，其繁二也。省官不如省事，省事不如清心。官事不省而望从容，其可得乎？"弘甚善其言而不能用。①

由此带来的高度中央集权的政务运行模式，刘炫称之为"事繁政弊"，无疑是没有看到历史发展的大趋势。但是，他指出的"大小之官，悉由吏部；纤介之迹，皆属考功"的现象，却道出了隋朝制度变革的关键。隋朝由此面临着选拔大量候选预备官员的任务。在不断下诏要求州县举荐人才的背景下，仁寿三年（公元603）隋文帝再次下诏，强调举荐人才的紧迫性和必要性。《隋书·文帝纪》载仁寿三年七月丁卯诏曰：

……至于闾阎秀异之士，乡曲博雅之儒，言足以佐时，行足以励俗，遗弃于草野，埋灭而无闻，岂胜道哉！所以览古而叹息者也。

方今区宇一家，烟火万里，百姓乂安，四夷宾服，岂是人功，实乃天意。朕惟夙夜祗惧，将所以上嗣明灵，是以小心励己，日慎一日。以黎元在念，忧兆庶未康，以庶政为怀，虑一物失所。虽求傅岩，莫见幽人，徒想崆峒，未闻至道。唯恐商歌于长夜，抱关于夷门，远迹犬羊之间，屈身僮仆之伍。其令州县搜扬贤哲，皆取明知今古，通识治乱，究政教之本，达礼乐之源。不限多少，不得不举。限以三旬，咸令进路。征召将送，必须以礼。②

如此大规模的令州县举荐人才，势必有不少人是无法当即安排官职的，对举选分离提出了要求。隋炀帝时期进一步实行分科举人的办法，要求州县大规模举荐人才。《隋书·炀帝纪》载大业三年（公元607）四月甲午

① 《隋书》卷七五《儒林·刘炫传》，第1721页。
② 《隋书》卷二《高祖纪下》，第51页。

诏曰：

> 天下之重，非独治所安，帝王之功，岂一士之略。自古明君哲后，立政经邦，何尝不选贤与能，收采幽滞。周称多士，汉号得人，常想前风，载怀钦伫。朕负扆凤兴，晃旒待旦，引领岩谷，置以周行，冀与群才共康庶绩。而汇茅寂寞，投竿罕至，岂美璞韬采，未值良工，将介石在怀，确乎难拔？永鉴前哲，忱然兴叹！凡厥在位，譬诸股肱，若济巨川，义同舟楫。岂得保兹宠禄，晦尔所知，优游卒岁，甚非谓也。祁大夫之举善，良史以为至公，臧文仲之蔽贤，尼父讥其窃位。求诸往古，非无褒贬，宜思进善，用匡寡薄。
>
> 夫孝悌有闻，人伦之本，德行敦厚，立身之基。或节义可称，或操履清洁，所以激贪厉俗，有益风化。强毅正直，执宪不挠，学业优敏，文才美秀，并为廊庙之用，实乃瑚琏之资。才堪将略，则拔之以御侮，膂力骁壮，则任之以爪牙。爰及一艺可取，亦宜采录，众善毕举，与时无弃。以此求治，庶几非远。文武有职事者，五品已上，宜依令十科举人。有一于此，不必求备。朕当待以不次，随才升擢。其见任九品已上官者，不在举送之限。①

隋炀帝此番分十科举人，特别强调所举为非现任官员，"其见任九品已上官者，不在举送之限"。这是在吏部掌管全部九品以上官员选任制度建立之后的一次有意之举，是举选分离的重要步骤。

最后，科举制从举选合一的察举制母体内脱胎而出，铨选制亦随之建立。科举制的诞生和铨选制的建立，是选官制度变革的一体两面。这两项制度的建立都有一个和察举制脱离的过程，虽未必完全同步，但也不应相差很远。

以往对于隋朝选官制度的研究，强调其时察举和科举两种制度的转型。有关科举制确立年代及标志的研究中，歧义纷呈，焦点是科举制在什么时间和什么情况下彻底摆脱了察举制的框架，真正从察举制的母体内脱胎而出。②大量的研究都侧重于科举和察举的转变，忽略了察举是一种举选合一

---

① 《隋书》卷三《炀帝纪上》，第67~68页。
② 参见吴宗国《唐代科举制度研究》第一章"科举制度的产生"，第1~11页；宁欣《科举制研究百年考量》，收录于《唐史识见录》，商务印书馆，2009，第11~35页。

的选官制度，而科举在建立之初至整个唐朝都是一种获得出身的考试，科举制取代察举制就意味着铨选制也随之成立。

在隋文帝时期，举选分离的趋势已经显著呈现，但还是没有突破察举制的框架。"常贡"之科如秀才、孝廉、明经等被举者到朝廷后，经过由尚书吏部主持的有固定时间的统一考试，考试合格者直接授官，不合格者予以淘汰，但还没有形成严格的差额淘汰制度。《北史·杜铨传附杜正玄传》载：

> 隋开皇十五年，举秀才，试策高第。曹司以策过左仆射杨素，怒曰："周孔更生，尚不得为秀才，刺史何忽妄举此人？可附下考。"乃以策抵地，不视。时海内唯正玄一人应秀才，余常贡者，随例铨注讫，正玄独不得进止。曹司以选期将尽，重以启素。素志在试退正玄，乃手题使拟司马相如《上林赋》，王褒《圣主得贤臣颂》，班固《燕然山铭》，张载《剑阁铭》、《白鹦鹉赋》，曰："我不能为君住宿，可至未时令就。"正玄及时并了。素读数遍，大惊曰："诚好秀才！"命曹司录奏。属吏部选期已过，注色令还。期年重集，素谓曹司曰："秀才杜正玄至。"又试《官人有奇器》（原注：阙）并立成，文不加点。素大嗟之，命吏部优叙。曹司以拟长宁王记室参军。时素情背曹官，及见，曰："小王不尽其才也。"晋王广方镇扬州，妙选府僚，乃以正玄为晋王府参军。后豫章王镇扬州，又为豫章王记室。卒。①

杜正玄被举为秀才后，到朝廷试策，被判为高第。主持考试的应为尚书吏部，即上引文中的"曹司"。但吏部评定为高第后还需要尚书省的实际长官左仆射杨素加以审定，杨素以妄举之责将推举杜正玄的刺史定为下考，但还没有完全否定杜正玄的策试。"余常贡者，随例铨注讫，正玄独不得进止"，说明其他被举者在考试合格后都按照惯例授任官职，只有杜正玄还没有着落。"铨注"一词的出现，标志着铨选从察举中开始独立出来。虽然杜正玄"不得进止"，但吏部还是可以"重以启素"，杨素可以通过进一步的考试将其黜退（试退）。尽管按照惯例被举者通过相应的考试（对策或试经）后都可以授任官职，考试和授官两个环节在实质上没有区分出来，但是被举者在朝廷参加的这个考试，更多地有了授官依据的性质，而其作为

① 《北史》卷二六《杜铨传附杜正玄传》，第 961～962 页。

察举制中对被举者资格把关的性质逐渐淡化。杜正玄在通过了杨素亲自命题的考试后，"属吏部选期已过，注色令还"。说明他已经取得了某种出身，可以在第二年不经举荐直接参加考试，所谓"期年重集"。至于第二年的试策是必需的考试还是一种展演性的加试，对于理解秀才对策成绩向授官依据转化并无大碍。因为考试成绩优秀，就可以由吏部优先叙官，更是说明考试成绩成为了授官的依据。这是举选分离过程中一个非常微妙但很关键的变化。而"常贡"与"铨注"作为两个环节上概念的出现，标示着铨选制开始从察举制中分离出来，且在铨选中贯穿着考试原则。

选官制度中贯穿考试原则，是中国古代政治运作的一个重要特征。人们一般强调隋唐以后的科举制在考试选官中的地位和作用，实际上，铨选更能够体现通过考试选拔官员的精神和原则。因为在铨选制确立以后的唐代，科举只是获得出身的考试。而获得出身的途径，除了科举外，还有门荫、流外入流、军功授勋和其他杂色入流等。但是，无论何种出身，要出仕任官，都必须经过吏部的铨选；即使是任满待选的前资官，在重新出任职事官时，也同样需要经过考试。也就是说，铨试是所有人进入官僚队伍的必经之路；或一切中低级官员，不论是通过何种渠道获得出身，或者在何种职位上任满解职之后，都必须通过铨选来获得官职。

此外，上述杜正玄的经历说明吏部铨选有了固定的时间限制，即确定的选期。而在此前的南北朝时期，大抵选官皆无定期。

举选分离解决了出身和铨选混同带来的选官政务的无序问题，规范了对于获得出身初次出仕任官者的授任。而严格的任期制度和待选制度的建立，则将在职官员的迁转纳入铨选轨道。隋文帝开皇三年（公元583）的制度改革中，规定地方佐官"皆吏部除授，每岁考殿最。刺史、县令，三年一迁，佐官四年一迁"①。州县官员无论长官还是佐官都纳入到铨选制之中。至于朝廷官员，何时建立起任期制度和再次任官需要铨选的制度，目前还没有掌握确切的史料，推断当亦在隋文帝时期。

综上所述，由于中央集权的加强和选官政务的分化，周隋之际实现了举选的分离，具有固定选期、覆盖所有获得出身者和在职官员的铨选制在隋朝得以建立。

南朝后期也经历着大抵相同的发展步骤。《隋书·百官志上》载：

---

① 《隋书》卷二八《百官下》，第792页。

> 陈依梁制,年未满三十者,不得入仕。唯经学生策试得第,诸州光迎主簿,西曹左奏及经为挽郎得仕。其诸郡,唯正王任丹阳尹经迎得出身,庶姓尹则不得。必有奇才异行殊勋,别降恩旨叙用者,不在常例。其相知表启通举者,每常有之,亦无年常考校黜陟之法。既不为此式,所以勤惰无辨。凡选官无定期,随阙即补,多更互迁官,未必即进班秩。其官唯论清浊,从浊官得微清,则胜于转。若有迁授,或由别敕,但移转一人为官,则诸官多须改动。
>
> 其用官式,吏部先为白牒,录数十人名,吏部尚书与参掌人共署奏。敕或可或不可。其不用者,更铨量奏请。若敕可,则付选,更色别,量贵贱,内外分之,随才补用。以黄纸录名,八座通署,奏可,即出付典名。而典以名贴鹤头板,整威仪,送往得官之家。其有特发诏授官者,即宣付诏诰局,作诏章草奏闻。敕可,黄纸写出门下。门下答诏,请付外施行。又画可,付选司行召。得诏官者,不必皆须待召。但闻诏出,明日,即与其亲入谢后,诣尚书,上省拜受。若拜王公则临轩。[①]

陈的“用官式”是对吏部授官程式的有关规定,制定“用官式”是吏部选官政务运行机制走向规范的一个重要步骤,其所规范的内容包括入仕年龄限制、年常考校黜陟之法、固定的选叙时间和班秩迁转规则等,同时还包括具体的授任程式。按照这个“用官式”,吏部掌握朝廷和州县的全部官阙,对全体官员进行考核,对于拟授任之人“更色别,量贵贱,内外分之,随才补用”。其授任程序还难以复原,有些环节还不是很清楚,白牒与黄纸(当即黄纸书写的“奏案”)两种政务文书在文书体式及申奏裁决机制等方面的区别,还有待进一步研究。不过,陈朝“用官式”的制定与实施,无疑是朝着举选分离、选官政务规范化方向发展的重要制度建设。

本章小结

铨选制是指由尚书吏部、兵部专门负责的,通过对获得任官资格者及

---

① 《隋书》卷二六《百官上》,第748~749页;(唐)杜佑撰,王文锦等点校《通典》卷一四《选举二》略同,第335~336页。

解任前资官的考试和资格审查，根据官阙叙任六品以下中低级官员的制度。铨选制在隋唐之际的建立，具有特定的政治体制和政治文化背景，集中体现在中央集权的加强和按才学选官原则的凸显。铨选制成立之前选官制度的发展路径，在整个魏晋南北朝时期，大体呈现出如下几个趋势性的变化。

一是包括征召、辟举和察举（包括特举和岁举）在内的多元选官途径，逐渐向着以察举中的岁举为主的方向发展。察举制是一种举选合一的选官制度，随着汉魏以来，征召、辟举等选官途径的地位下降，察举成为各种选官途径中的主体，选官政务因此向中央集中。到隋朝开皇三年（公元583）废除地方长官自辟僚属之制，实行地方佐官中央任免，实现了所有有品级的官员都统一由尚书吏部和兵部进行考核和授任。铨选制因此成立。

二是随着文书行政的发展和尚书行政体系的完善，察举一途的选官权由丞相府、三公府向尚书吏部转移，选官机制因之而变得更加集中和系统化。郡国孝廉的主考机构由西汉的御史大夫府到东汉由三公府和尚书台分工负责，与官员选任之机构由丞相、三公府到尚书台的转变是一致的，是东汉尚书行政体制发展的必然结果，体现了皇权在官员选任政务中的扩张趋势。到曹魏时期，就形成了"选才之职专于吏部"的局面，尚书系统中的吏部曹成为"典选举"的专门机构。从三公府（西汉前期为丞相、御史大夫府）负责选官到尚书吏部典选举，不仅是官员选任职权在不同机构之间的转移，更主要的变化是将原本在选官渠道和环节上都较为分散的选官权归并到一个专职机构。从大的趋势看，这种归并体现在两个方面。一方面是途径的归并，东汉以后，察举制中常规性的岁举秀才、孝廉成为主流入仕途径，原本多渠道的举荐变为以州郡长官为察举的主体，而州郡举荐上来的人，到曹魏时期已经集中由尚书吏部进行考试和选任。另一方面是环节的归并，如东汉时期的孝廉举，需要经过郡国的举荐、三公府的课试、尚书台的复试，通过考试和审查后，还要由三公府进行任用，而到魏晋时期，尚书吏部已经集中了考试选拔和任用两方面的职权。

三是察举制的重心从举到试的转变，以及察举一途的选官权向尚书吏部归并。如果察举制的重心是举荐，则有资格举荐的官员很多，途径多元，被举者在得到举荐之后直接任官，表明选官政务是多途径运作的。随着察举制的重心从举荐到考试的转变，考试的主持和录用权又逐渐归并到尚书省，便呈现出选官权向尚书省尤其是尚书吏部归并的趋势。在这个过程中，铨选事务逐渐系统化，形成了其作为国家政务主体部分的形态。这个变化经历了一个漫长的历史过程，到隋朝建立后基本完成。

四是在察举制发展的后期实现举和选分离。在举、选分离的过程中，举本身发生着从察举到科举的转变，而且逐渐成为获得任官资格的考试。当科举制确立之时，铨选制也随之建立起来，选官事务从举选合一并以举为中心的察举制中独立出来。随着察举制考试环节形成区分等第和黜落之制，以及察举考试通过后需要候任现象的出现，就为科举制的产生以及举士与选官的分离准备了条件。从选官途径的变化看，以茂才（秀才）和孝廉为主要科目的察举制中的岁举成为选官主要途径，是举选走向分离的前提。其他选官途径，大抵都是直接选任，无法走向这一步。从察举对象来说，汉魏到南北朝之间发生着从举荐吏员到考试白衣文士的深刻变化，这就使得获取任官资格的所谓出身环节，有可能从铨选政务中分离出来。不过，举和选要实现分离，要求选官制度必须彻底突破察举制的框架。这个突破终于在周隋之际得以出现，表现在作为取得出身以后至获得实任官职之前这一段时间里身份安排的本官或者阶官体系在周隋之际形成；同时，随着地方佐官由州郡辟署转为中央任免，带来对由朝廷选拔的预备（储备）官员的极大需求，举选分离有了现实的动力。最终，随着隋朝中央集权制度建设的展开，科举制从举选合一的察举制母体内脱胎而出，铨选制随之建立。

第二章　唐代文官铨选制度的调适

唐代选官制度尤其是文官铨选制度的研究，在唐史研究学者中曾经受到重要的关注，有众多论著先后刊布。①但是，由于选官制度涉及的内容非常庞杂，而且一直处于不断地变化调整之中，其中许多具体问题尚未得到解决，也缺少对其发展变化的总体把握。尤其是放在隋朝建立铨选制后，铨选制实施之初遇到了众多问题的背景下，其调整过程及主要解决了哪些方面的问题，以往的研究并未有充分的关注。

由于唐朝建国之初一直处于战争状态，一方面大规模战争刚刚结束之时，人心未定，"士不求禄，官不充员"②，另一方面官员的选任难以走上正轨，而是通过"课人赴调""赤牒授官"等临时措施加以任命。尤其是各级地方政权需要全面重建，因此，还在战争过程中，许多军将即被授予随即选补地方官的职权。如郭孝恪为宋州刺史，高祖令与徐勣经营武牢以东，"所得州县，委以选补"③。刘仁轨即是在武德初年由河南道大使任瑰赤牒补息州参军④。在武德、贞观时期，有一批原来隋朝的地方官吏被陆续起用，并先后被任命为县令。如隋大业年间担任资官县令的袁天纲，武德初即由蜀道使詹俊赤牒授火井县令⑤。武德四年（公元 621）平窦建德后，

---

① 如章群：《唐代考选制度考》，台北"中央文物供应社"，1954；任育才：《唐代铨选制度述论》，收入《唐史研究论集》，台北鼎文书局，1975；王寿南：《唐代文官任用制度之研究》，收入《唐代政治史论集》，台北商务印书馆，1977；宁欣：《唐代选官研究》，台北文津出版社，1995。

② 《新唐书》卷四五《选举下》，中华书局，1975，第 1174 页。

③ 《旧唐书》卷八三《郭孝恪传》，中华书局，1975，第 2773 页。

④ 《旧唐书》卷八四《刘仁轨传》，第 2789 页。

⑤ 《旧唐书》卷一九一《方伎·袁天纲传》，第 5092 页。

以郑善果等为慰抚大使，其中"选补山东州县官"为主要任务之一①。此外，开国战争中立有战功的许多军人，在中央各级衙署安排不了的情况下，也被安置为州县官吏。马周在贞观十一年（公元 637）上书论刺史县令选授之轻时，便提到"刺史多是武夫勋人，或京官不称职方始外出。而折冲果毅之内，身材强者，先入为中郎将，其次始补州任"。而县令的选授同样不加铨简，所谓"县令既众，不能皆贤"②。唐代的铨选制度，确切地说，狭义的文官铨选，是在贞观后期初步建立起来的。其前提是对于中央和地方官吏员额的核定，改变此前"课人赴调"的权宜办法；尤其是贞观二十年（公元 646）在并省州县的基础上，对地方官吏进行了一次全面整顿，将地方官真正纳入吏部铨选的轨道。

一　回归"乡举里选"与精简"入流"人数

武德、贞观时期，面对着吏部铨选带来的具体操作和如何掌握选官标准等实际困难，朝廷百官对于如何选拔官吏产生了众多争论。例如，全体官员都由吏部考核和选任之后，吏部面临着大量档案文书的管理困难，所以太仆卿张道源在武德五年（公元 622）上表，"以吏曹文簿繁密，易生奸欺，请议减之。高祖下其议，百寮无同者，唯太史傅奕言道源议至当。迫于众议，事竟不行"③。"文簿繁密，易生奸欺"，是铨选制建立之初就遇到的突出问题，张道源的建议与隋朝刘炫的认识思路上一致。这个问题的解决方向，不可能是取消一些环节以减少文簿，而只能通过在一些环节上加强管理，以防止奸欺。唐朝后来选官政务运行机制的调整，在这个问题上有所完善，真正解决还要等到北宋时期对日益分化的选官政务的规范与调整。

对于吏部铨选在选官标准上因追求可操作性而带来的单一僵化问题，有人主张恢复汉代的乡举里选、州郡辟署之法，如吏部尚书杜如晦；有人主张"偏委忠良而不必众举"，如褚遂良。《唐会要·选部上》论选事条对此有详细的记载：

---

① 《资治通鉴》卷一八九《唐纪五》高祖武德四年，第 5925 页。
② 《旧唐书》卷七四《马周传》，第 2618 页。
③ （宋）王溥：《唐会要》卷七四《选部上》论选事，中华书局，1990，第 1333 页。

贞观元年正月，侍中摄吏部尚书杜如晦上言曰："比者吏部择人，唯取言辞刀笔，不悉才行。数年之后，恶迹始彰。虽加刑戮，而百姓已受其弊。"上曰："如何可以得人？"如晦对曰："两汉取人，皆行著州闾。然后入用。今每年选集，尚数千人，厚貌饰词，不可悉知。选司但配其阶品而已，所以不能得才。"魏徵亦曰："知人之事，自古为难。故考绩黜陟，察其善恶。今欲求人，必须审访。才行兼美，始可任用。"上将依古法，令本州辟召。会功臣将行世封，其事遂止。

（贞观）二十年，黄门侍郎褚遂良上表曰："贞观初，杜淹为御史大夫检校选事，此人至诚在公，实称所使。凡所采访七十余人，比并闻其嘉声。积久研覆，一人之身，或经百问，知其器能，以此进举。身既染疾，伏枕经年，将临属纩，犹进名不已。陛下悉擢用之，并有清廉干用，为众所钦望。大唐得人，于斯为美。陛下任一杜淹，得七十余人，天下称之。此则偏委忠良、不必众举之明效也。"①

如何在官员选任时做到"才行兼美"，而不是"唯取言辞刀笔"，回到乡举里选、州郡辟署之法，是一种向后看的倒退的思维。贞观初年杜淹以御史大夫之职检校铨选事务，以至诚之公心，殚精竭虑，深入考察，严格把关，选拔出了70余位"有清廉干用"即德行和才能兼具的合格官员。杜淹的作为，成为褚遂良主张坚持铨选制的重要依据。不过，仅仅依靠主持铨选事务官员的忠诚和勤奋，能够应对参加铨选人数有限的局面，杜淹考察和推荐的也只有70余人。一旦应选人数成千上万的增加，仅仅靠忠诚和勤奋是解决不了问题的。如果说贞观时期对选官制度的争论主要还停留在是由吏部进行铨选还是通过举荐、辟召这样的原则问题上；那么，到唐高宗时期，问题的焦点则已透过这种原则性的争论，转入如何使吏部铨选更加完善，并因此进行了一系列改革。

随着政治上的稳定和社会的安定，每年获得任官资格的人不断增加，官阙有限而应选人多的矛盾日渐突出。这是专制主义中央集权政治体制下必然出现的内在矛盾。②到高宗永徽（公元 650～655）、显庆（公元 656～661）年间，铨选过程中出现"九流繁总，人随岁积"的混乱局面，即每

---

① （宋）王溥：《唐会要》卷七四《选部上》论选事，第 1333～1334 页。

② 参见宁欣《唐代的选人与官阙》，载《唐史识见录》，第 53～65 页；又宁欣《唐代选官研究》，台北文津出版社，1995，第 22～23 页。

年积压下来的具有任官资格但又没有获得职事官或者任满解官后等待重新任命的人越来越多。面对这种矛盾，主持吏部铨选的黄门侍郎知吏部选事刘祥道上书请求改革，针对铨选制的弊端，提出了七个方面的建议。《通典·选举典》对此记载颇详：

> 高宗显庆初，黄门侍郎刘祥道以选举渐弊，陈奏。
>
> 其一曰：吏部比来取人，伤多且滥：每年入流数过千四百人，是伤多（原注：永徽五年，一千四百三十人；六年，一千十八人；显庆元年，一千四百五十人）；不简杂色人即注官，是伤滥（原注：杂色解文：三卫、内外行署、内外番官、亲事、帐内、品子任杂掌、伎术、直司、书手、兵部品子、兵部散官、勋官、记室及功曹、参军、检校官、屯副、驿长、校尉、牧长）。经学时务等比杂色，三分不居其一。经明行修之士犹罕有正人，多取胥徒之流，岂可皆求德行。即知天下共厘百姓之务者，善人少而恶人多。为国以来四十余载，尚未刑措，岂不由此！且官人非材者，本因用人之源滥；滥源之所起，复由入流人失于简择。今行署等劳满，唯曹司试判，不简善恶，雷同注官。但服膺先王之道者，奏第然始付选；趋走几案之间者，不简便加禄秩。稽古之业虽信难成，斗筲之材伤于易进。其杂色应入流人，请令曹司试判讫，简为四等奏闻（原注：量有材用，兼有景行者为第一等；身品强壮，及第八上，并兵部所送人不沾第一等，及准例合送兵部者，为第二等；余量简为第三、第四等）。第一等付吏部，第二等付兵部，第三等付主爵，第四等付司勋，并准例处分。其行署等私犯下第公坐下下，虽经赦降，情状可责者，亦量配三司，不经赦降者，放还本贯。冀入流不滥，官皆得人，非材不取，不至冗杂；且令胥徒之辈知有铨择，虽复素非廉谨，必将渐自饬励。
>
> 其二曰：古之选者，为官择人，不闻择人多而官员少。今之选者亦择人，但择之无准约。官员有数，入流无限，以有数供无限，人随岁积，岂得不剩。谨准约所须人，量支年别入流数：今内外文武官一品以下，九品以上，一万三千四百六十五员，略举大数，当一万四千人。人之赋命，自有修促。弱冠而从宦，悬车而致仕，五十年食禄者，罕见其人。壮室而仕，耳顺而退，取其中数，不过支三十年。此则一万四千人，三十年而略尽。若年别入流者五百人，经三十年便得一万

五千人，定须者一万三千四百六十五人，足充所须之数。况三十年之外，在官者犹多，此便足有剩人，不虑其少。今每年入流者遂至一千四百余人，应须五百数外，常剩一倍以上。又比来放还者，见停亦千余人，更复年别新加，实非搜扬之法。

其三曰：杂色人请与明经、进士通充入流之数，以三分论，每二分取明经、进士，一分取杂色人。

其四曰：儒为教化之本，学者之宗，儒教不兴，风俗将替。今庠序遍于四海，儒生溢于三学，劝诱之方，理实为备，而奖进之道，事或未周。但永徽以来，于今八载，在官者以善政粗闻，论事者以一言可采，莫不光被纶旨，超升不次。而儒生未闻恩及，臣故以为奖进之道未周。

其五曰：国家富有四海，于今已四十年，百姓官寮未有秀才之举。未知今人之不如昔，将荐贤之道未至？岂使方称多士，遂阙斯人。请六品以下，爰及山谷，特降纶言，更审搜访，仍量为条例，稍加优奖。不然，赫赫之辰，斯举遂绝，一代盛事，实为朝廷惜之。

其六曰：唐虞三载考绩，三考黜陟幽明。两汉用人，亦久居其职，所以因官命氏，有仓、庾之姓。魏晋以来，事无可纪。今之在任，四考即迁。官人知将秩满，岂无去就；百姓见官人迁代，必怀苟且。以去就之人，临苟且百姓，责其移风易俗，必无得理。请四考，依选法就任所加阶，至八考满，然后听选（原注：岭南及瘴疠之所，四考不得替者，不在此限例。若计至五品，及有中上以上私犯，中下公坐，下上以下考者，四考满，依旧置替，得替人依式听选）。还淳反朴，虽未敢期；送故迎新，实减其劳扰。

其七曰：尚书省二十四司及门下、中书主事等，比来选补，皆取旧任流外有刀笔之人。欲参用经学时务之流，皆以俦类为耻。前后相承，遂成故事。但禁省崇峻，王言秘密，尚书政本，人物攸归，而多用胥徒之人，恐未尽铨衡之理。请降进止，稍清其选。

奉敕付所司，集群官详议。议者多难于改作，事竟不行。①

---

① （唐）杜佑撰，王文锦等点校《通典》卷一七《选举五》杂论议中，第 403 ~ 406 页。（宋）王溥：《唐会要》卷七四《选部上》论选事，第 1334 ~ 1335 页，摘录了刘祥道这篇上疏的前两条，文字减省过多。

从中国古代长时段选官制度遇到的问题来看，这是在铨选制实施之初非常具有针对性的一篇政论性上疏。

第一条是关于入流人数过多且滥的问题。所谓"入流"，指的是获得出身，即获得参加吏部铨选的资格。尚书吏部是对出身资格的审查机关，各种途径出身的人，按照规定通过了科举考试或者任职、服役满一定年限后，向吏部申请参加铨选的资格，通过吏部"试判"就获得了这个资格，从而"入流"参加铨选，竞争有限的官阙。唐代的出身途径主要有门荫、科举和杂色入流。刘祥道说的多和滥，主要是针对杂色入流。可以申请文官铨选的"杂色"出身包括"三卫、内外行署、内外番官、亲事、帐内、品子任杂掌、伎术、直司、书手、兵部品子、兵部散官、勋官、记室及功曹、参军、检校官、屯副、驿长、校尉、牧长"。这是一个非常庞大的数字，每年科举及第者不及其1/3，"经学时务等比杂色，三分不居其一"。而且他们获得参选资格相对容易，只要在各级各类官府服役满一定年限（"劳满"），通过吏部程序性的"试判"就可以注官了。从杂色出身的所谓"胥徒之流"，多为缺少德行的恶人，他们占据了官员队伍的主体，造成了国家治理的不良局面。刘祥道提出的解决办法是，严格杂色出身人的入流资格考查，试判之后分为四等，然后分类处理，量才使用，只有第一等的人可以参加吏部的铨选，以此提高竞争难度，实现"铨择"目标。

第二条和第三条是关于入流人数与官阙之间的矛盾。刘祥道算了一个数，内外文武官大略14000人，每人平均在官时间为30年，30年之内这14000千都将致仕。每年入流500人，30年内就有15000人，"足充所须之数"，加上在官30年是取的低数，大部分都要超过30年，此外每年"放还"即通过铨选考试而无法安排职位的还有千余人，总共算起来，每年入流500人都远远超过实际能够安排的职位数。所以，应该向古人学习，"古之选者，为官择人"，将目前每年入流1400多人的数量减到500人左右。同时，在这500人之中，要保证科举出身的明经、进士占到2/3，杂色出身人只占1/3。

第四条和第五条为了解决科举及第者人数不够、杰出人才奇缺的问题。刘祥道建议要重视对儒生的奖进之道，提高从在读学生中选拔官员的比例。秀才科是汉魏以来最有代表性的选官科目，由于其考试难度大，要求高，隋朝已很少有人应举。唐朝建国至今40年了，还没有选拔出来一位秀才，应该是"荐贤之道未至"。所以，应在所有六品以下官员和山谷隐逸之人中间进行搜访，恢复秀才科考试，选拔出优秀人才，为举士选官树立榜样。

第六条是关于加强考课和延长任期的建议。自从隋朝建立铨选制之后，官员的任期制度随之建立，每任四年，每年一考，四考即迁转。任期过短，官员过早心生去就，百姓则"必怀苟且"，很难建立起官员和百姓之间的信任和配合，难以实现对于地方的治理目标。刘祥道建议，四年考满后，考核合格者继续留任原职，但提高其品阶，等到下一个四年考满，合格者才可以离任，参加下一次铨选。一些条件艰苦地方的官员，以及考核成绩太差、在任犯罪及四考后可以升迁到五品的官员，可以例外，不必遵守任满八年才参加铨选的规定。通过延长任期，可以减少送故迎新的劳扰，长远看或者还以实现移风易俗、还淳反朴的治理目标。

第七条是关于一些机要部门具体办事人员的选任问题。刘祥道认为，尚书省二十四司及门下、中书两省的主事等主办文书的低品官员，由于级别较低，且长期以来有着由那些从流外官出身的人担任的传统，"比来选补，皆取旧任流外有刀笔之人"。如果想要安排那些通过学校和科举出身的人担任，他们会觉得不光彩，都不愿意与这些流外官出身的人为伍。风气相习，形成了传统。可是，三省都是接近宫廷禁地的机要部门，这些八、九品的主事们也都是和皇帝的命令和国家中枢政务文书打交道，应该由像样的人物来担任，需要在制度上加以解决。

刘祥道提出的建议未必行得通，但他提出的问题都是很现实很有针对性的。所以，尽管"中书令杜正伦亦言（此处'言'字后，书本上有断句）入流者多，为政之弊"[1]，一定程度上赞同刘祥道的意见，但是在高宗下令"付所司，集群官详议"之后，"议者多难于改作，事竟不行"。通过削减入流人数的办法来精简官员队伍，自然难以行得通。后来的事实表明，入流人数越来越多，官阙却不能无限增加，在"安史之乱"以后由于河西、陇右地区被吐蕃占据，割据的河北藩镇又自行署任而不请官吏，官阙反而减少，官阙与选人的矛盾越发突出。唐德宗时期苏冕在《唐会要》中所记上引刘祥道上疏之后，感慨道：

> 苏氏议曰："冕每读国史，未尝不废卷叹息。况今河西、陇右，虏盗其境。河北、河南、关中，止计官员大数，比天宝中三分减一，入

---

① （宋）王溥：《唐会要》卷七四《选部上》论选事，第1335页。

流之人，比天宝中三分加一。自然须作法造令，增选加考，设格检勘，选司试能。嗟乎！士子三年守官，十年待选，欲吏有善称，野无遗贤，不可得也。若比祥道所述，岂止十倍，不更弊乎？"

苏冕所说刘祥道上疏以后选官制度的发展情形，面临的矛盾有所改变。通过增加官员任满后停官待选的年限，基本保证了选官政务的正常运行，但造成在职官员之外大量候选者的积压。

二　从长名榜到涽资格

苏冕所谓"作法造令，增选加考，设格检勘，选司试能"，正是刘祥道之后唐代铨选制度调适的基本路线。而真正付诸实施的改革在唐高宗总章二年（公元 669）全面展开。主要内容是在扩大吏部官员编制的基础上，严格考试注官的具体规程，即在原有一员吏部侍郎的基础上加置一员，尚书、侍郎分为三铨的制度至此确立①。新上任的吏部侍郎裴行俭"始设长名榜，引铨注期限等法，又定州县升降，官资高下，以为故事。仍撰谱十卷"②。另一吏部侍郎李敬玄又委托新增置的吏部员外郎张仁祎，"始造姓历，改修状样、铨历等程式"。经过这些改革，"铨总之法密矣"③，也就是说，铨选制度至此趋于完善了。张仁祎所改造的当是极其琐细繁杂的程序和规则，令人耗心竭力。据《唐会要》记载，"其年（总章二年）十一月，吏部侍郎李敬元委事于员外郎张仁祎。仁祎有识略吏干，始造姓历，改修状样、铨历等程式。敬元用仁祎之法，铨综式序。仁祎感国士见委，竟以心劳呕血而死"④。

这次改革的核心是长名榜的设立，严格考试资格的审查，在进入考试之前将一些条件稍差的人加以黜落。所谓长名榜，是指对选人参选资格进行审查后，根据选人的条件排出长名，将当年不能参选者予以公布，称之为"长名驳放"。资格审查是一项很繁杂的工作，此次改革，许多都属于资

---

① （宋）王溥：《唐会要》卷五八《尚书省诸司中》吏部侍郎，第 1005～1006 页。
② （宋）王溥：《唐会要》卷七四《选部上》吏曹条例，第 1347 页。
③ 《新唐书》卷四五《选举下》，第 1175 页。
④ （宋）王溥：《唐会要》卷七四《选部上》吏曹条例，第 1348 页。

格审查程序中的问题，如所谓姓历、状样、铨历等，都是有关选人的各种档案材料和申报手续。而"长名得留"者即符合参选条件的，乃上"三铨"，即据其拟授官品的高低，分组由吏部尚书、侍郎进行考试。具体程序是，"六品以下，始集而试，观其书判；已试而铨，察其身言；已铨而注，询其便利而拟；已注而唱，不厌者得反通其辞，三唱而不厌，听冬集"①。在进行"观其书判"的笔试和"察其身言"的面试之后，还有一个录取名单，需张榜公布，也叫"长名"。如开元二十二年（公元734）李林甫知选，张榜公布长名结果时，其中一人被驳放的理由是"据其书判，自合得留；缘嘱宁王，且放冬集"②。天宝十一载（公元752），杨国忠做宰相，为了自示精敏，乃遣令史先于私第密定名阙，然后请"两京选人铨日便定留放，无长名"③。

总章二年改革的另一方面内容，是"定州县升降，官资高下"。其目的是严格官员迁转的程序，增加升迁的阶梯。因为此前"州县混同，无等级之差，凡所拜授，或自大而迁小，或始近而后远，无有定制。其后选人既多，叙用不给，遂累增郡县等级之差"④。在州县官中增加等级，可以部分解决官阙有限、叙用不给的矛盾。

总之，这次改革是在选人不断增加的情况下，对吏部选官条例进行的调整，虽在获得出身者入选的环节上，对参选人数进行一些控制，但并未解决选人与官阙的矛盾。由于选人渐多，文书繁密，检核文状，排出长名，颇费时日，造成许多选人在京等候长名结果，滞留日久，虚费资粮。所以开耀元年（公元681）四月十一日敕，"吏部、兵部选人渐多，及其铨量，十放六七。既疲于来往，又虚费资粮。宜付尚书省，集京官九品已上详议"。崇文馆直学士崔融在议状中提出："选人每年长名，常至正月半后，伏望速加铨简，促以程期"。尚书省长官右仆射刘仁轨对此作出了回应：

谨详众议，条目虽广，其大略不越数途。多欲使常选之流，及负谴之类，递立年限。如令赴集，便是拥自新之路，塞取进之门。或请增置具僚，广授官之数；加习艺业，峻入仕之途。亦恐非劝奖之通规，

① 《新唐书》卷四五《选举下》，第1171～1172页。
② （唐）李肇：《唐国史补》卷下长名定留放条，上海古籍出版社，1979，第50页。
③ 《资治通鉴》卷二一六《唐纪三十二》玄宗天宝十一载十二月，第6915～6916页。
④ （唐）杜佑撰，王文锦等点校《通典》卷一五《选举三》，第362页。

乖省员之茂蹰。徒云变更，实恐纷扰。但升平日久，人物滋殖。解巾从事，抑有多人。顷岁以来，据员多阙，临时虽有权摄，终是不能总备。望请尚书侍郎，依员补足；高班卑品，准式分铨。分铨则留放速了，限速则公私无滞。应选者暂集，远近无聚粮之劳；合退者早归，京师无索米之弊。既循旧规，且顺人情。如更有不便，随事厘革。其殿员及初选，及选浅自知未合得官者等色，情愿不集，即同选部曹司商量，望得久长安稳。①

刘仁轨将当时集议概括为三种主要意见，一是增加"常选之流"和"负谴之类"的候选年限；二是扩大编制，增加官阙的总量，"增置具僚，广授官之数"；三是提高获得出身的难度，"加习艺业，峻入仕之途"。但刘仁轨本人觉得这三条意见其实都不可取，唯一可行的办法是补足吏部官员，尚书和侍郎分组进行铨试，提高铨选的效率，扭转大量选人在京滞留的混乱局面。因为在裴行俭等人的改革中，并无明确规定通过"长名榜"驳放的选人需要等候多少年再次参加铨选，所以刘仁轨认为增加候选年限的建议当时尚不可行，没有法令依据。

这一时期铨选制度的改革，主要是为了限制入选人数，即是被动的改革，在如何保证选拔优秀人才的问题上，并未有实质性的措施。这也说明考试选官不仅仅是考试的问题，铨选制度的最初改革，是为了淘汰选人，而不是为了选拔人才，亦即未能触及到考试本身。

武则天执政以后，选人多而官阙少的矛盾更加突出。垂拱元年（公元685）魏玄同上书指出，"官有常员，人无定限。选集之始，雾积云屯；擢叙于终，十不收一"②。御史张鷟也说道，"乾封（公元666~667）以前，选人每年不越数千，垂拱以后，每岁常至五万。……是以选人冗冗，甚于羊群；吏部喧喧，多于蚁聚"③。后来睿宗在慰劳毕构的玺书中也指出，咸亨、垂拱之后，"选吏举人，涉于浮滥"④。

武则天时主要采取了以下三方面的措施。一是通过扩大官员编制来缓解这种矛盾。为了稳定政权，武则天大量破格用人，滥以禄位收人心。武

---

① （宋）王溥：《唐会要》卷七四《选部上》论选事，第 1335~1336 页。
② 《旧唐书》卷八七《魏玄同传》，第 2850 页。
③ （唐）张鷟：《朝野佥载》卷一，中华书局，1997，第 6 页。
④ 《旧唐书》卷一〇〇《毕构传》，第 3114 页。

则天在位的前 10 年，是唐代官僚机构扩大的一个高峰。二是试图从入仕途径上解决入流浮滥的问题，严格限制伎术官的外叙和流外出身人的迁转。神功元年（公元 697）敕，"自今以后，本色出身，解天文者，进官不得太史令；音乐者，不得过太乐、鼓吹署令；医术者，不得过尚药奉御；阴阳卜筮者，不得过太卜令；解造食者，不得过司膳署令"①。同时规定，"有从勋官品子、流外国官、参佐亲品等出身者，自今以后，不得任京清要著望等官。若累阶应至三品者，不须阶进，每一阶酬勋两转"②。同年，还颁敕规定了流外及视品官出身者不得充任的大量职务。除了构成中央官主体的清望官和四品以下八品以上清官之外，还有几十种中央的低级官员，即所谓"望秩常班"不能充任③。三是加大铨选试判的难度，"以僻书隐学为判目"，以为黜落之计④。这些措施，一定程度上是对开耀元年集议中一些建议的落实。

唐代吏部铨选的择人标准，除了一般所谓德行、劳考（资历）之外，还有身、言、书、判四事，而真正需要考试的是书、判。而且，所谓书、判，也并非分试两项，而是在所对判文之中观其楷法。铨选试判的起始年代，当在唐初或周隋之际，详见下文。武则天时期在这方面的改革，主要是加大试判的难度，又提高考判的标准，"敕吏部糊名考选人判，以求才彦"⑤。也就是说，将选人所试的判文糊名，令学士进行考判，判文的好坏，尤其是判文的文字辞藻，成为是否合格的主要标准。这是选拔人才的需要，也有利于控制入流人数；但判目刻意僻隐，失去了选拔人才的真正意义，而过于倚重试判，又与兼顾资历的政策相背。所以在天册万岁元年（公元 695）规定，"其常选人自今以后，宜委所司依常例铨注，其糊名入试及令学士考判宜停"⑥。

武则天时期对于铨选制度的改革，比之高宗时期的改革，明显由被动

① （宋）宋敏求：《唐大诏令集》卷一〇〇神功元年厘革伎术官制，商务印书馆，1959，第505 页；（宋）王溥：《唐会要》卷六七《伎术官》，第 1183 页；《新唐书》卷四五《选举志下》，第 1174 页。

② （宋）王溥：《唐会要》卷六七《伎术官》，第 1183 页；《旧唐书》卷四二《职官志一》略同，第 1807 页。

③ （宋）王溥：《唐会要》卷七五《选部下》杂处置，第 1359 页。参见王永兴《关于唐代流外官的两点意见》，《北京大学学报》1990 年第 2 期。

④ 《新唐书》卷四五《选举志下》，第 1175 页。

⑤ 《旧唐书》卷一九〇中《文苑中·刘宪传》，第 5017 页。

⑥ （宋）王溥：《唐会要》卷七五《选部下》杂处置，第 1358 页。

地限制入选人数向通过完善考试制度以选拔人才的方向转变，但对于如何才能选拔出真正合格的官员，还是没有找到合理的办法和途径。武则天死后，政局的动荡导致铨选的极度混乱。一方面大量署置员外官，使得"官僚倍多，府库减耗"，而且"悉用势家亲戚，给俸禄，使厘务，至与正官争事相殴者"①。另一方面还有大量不经过正式授官规程的所谓"斜封官"数千员。

景云元年（公元 710）睿宗即位后，任命宋璟为吏部尚书同中书门下三品，以卢从愿、李乂为吏部侍郎，澄清铨选，奏罢斜封官，量阙留人。玄宗即位后，继续进行整顿。开元二年（公元 714）五月敕，"诸色员外、试、检校官，除皇亲及诸亲五品以上并战阵、要籍、内侍省以外，一切总停。至冬放选，量状迹书判（授）正员官。起今以后，战功以外，非别敕则不得注拟员外官"②。

选官制度面临的主要问题表现在两个方面：一是如何限制参选的人数，解决选人与官阙的矛盾，保持铨选的正常秩序；二是如何选拔真正合格和优秀的人才，解决论资排辈导致的贤愚混杂的矛盾，保证国家机器的正常运转。唐高宗时期的改革侧重第一方面，武则天时期的改革侧重第二方面，但都没有真正解决好。考试制度在武则天时期越来越严格和完善起来，但是，考试录用既难以有真正客观的标准，如果不建立起严格的参选资格的限制，不公正的情况就难以从制度上加以避免，其后果就是善于钻营者不断升迁，守法持正之人，有的出身之后 20 余年仍不能入仕任官。为了根本改变这种状况，玄宗开元十八年（公元 730），侍中裴光庭在其父裴行俭设长名榜限制参选条件驳放不合格选人的基础上，制定了"循资格"，确立了以资历作为获得参加铨选资格的客观依据。具体做法是，"凡官罢满，以若干选而集，各有差等，卑官多选，高官少选，贤愚一贯，必合乎格者乃得铨授。自下升上，限年蹑级，不得逾越"③。

这是以资历作为参选资格的制度化。尽管唐代选官限以资次的情况早就存在，但主要是科举及第获得出身之后，需要经过一定年限的待选，待选期间皆授散官当番。④一般是回到本地当番，由州长官对其进行访察。对

① 《新唐书》卷四五《选举下》，第 1176 页。
② （宋）王溥：《唐会要》卷六七《员外官》，第 1179 页。
③ （唐）杜佑撰，王文锦等点校《通典》卷一五《选举三》，第 361 页。
④ 参见黄清连《唐代散官试论》，《历史语言研究所集刊》1987 年第五十八本第一分。

于任满等候重新任命的所谓前资官，还没有待选的规定，"吏部求人，不以资考为限，所奖拔惟其才"①。随着高宗武则天时期铨选制度的调整，铨试录取的比例越来越小，待选的问题已实际存在，选官过程中普遍存在"限以资次"的情况。到开元十七年（公元729）三月敕，鼓励选人担任边远地区的判官，随阙补授，而且"秩满量减三两选与留，仍加优奖"②。说明前资官有了固定的选数，然后才有选可减。但是，从实际情况看来，在开元十八年制定"循资格"之前，前资官停官待选的选数规定尚未制度化，执行起来亦不严格。大量的史传和碑志都反映出，唐前期许多官员都是"秩满调选"而不停官待选的。

《循资格》严格规定了不同品级官员待选的具体年限。"凡一岁为一选，自一选至十二选，视官品高下以定其数，因其功过而增损之。"③ 关于不同品级官员的具体待选年限，因唐代几次制定的《循资格》都没有保存下来，故不能详知。从唐后期的一些事例看，一般州县官的待选年限当在四年以上。如元和八年（公元813）十二月吏部奏，"比远州县官，请量减选。四选、五选、六选，请减一选；七选、八选，请减两选；十选、十一选、十二选，各请减三选"④。

《循资格》在裴光庭去世之后一度被废止，但不久便恢复，而终唐不废。后晋时刘昫著《旧唐书》在其《职官志序》中说，"开元中，裴光庭为吏部尚书，始用《循资格》以注拟六品已下选人。其后每年虽小有移改，然相承至今用之"。据《新唐书·艺文志》记载，天宝中又制定过《循资格》，到宪宗时，宰相王涯还著有《循资格》⑤。

中国古代选官制度中，如何掌握选拔人才的标准，一直是困扰历代统治者的难题。或根据社会舆论品评其德行，或根据父祖官荫确定其门第，或通过考试以核定其才学，或进行考课以积累其年劳资历。也许只有才学是真正合理的理性标准，但掌握起来非常困难，衡量才学的标准本身就无法做到真正客观。过于严格则使人知惧而不合劝奖之方，选拔宽简则易使小人得志，给钻营趋竞者以可乘之机。所以，北魏时崔亮曾实行以"停年

---

① 《新唐书》卷一〇八《裴光庭传》，第 4090 页。
② （宋）王溥：《唐会要》卷七五《选部下》杂处置，第 1361 页。
③ 《新唐书》卷四五《选举下》，第 1174 页。
④ （宋）王溥：《唐会要》卷七四《选部上》论选事，第 1341 页。
⑤ 《新唐书》卷五八《艺文二》，第 1477～1478 页。

格"取人，而王夫之在评价"停年格"时说，按停年格以资历取人亦有其长处，"未为大失也"。因为其他标准也都各自存在着缺陷，"将以貌言书判而高下之乎？貌言书判，末矣；将以毁誉而进退之乎？毁誉不可任者也"。而以"停年格"取人，可以保证"竞躁者不先，濡滞者不后，铨选之公，能守此足矣"①。不过，循资格并不完全如停年格以资历取人，它所限制的是参选的条件，而参加铨选之后是否能够录用授官以及授予什么级别和职位的官，则取决于其试身言书判的成绩。这样，毕竟使一般循规蹈矩之人能够获得平等的机会；同时又严格限制了每年参选的人数，避免了铨选过程中的混乱。大抵自后便保持每年参选的人数在一万人左右②，比之武则天时每年达五万人之众大为减少。

但是，《循资格》的实施也限制了优秀人才的进取，所以必须解决如何选拔真正的才学之士的问题，而不致出现"公干强白者拘以考浅，疾废耄聩者得在选中"③的倒置是非的情况。这个问题的解决，有待于一些特别途径的设立。为了克服论资排辈带来的贤愚混杂，使真正优秀的人才能够被选拔出来，解决高级官僚的选拔任用和一般地主官僚的仕进道路问题，玄宗开元十八年实行循资格以后，平判入等和科目选成为铨选择人的重要途径。④

三 平判入等与科目选

平判入等是指在常选试判之后，另派一些文学之士加以考校，定为等第，其判入高等者予以升奖。考试是在正常的铨选过程中进行的，试判二道，"佳者登于科第，谓之入等。其甚拙者谓之蓝缕。各有升降"⑤。这是在正常铨选考试的基础上进行优等生的选拔。

---

① （清）王夫之：《读通鉴论》卷一七，中华书局，1975，第1290~1291页。
② 《旧唐书》卷一一三《苗晋卿传》：开元末天宝初，"时天下承平，每年赴选常万余人"，第3350页。
③ （清）董诰等：《全唐文》卷六五一元稹《中书省议举县令状》，中华书局，1983，第6611页。
④ 参见吴宗国《唐代科举制度研究》第五章"科目选"，辽宁大学出版社，1992，第97~112页。
⑤ （唐）杜佑撰，王文锦等点校《通典》卷一五《选举三·历代制下》，第362页。

毕竟有资格参选的人数还是比能够录用的人数多，还需要有所淘汰，否则就失去了选拔的意义。而如何淘汰，就主要是根据试判的成绩。成绩一般的选人，根据资历（即选数、劳考）和职位的高低轻重加以任命，即在考试录用之中也体现循资格的精神。但是，对于那些试判成绩优秀者，如果还是与所有试判合格的选人一起按照资历任用，同样也失去了选拔的意义。为了真正体现择优的原则和精神，必须对试判成绩优秀者加以特别的任用。这就是平判入等。

与此相适应的，还要对官职进行分类和分等。在唐代官员的升迁途径中，有些职位是能够得到快速升迁的，而有些职位则必须循着繁密的等级，一步一步往上迁改，所谓"职事官资，则清浊区分，以次补授"①。能够得到快速升迁的，除了清望官和一些四品以下八品以上的清官外，还有几十种品级不高的所谓"望秩常班"，包括八寺丞、九寺主簿、诸监丞簿、城门符宝郎、通事舍人、大理寺司直评事、诸卫长史、太子通事舍人、亲王掾属判司参军、京兆河南太原判司、赤县簿尉、御史台主簿、校书正字、詹事府主簿、协律郎、奉礼、太祝等②。

平判入等的目的既在于升奖"当时才彦"，其判入等第者，所授职官大都是秘书省、弘文馆、崇文馆、左春坊司经局之校书、正字③，与科举出身人初入仕时所授官职基本相同。校书、正字正是"望秩常班"中的一种，其升迁的下一步往往就是畿县的主簿和县尉，然后进入清官的行列，得到较快的升迁④。

平判入等是在选人试判的基础上逐渐发展而来的。随着社会整体文化知识水平的提高，到高宗武则天时期，铨选试判的难度越来越大，以致"乃征僻书曲学隐伏之义问之，唯惧人之能知也"⑤。试判逐渐成为黜落选人的主要依据。随着试判在铨选中重要性的提高，将一些试判成绩优异、

① 《旧唐书》卷四二《职官志一》，第1804页。
② （宋）王溥：《唐会要》卷七五《选部下》杂处置，神功元年闰十月二十五日敕，第1359页。
③ 参（宋）王溥《唐会要》卷六五《秘书省》，载元和三年三月诏，第1125页。
④ 如《旧唐书》卷一五四《孔巢父传附从子戡传》，孔戡"举明经登第，判入高等，授秘书省校书郎，阳翟尉，入拜监察御史"，第4099页。《旧唐书》卷九八《裴耀卿传附孙佶传》，裴佶"弱冠举进士，补校书郎，判入高等，授蓝田尉"，第3083页。《旧唐书》卷一六六《白居易传》，"吏部判入等，授秘书省校书郎"，第4340页。《旧唐书》卷一六六《元稹传》，"二十四岁调判入第四等，授秘书省校书郎"，第4327页。
⑤ （唐）杜佑撰，王文锦等点校《通典》卷一五《选举三·历代制下》，第361~362页。

即所谓"判入高等""判入等第"者甄选出来加以特别任用，就成为考试选官的一项重要内容。但出现于高宗武则天时期的这种做法直到开元前期还没有形成制度，平判入等作为一项考试选官制度，是在开元十八年设立循资格以后正式确立的①。

值得注意的是，唐代铨选中的考试，是一种通用能力的考试，侧重考察选人的综合文化素质，身言书判适用于所有选人。在选人试判的环节挑选出一些成绩优异者给予特别的任用，是在官员选任制度中建立起严格资历限制以后，对优秀人才升迁障碍的一种弥补机制。通过对通用能力和综合素质的考试选拔优秀者的做法，是唐代前期国家政务分化和官员对应分类还不发达的产物。据初步观察，随着唐代中后期国家政务的不断实务化和细分化，使职行政体制日渐发展，官员选任的考试则更加具有针对性。到宋代的官员选任制度中，则更加具有针对性，不同部门任职的官员，其选拔考试的科目和内容有所不同，如司法官员考刑名、律义、断案等，荫补者"初赴选皆试律及诗"②。身言书判的考试在宋代终被废止③。

不过，平判入等只是在每年举行的正常铨选之中选拔优秀人才，参选者还必须遵循《循资格》规定的严格的选数和考数的限制。而科目选的设立便是突破了这种限制，特设一些科目，让那些还没有达到参选年限的选人应考，成绩优秀者予以任用。《通典·选举三》所谓："选人有格限未至而能试文三篇，谓之宏词；试判三条，谓之拔萃，亦曰超绝。词美者得不拘限而授职"④。所指即为科目选。科目选的一个重要特点，就是"不须定以选数，听集"或"不限选数听集"⑤，也就是"格限未至"或《新唐书·选举志》所谓"选未满"者可以不拘"循资格"的限制而参选。

---

① （清）董诰等：《全唐文》卷三九〇独孤及《唐故朝议大夫高平郡别驾权公神道碑铭》："初，选部旧制，每岁孟冬，以书判选多士。至开元十八年，乃择公廉无私、工于文者，考校甲乙丙丁科，以辩论其品。……凡所升奖，皆当时才彦。考判之目，由此始也"，第3972页。又，（宋）王谠撰，周勋初校正《唐语林校证》卷八，"开元二十四年，置平判入等，始于颜真卿"，中华书局，1997，第713页。《旧唐书》卷一一三《苗晋卿传》，"天宝二年春……（吏部）考选人判等凡六十四人，分甲乙丙科"，第3350页。按，登吏部甲乙丙丁科，就是平判入等。

② （元）马端临：《文献通考》卷三八《选举考十一·举官》，中华书局，2011，第1111页。

③ 参见曹家齐《宋代身言书判试行废考论》，《文史》2014年第3期；《宋代书判拔萃科考》，《历史研究》2006年第2期。

④ （唐）杜佑撰，王文锦等点校《通典》卷一五《选举三·历代制下》，第362页。

⑤ （宋）王溥：《唐会要》卷七五《选部下》杂处置，载天宝十一载十二月诏，第1361页。又，《唐会要》卷五四《省号》上中书省，载太和三年五月中书门下奏，第929页。

科目选考试的科目主要是博学宏词和书判拔萃，还有三礼、三传、三史、一史、学究一经、开元礼、明习律令等。其中许多科目与制举的科目相同，在开元二十四年（公元736）以前，因科举和铨选都在吏部考试，制举和科目选不易区分，一般没有出身者应制举，有出身的前资官应科目选。开元二十五年由礼部掌科举之后，则在礼部试者为科举，在吏部试者为科目选，即所谓"凡未有出身、未有官，如有文学，只合于礼部应举；有出身有官，方合于吏部应科目选"①。唐德宗贞元九年（公元793）五月二日敕，"自今已后，诸色人中有习三礼者，前资及出身人，依科目例选，吏部考试；白身依贡举例，礼部考试"②。

科目选中主要科目的设立时间，大抵与设立循资格相一致。博学宏词设于开元十九年（公元731），《唐语林》卷八谓"开元十九年置宏词，始于郑昕"③。《旧唐书·萧昕传》载，"开元十九年首举博学宏词，授阳武县主簿。天宝初，复举宏词，授寿安尉，再迁左拾遗"④。疑《唐语林》所谓"郑昕"即此"萧昕"之误。拔萃科的设立比较复杂，《唐语林》载"大足元年置拔萃，始于崔翘"⑤，则作为制科的拔萃科，始于武周大足元年（公元701）。《唐会要》亦记，"大足元年，理选使孟诜试拔萃科，崔翘、郑少微及第"⑥。大抵在开元初年以后，书判拔萃逐渐成为科目选的科目之一。《旧唐书·张九龄传》载"当时吏部试拔萃选人及应举者，咸令九龄与右拾遗赵冬曦考其等第，前后数四，每称平允"⑦。说明开元前期拔萃科既试选人，又试应举者，制举和科目选尚未严格区分开来。至少在开元二十四年以后，拔萃科作为科目选与制科的区别已经明确了。

拔萃考试的内容是"试判三条"，在史籍记载中容易与"平判入等"相混同。实际上，二者的性质有所不同。拔萃科是在正常铨选之外特设的科目，其应选人不须限以选数，而平判入等是在正常铨选的基础上进行的。凡"书判拔萃""拔萃高等"，所指为拔萃科；而"平判异等"

---

① （宋）王溥：《唐会要》卷七七《贡举下》科目杂录，载太和元年十月中书门下奏，第1401页。

② （宋）王溥：《唐会要》卷七六《贡举中》三礼举，第1397页。

③ （宋）王谠撰，周勋初校正《唐语林校证》卷八，第713页。

④ 《旧唐书》卷一四六《萧昕传》，第3961页。

⑤ （宋）王谠撰，周勋初校正《唐语林校证》卷八，第713页。

⑥ （宋）王溥：《唐会要》卷七六《贡举中》制科举，第1387页。

⑦ 《旧唐书》卷九九《张九龄传》，第3098页。

"判入等第"，一般为平判入等。不过，有时应拔萃科也被称之为"判入高等"，如《旧唐书·韦温传》载，"以书判拔萃调补秘书省校书郎"，其父韦绶谓之"判入高等"，并自出判目而试之①。这种情况需要着意加以甄别。

科目选设立的目的，是在《循资格》规定"各以罢官若干选而集"的同时，使真正有才学的士人可以不受选数的限制，提前应选以便得到升迁。应科目选中第以后，一般授予能够得到快速升迁的官职，如校书、正字和京畿簿尉等。唐代中后期的许多中高级官员都是先从进士科及第然后以科目选起家的②。

为了体现科目选在选拔人才中择优的精神，其考试难度很大，录取的要求也特别严格。赵匡在议论铨选之弊时说，"今选司并格之以年数，合格者判虽下劣，一切皆收；如未合格而应科目者，才有小瑕，莫不见弃"③。尤其是博学宏词科，考试内容包含的范围极其广泛，一般不易应付，所谓"天地之灾变尽解矣，人事之兴废尽究矣，皇王之道尽识矣，圣贤之文尽知矣。而又下及虫豸草木，鬼神精魅，一物已上，莫不开会"④。

综上所述，唐代的选官制度经过开国以后将近一百余年的调整改革，至开元十八年前后，基本达到了在当时历史条件下的完善。一方面，平常之士自有常选，循资授任，按照任官的年限逐级上升，尽管升得很慢，但只要没有罪愆，都是有升无降。在唐代"律令格式，为政之先，有类准绳，不可乖越"⑤ 的政治运作中，对于只要求照章办事的政府机构一般官员来说，循资授任自有其合理之处。另一方面，对于需要较强决策能力和杰出领导才能的高级官员和各部门领导人员，则通过不限资次、不限选数的制举、平判入等和科目选等特殊途径加以选拔，也使真正的才学之士不致因停年限格而老于下位。既要保持选官制度中对一般官员的以资历任用，又要选拔真正的才学之士充实到高级官员的行列，这就是唐代考试选官的真

---

① 《旧唐书》卷一六八《韦温传》，第 4377 页。

② 如《旧唐书》卷一三九《陆贽传》，"年十八登进士第，以博学宏词登科，授华州郑县尉"，第 3791 页。其他如韩愈、刘禹锡、柳宗元、裴度、裴垍、李绛等，都曾"登博学宏词科"，然后显达，见《旧唐书》诸人传。

③ （唐）杜佑撰，王文锦等点校《通典》卷一七《选举五》杂论议中，第 420 页。

④ （清）董诰等：《全唐文》卷七七六李商隐《与陶进士书》，第 8093 页。

⑤ （宋）王溥：《唐会要》卷六六《大理寺》载大中四年七月大理卿刘濛奏所引文明元年四月敕，第 1150 页。

正合理之处。

四　中书门下体制下选官政务裁决机制的转型

开元十一年（公元723）中书令张说奏改政事堂为中书门下以后，唐朝的中枢体制发生了深层变化。中书门下体制下选官政务裁决机制相应作出了调整，一方面是众多六品以下官纳入"敕授官"的范畴，尚书吏部铨选授官的比重在缩小，君相直接授任的比重增加。这一点将在下文有所交代。另一方面是三省制下吏部奏授的程式需要调整，最初这种调整是通过人事安排来实现的。例如，由宰相（侍中或中书令）兼任吏部尚书，吏部铨选事务也就纳入中书门下裁决的范围之内。《旧唐书·杨国忠传》载：

> 国忠既以宰臣典选，奏请铨日便定留放，不用长名。先天已前，诸司官知政事，午后归本司决事，兵部尚书、侍郎亦分铨注拟。开元已后，宰臣数少，始崇其任，不归本司。故事，吏部三铨，三注三唱，自春及夏，才终其事。国忠使胥吏于私第暗定官员，集百僚于尚书省对注唱，一日令毕，以夸神速，资格差谬，无复伦序。明年注拟，又于私第大集选人，令诸女弟垂帘观之，笑语之声，朗闻于外。故事，注官讫，过门下侍中、给事中。国忠注官时，呼左相陈希烈于座隅，给事中在列，曰："既对注拟，过门下了矣。"吏部侍郎韦见素、张倚皆衣紫，是日与本曹郎官同咨事，趋走于屏树之间。既退，国忠谓诸妹曰："两员紫袍主事何如人？"相对大噱。其所昵京兆尹鲜于仲通、中书舍人窦华、侍御史郑昂讽选人于省门立碑，以颂国忠铨综之能。①

《新唐书·选举志》记载略同：

> 初，诸司官兼知政事者，至日午后乃还本司视事。兵部、吏部尚书侍郎知政事者，亦还本司分阙注唱。开元以来，宰相位望渐崇，虽尚书知政事，亦于中书决本司事以自便。而左、右相兼兵部、吏部尚

---

① 《旧唐书》卷一〇六《杨国忠传》，第3244～3245页。

书者，不自铨总。又故事，必三铨、三注、三唱而后拟官，季春始毕，乃过门下省。杨国忠以右相兼文部尚书，建议选人视官资、书判、状迹、功优，宜对众定留放。乃先遣吏密定员阙，一日会左相及诸司长官于都堂注唱，以夸神速。由是门下过官、三铨注官之制皆废，侍郎主试判而已。①

比之《旧唐书·杨国忠传》，此处更加点出了铨选制度在中枢体制转型特殊时期通过非正常途径实现的变革。杨国忠以实际上的首相中书令兼任吏部尚书，实际上就把原本在尚书吏部举行的铨试和注官等事务带到了宰相裁决政务的中书门下；而中书令和侍中，原本是午后就回到私第的，所以杨国忠又把选官政务带回了私第。三省制下，尚书吏部、兵部主持的文武官员铨选，通过奏抄的文书渠道，由门下省审核之后，呈送皇帝"御画闻"而不置可否。其间与中书省长官中书令并无关涉。中书门下体制建立后，宰相裁决政务的职权有所加强，选官政务向以中书令为首相的宰相集中，已经是一个不可逆转的趋势。敕授官范围的扩大体现了这一趋势，吏部、兵部的铨选职权削弱、沦为仅由侍郎负责试判的程序性事务，同样体现了这一趋势。

本章小结

铨选制在隋朝建立后，面临着许多选官理念上和实际操作中的问题。尤其是将全体官员，包括新获得任官资格的"有出身人"和任满待选的"前资官"，都集中到尚书吏部和兵部进行铨试和注拟，势必带来铨选工作的极大压力。官阙少而选人多的矛盾，从此构成了选官制度中的基本矛盾。大量的簿籍文书，则对吏部和兵部的政务处理形成了严重冲击，影响到选官政务的有序展开和官员叙迁授任的公正性、合理性。唐朝统治形势稳定之后，随着参加铨选的人数急剧增加，上述选官制度中的矛盾迅速显现。在不同的历史时期，唐朝统治者提出和实施了不同的解决办法。在贞观年间做出的反应，主要是展开了是否要回到乡举里选、州郡辟署老路的争论，

---

① 《新唐书》卷四五《选举下》，第 1177~1178 页。

这个争论自然没有结果，铨选制继续向前发展。到了唐高宗时期，选人与官阙的矛盾越发突出，选官政务中的事务积压、选人滞留问题日渐严重，朝廷多次集议，以求解决办法。负责铨选的刘祥道提出了最为详尽具体的方案，核心内容是减少"入流"人数，提高科举及第者在选人中的比例。刘祥道提出的建议依然行不通，但他提出的问题都是很现实很有针对性的。高宗总章二年（公元 669）由裴行俭等主持的铨选制度改革，在扩大吏部官员编制的基础上，严格考试注官的具体规程，即在原有一员吏部侍郎的基础上加置一员，尚书、侍郎分为三铨的制度至此确立。裴行俭设立长名榜，吏部员外郎张仁祎"始造姓历，改修状样、铨历等程式"。经过这些改革，"铨总之法密矣"，铨选制度至此趋于完善了。而玄宗开元十八年（公元 730）裴光庭在"长名榜"的基础上，制定了"循资格"，确立了以年劳、资历作为获得参加铨选资格的客观依据，将官员任满后停官待选的年限规定制度化，基本保证了选官政务的正常运行，但也造成在职官员背后大量候选者的积压。选官政务中的各种矛盾呼唤着新的选官机制的诞生，而开元、天宝之际李林甫、杨国忠先后担任宰相，凭借特殊的恩宠和中枢体制的转型，通过非常规的方式部分实现了选官政务裁决机制的调整。这种调整主要体现在选官政务向宰相府署中书门下的集中。

第三章　官员选任的主要类别与基本流程

随着中国古代国家治理机制的完善和文书行政的发展，选官政务的运行越来越依赖于政务文书。隋唐时期，选官权的划分及其运行机制，很大程度上体现在官员的授任文书上。五品以上官员的任命通过制书（含册书），六品以下官员的任命主要由尚书吏部用奏抄上报皇帝，皇帝御画"闻"后形成御画奏抄，一部分既要且剧的六品以下官职，包括州县官员中的县令和录事参军等，则逐渐通过敕旨授任。以制书授官者为制授，以敕书授官者为敕授，以御画奏抄授官者为奏授。从唐中后期开始至北宋，其中的敕授官范围不断扩大，君主和宰相的任官权得到了加强，选官文书的形态及其裁决机制随之发生了重大的变化。

一　唐宋间官员选任类别划分的变化

隋及唐前期实行三省制，选官事务中的权力划分，在流内官范围内基本分为三个层次，即五品以上的制授、六品以下的奏授（旨授）以及一些特殊的六品以下职位的敕授。《大唐六典》载，"五品已上以名闻，送中书门下，听制授焉。六品已下常参之官，量资注定：其才识颇高，可擢为拾遗、补阙、监察御史者，亦以名送中书门下，听敕授焉；其余则各量资注拟"①。《通典·选举典》概括为：

---

① （唐）李林甫奉敕撰，〔日〕广池千九郎训点《大唐六典》卷二《尚书吏部》吏部尚书侍郎之职条，东京：横山印刷株式会社，1973，第25页。

其选授之法，亦同循前代。凡诸王及职事正三品以上，若文武散官二品以上及都督、都护、上州刺史之在京师者，册授（原注：诸王及职事二品以上，若文武散官一品，并临轩册授；其职事正三品，散官二品以上及都督、都护、上州刺史，并朝堂册授。讫，皆拜庙。册用竹简，书用漆）。五品以上皆制授。六品以下、守五品以上及视五品以上，皆敕授。凡制、敕授及册拜，皆宰司进拟。自六品以下旨授。其视品及流外官，皆判补之。凡旨授官，悉由于尚书，文官属吏部，武官属兵部，谓之铨选。唯员外郎、御史及供奉之官，则否（原注：供奉官，若起居、补阙、拾遗之类，虽是六品以下官，而皆敕授，不属选司。开元四年，始有此制）。①

制授和奏授是唐前期授官的基本形式，按照五品以上和六品以下的界限划分，包括了全部流内官。而敕授官是一种补充形式，主要是对于六品以下官中一些特殊的官员，其任命权由吏部转移到宰相和君主手中。制、敕授官，"皆宰司进拟"，由皇帝以制、敕授任。唐代的制、敕授官并没有专门的主持机构，都由宰相（开元十一年以后宰相有了专门办事机构中书门下）负责铨量叙用，进拟皇帝批准。

唐代的考试选官原则，在铨选环节有着更加充分的体现。即使由宰司进拟而不通过尚书吏部和兵部铨选者，并不存在考试的问题，但能够获得制敕授官者，此前都经历过铨选，都参加过选官程序中的考试。唐代选官制度中的考试原则，不仅体现在科举考试和其他非科举的出身途径中，更体现在官员出仕任官的铨选中。科举只是获得出身的考试，而获得出身的途径，除了科举外，还有门荫、流外入流、军功授勋和其他杂色入流。但是，无论何种出身，要出仕任官，一般都必须经过吏部或兵部的铨试。即使是任满待选的前资官，在重新出任职事官时，也同样需要经过铨试。也就是说，铨选是所有人进入官僚队伍的必经之路。或者说，一切官员，不论是通过何种渠道获得出身；或者入仕后在进入五品以前，都必须通过铨试来选拔获得官职。

从官员选任的机构来看，唐代只有宰相和吏部两个层级。随着制敕授官范围的扩大（详见下文），选官政务的不断分化，高品级官阶和重要职位

---

① （唐）杜佑撰，王文锦等点校《通典》卷一五《选举三》，中华书局，1988，第359页。

官员的选任事务，其中有很大一部分，到北宋时期归属中书门下由宰相"堂除"，进而形成了宰相（堂除）、审官院和流内铨（武选官属三班院）三个层级的选官体系。武官选任机构的发展与文官选任机构并不同步，熙宁三年（公元1070）以前，三班院负责低级武官的磨勘和常程差遣，枢密院负责中高级武官的选任，并对三班院的政务加以督导。熙宁三年，中高级武官的磨勘和常程差遣从枢密院分离出来，由审官西院专门负责；三班院和审官西院分管武选官的磨勘和常程差遣，枢密院对二者行督导之责，并负责武官一些重要差遣的除授。元丰（公元1078～1085）改制，将武官的选任事务也都归于尚书吏部（而不是回到唐制中的尚书兵部），三班院改称吏部侍郎右选，审官西院改称吏部尚书右选，各自职任依旧，但归属关系发生了变化，从枢密院下属的机构转变为尚书吏部的一部分，与分管文官选任的侍郎左选和尚书左选相对应。不过，尚书右选和侍郎右选与枢密院依然存在着统属关系，中低级武官的选任事务通过尚书省申奏裁决，阁门使以上的高级武选官，依然要通过枢密院申奏"画旨"后给告身。①

审官院和流内铨、三班院以及元丰以后吏部四选的分工，类似于唐代尚书和侍郎的分工，只是其运行机制随着使职差遣体制的发展而发生了变化。所以元丰官制改革以后，吸收了使职运行机制的新的尚书吏部恢复了对中低级文武官员的选任，形成了中书门下负责的"堂除"和由吏部所经办"部注"中的尚书左右选和侍郎左右选三个层次。至于元丰改制以后尚书吏部与唐代尚书吏部相比，其选任的文官范围发生了什么变化，则需要考虑官员职衔序列和层级的变化详细梳理。宋哲宗元祐元年（公元1086）闰二月，殿中侍御史吕陶上疏提出：

> 伏谓朝廷差除之法，大别有三，自两府而下，至侍从官，悉禀圣旨，然后除授，此中书不敢专也。自卿监而下及已经进擢，或寄禄至中散大夫者，皆由堂除，此吏部不敢预也。自朝议大夫而下，受常调差遣者，皆归吏部，此中书不可侵也。法度之设，至详至密，所以防大臣之专恣，革小人之侥幸也。②

---

① 参见赵冬梅《文武之间：北宋武选官研究》，北京大学出版社，2010，第282页。
② （宋）李焘：《续资治通鉴长编》卷三七〇元祐元年闰二月，中华书局，1990，第8964～8965页。

邓小南已经据此论明了北宋文官选任中的这种分层负责机制。①从唐宋间选官政务主管机关变化趋势看，政务分化与重组的轨迹甚为清晰。随着官员层级的加密、职衔序列的繁复，势必带来官员选任政务的不断分化重组。元丰改制以后从审官院和流内铨重新划归尚书吏部的中低层文官选任之职，其选任的范围，与唐代尚书吏部的职任相比发生了哪些变化，宰相与有司之间政务运行的一体化进程有何种程度的推进，这些问题都值得在唐宋史学界已有相关成果的基础上进一步研究。通过初步观察可以发现，北宋前期使职差遣体制下宰相统领选官政务的职权有所加强，君主、宰相与审官院、流内铨之间，包括元丰改制以后的"堂除"与"部注"之间，尽管在职权划分尤其是官阙的掌控方面一直存在着矛盾，但各个层级之间在分工基础上一体化运作的发展趋势依然非常明显。

审官院设于宋太宗淳化四年（公元993），由京朝官差遣院和磨勘京朝官院合并而成。京朝官差遣院简称差遣院，设于太平兴国六年（公元981），磨勘京朝官院设于淳化三年（公元992），淳化四年（公元993）二月，磨勘京朝官院改名为审官院。五月，废京朝官差遣院，其事务并于审官院。②宋太宗太平兴国六年九月丙午诏书：

> 诏应京朝官除两省、御史台自少卿监以下奉使从政于外受代而归者，并令中书舍人郭贽、膳部郎中兼御史知杂事滕中正、户部郎中雷德骧同考校劳绩，品量材器，以中书所下阙员，类能拟定，引对而授之，谓之差遣院。按前代常参官，自一品以下皆曰京官，其未常参止曰未常参官。今谓常参曰朝官，秘书郎而下未常参者曰京官。旧制，京官有员数，除授皆云替某官，或云填见阙。京官皆属吏部，每任三十月为满，岁校其考第，罢任取解赴集。国初以来，有权知及通判、诸州军监临物务官，无定员，月限既满，有司住给俸料，而见厘务者申牒，有司复支所厘之务，罢则已，但不常参，除授皆出中书，不复由吏部。至是，与朝官悉差遣院主之。③

---

① 参见邓小南《略谈宋代的"堂除"》，《史学月刊》1990年第4期。又，邓小南《宋代文官选任制度诸层面》，河北教育出版社，1993。该书第二章专门论述宋代负责文官选任的部门与条例。

② 参见傅礼白《北宋审官院与宰相的人事权》，《山东大学学报》2001年第5期。

③（宋）李焘：《续资治通鉴长编》卷二二太平兴国六年九月丙午，第499～500页。

从差遣院设立的背景和职任范围看，中书门下的职权实际上有所加强，或者说中书门下作为宰相机构在选官政务中更加起到统领全局的作用。所谓"淳化中，赵韩王出镇。太宗患中书权太重，且事众，宰相不能悉理。向敏中时为谏官，上言请分中书吏房置审官院"①，以及宋太宗"始用赵普议，置考课以分中书之权"②，诸如此类的记载，实际上是指宰相个人的权力受到分化和限制，而宰相机构中书门下的统领作用得到了加强。可以说，审官院的设立，并不意味着宰相选任官员权力被削夺，而是作为宰相办事机构中书门下职权范围扩大、职任更加坐实的体现③。

二　吏部铨选的规程

唐代由吏部主持的铨选，要经过以下几个程序（兵部主持的武官铨选程序大体相同）。

（1）立格去留——颁格与发解。格指选格，每年由吏部制定，规定来年的应选条件和限制。选人的条件必须与格合，才能应选，所谓"立格去留"④。合格而欲应选者，填写铨状，然后由本属或故任列其罢免善恶之状，称为解状。将解状呈送至尚书省，称为发解。《新唐书·选举志》云：

> 每岁五月，颁格于州县。选人应格，则本属或故任取选解，列其罢免、善恶之状，以十月会于省。过其时者不叙。⑤

由于唐前期铨选制度中的相关规定和措施始终处于不断调整之中，所以选格是每年都颁布的。随着铨选制的逐渐完善，选格的规定也日趋繁密和固定，每年都颁布选格就成为一种重复性的工作。加上一些偏远地区应选人数的增加，五月颁格，十月发解至尚书省，其时间也过于紧促。所以，文宗开成二年（公元837）四月中书门下奏请对铨选制度进行改革，"比缘今年三月，选事方毕，四月以后，方修来年格文，五月颁下，及到远地，

① （宋）司马光：《涑水纪闻》卷三，中华书局，1989，第57页。
② （宋）章如愚：《山堂考索》后集卷七，影印文渊阁四库全书本。
③ 参见傅礼白《北宋审官院与宰相的人事权》，《山东大学学报》（哲社版）2001年第5期。
④ （宋）王溥：《唐会要》卷七四《选部上》论选事开成二年四月中书门下奏，第1342页。
⑤ 《新唐书》卷四五《选举下》，中华书局，1975，第1171页。

已及秋期。今请起今月与下长定格，所在府州，榜门晓示"①。

送至尚书省的解状，实际上应包括选人自己填写的铨状和地方官府填写的审查意见和"罢免善恶之状"。据《册府元龟》载"唐选制"条注云：

> 先时，五月颁格于郡县，示人科限而集之。初，皆投状于本郡或故任所，述罢免之由，而上尚书省。限十月至省，乃考核。资序、郡县乡里名籍、父祖官名、内外族姻、年齿、形貌、优劣课最、谴负刑犯，必具焉。②

选人根据选格的科限而填写的报名表为"铨状"，按照《选格》的规定，"铨状，选人自书，试日书迹不同，即驳放殿选。违格文者，皆不覆验"③。选人将铨状投送至本郡或任所，由籍贯所在郡的长官或任所的长官列其罢免善恶之状，这就成了"选状"。其中"资序、郡县乡里名籍、父祖官名、内外族姻、年齿、形貌"等，当属选人自书的内容，而"优劣课最、谴负刑犯"等，当属罢免善恶之状。

（2）检核解状——南曹综核与废置详断。解状送至尚书省之后，吏部员外郎负责检勘核查。这是对选人在参选之前进行的资格审查，由吏部员外郎专门负责。所谓"其铨综也，南曹综核之，废置与夺之，铨曹注拟之"④。检勘的依据主要是选人的户籍和甲历。户籍登记着人们的基本身份信息，一般是"开检无籍者，不得与第"⑤。甲历则是官员任职的档案，"中书、门下、吏部各有甲历，名为三库，以防逾滥"⑥。

对选人参选资格进行审查是吏部员外郎的中心职掌，其中有一个不断完善的过程，逐渐形成了两员吏部员外郎"一员判废置，一员判南曹"⑦

---

① （宋）王溥：《唐会要》卷七四《选部上》论选事开成二年四月中书门下奏，第 1342 页。
② （宋）王钦若：《册府元龟》卷六二九《铨选部·条制一》"唐选制条"注，中华书局，1960，第 7545 页。
③ （宋）王溥：《唐会要》卷七四《选部上》掌选善恶条贞元九年正月御史中丞韦贞伯劾奏文，第 1347 页。按，中华书局标点本于此处断句有误。
④ （宋）王溥：《唐会要》卷七四《选部上》论选事序，第 1333 页。
⑤ （唐）封演撰，赵贞信校注《封氏闻见记校注》卷三《制科》，中华书局，1958，第 17 页。
⑥ （宋）王溥：《唐会要》卷五四《省号上》中书省条太和九年十二月敕，第 930 页。
⑦ （唐）杜佑撰，王文锦等点校《通典》卷二三《职官典》，第 633 页。《唐会要》卷五八《尚书省诸司中》吏部员外郎条云，"判废置一员，判南曹一员。南曹起于总章二年，司列少常伯（吏部侍郎）李敬玄奏置"，第 1006 页。唐人李肇记其事云，"员外郎二厅，先南曹，次废置"。见所撰《唐国史补》卷下郎官故事条，上海古籍出版社，1979，第 51 页。

的格局。《唐会要》中苏冕所谓"南曹综核之，废置与夺之"，说明两员吏部员外郎都是在"铨曹注拟之"之前进行簿籍文书的审查把关。"综核"是对选人提交各种文书材料的核实勘验，"员外郎一人掌判南曹。每岁选人有解状、簿书、资历、考课，必由之以核其实，乃上三铨。其三铨进甲则署焉"①。"与夺"是取舍、决断之意，则判废置的员外郎在南曹检勘的基础上，进一步进行复核和裁决，决定是否给予参选的资格。文书材料审查的环节中，又分出来审核勘验和比对复核两个环节。吏部员外郎"判废置"作为材料审查的复核环节，乃是对被南曹驳检勘之后驳放情况进行复查，以判定其最终留放。唐文宗大和五年（公元831）六月敕：

> 南曹检勘，废置详断。选人傥有屈事，足以往覆辨明。近年以来，不问有理无理，多经中书门下接诉，致令有司失职，莫知所守。选人逾分，唯望哀矜。若无条约，恐更滋甚。起今以后，其被驳选人若已依期限，经废置详断不成，自谓有屈，任经中书门下陈状。状到吏部后，铨曹及废置之吏，更为详断，审其事理，可收即收。如数至三人已上，废置郎官请牒都省罚直。如至十人已上，具事状申中书门下处分。如未经废置详断，公然越诉，或有已经详断不错，辄更有投论者，选人量殿两选，当日具格文榜示。冀无冤滥，亦免幸求。②

这是有关"废止详断"的明确规定。唐文宗大和五年（公元831）六月敕："应选人未试以前，南曹驳放后，经废置详断，及准堂判却收。"③说明即使在南曹驳放之后，选人还没有参加铨试之前，向判废置的吏部员外郎提出复核申请，如果复审通过，按照中书门下的"堂判"可以重新获得参选资格。而所谓"凡吏部分天下之疑，析无文之中，曰废置；清九流之路，坦多士之门，曰南曹"④，当是对这种分工的一个文学性描述。

---

① 《旧唐书》卷四三《职官二》，中华书局，1975，第1820页。（唐）李林甫奉敕撰，〔日〕广池千九郎训点《大唐六典》卷二《尚书吏部》吏部郎中之职条，第38页同。判南曹的员外郎还掌握着官阙的分配。《旧唐书》卷一四九《令狐峘传》："初，大历中，刘晏为吏部尚书，杨炎为侍郎，晏用峘判吏部南曹事。峘荷晏之举，每分阙，必择其善者送晏，不善者送炎，炎心不平之"，第4013页。

② （宋）王溥：《唐会要》卷七四《选部上》吏曹条例，第1352页。

③ （宋）王溥：《唐会要》卷七五《选部下》杂处置，第1366页。

④ （清）董诰等：《全唐文》卷七八四穆员《福建观察使郑公墓志铭》，中华书局，1983，第8196页。

在铨选制的发展过程中，随着应选人数的急剧增加，选人需要提交的簿籍文书日益复杂，对于文书材料的审核把关就成为选官政务中的重要环节，原本协助吏部郎中处理叙阶、小选（流外铨）等事务的员外郎，转而专门负责审核选人文书，对尚书和侍郎负责。这是选官政务不断分化的必然结果，对尚书行政体制将带来新的冲击。

判废置和判南曹的形成时间，还不是很清楚。《大唐六典》记吏部员外郎二人，"一人掌选院，谓之南曹"，广池千九郎训点本按语云，"《太平御览》引《六典》文作判南曹无选院谓之四字"；"一人判曹务，当曹之事无巨细，皆与郎中分掌焉"①。对吏部员外郎"判废置"没有记载，似说明开元时期尚未有此制。不过，以吏部员外郎一人专南曹之任，则有明确记载，始于高宗总章二年（公元669），与当年的铨选制度改革有关。《唐会要》卷五十八《尚书省诸司》中吏部员外郎条云，"南曹起于总章二年，司列少常伯（吏部侍郎）李敬玄奏置"。《新唐书·选举志》载吏部侍郎李敬玄委托新增置的吏部员外郎张仁祎，"始造姓历，改修状样、铨历等程式"②。二者所指当为同一事，即任命一员吏部员外郎专门负责选人文件和资格的审查。"其后，或诏同曹郎分主之，或诏他曹郎权居之，皆难其才而慎斯举也。"③ 开元十二年（公元724），正式规定吏部和兵部员外〔郎〕各二人专判南曹。唐玄宗当年三月诏曰：

> 文武选人，十月下解，既逼铨注，堪简难周，不能自亲，并委滑吏，恣成奸滥，为蠹尤深。自今以后，兵吏两司，专定员外〔郎〕两人，判南曹事。每年选毕，起五月一日，所是文状，即预勘责关简，判南曹官亲自就覆，每包攒作簿书，对本司长官连署印记，不得委其胥吏，勘责毕各具人数奏闻。其判南曹官，所司即进名，朕自简择。
>
> 以陈希烈、席豫判吏部南曹，刘同升、源复判兵部南曹。④

① （唐）李林甫奉敕撰，〔日〕广池千九郎训点《大唐六典》卷二《尚书吏部》吏部郎中之职条，第38页。

② （宋）王溥：《唐会要》卷七四《选部上》吏曹条例所载与此略同，第1348页。

③ （唐）权德舆：《权载之文集》卷三一《吏部员外郎南曹厅壁记》，四部丛刊本。文中记李敬玄奏置南曹在上元中，似误。

④ （宋）王钦若：《册府元龟》卷六三〇《铨选部·条制二》，第7551页。又，李希泌主编《唐大诏令集补编》卷二十二《官制》，上海古籍出版社，2003，第972页。此条系从《全唐文》转录，应以《册府元龟》为准。

吏部和兵部的两名员外郎都被授予专判南曹之职，可见档案文书的审核工作在选官政务中所占分量之重。开元二十八年（公元 740），又置吏部南院，以置选人文书，或谓之选院，将此前在本铨之内的南曹移出之①。自后，版榜和长名榜等有关资格审查的文状，都在选院张贴公布。版榜规定选人填写文书的格式，"选曹每年皆先立版榜，悬之南院。选人所通文书，皆依版样"②。虽制度上规定"文书粟错，隐幸者驳放之，非隐幸则否"③，但往往是一字有违，即被驳落，一辞不如式，辄不得调④。对应选者文书材料在程序和格式上的要去越来越严格，按照这个趋势发展下去，则所谓"铨择"将沦为主要依靠文书材料进行资格审查来决定是否授任官职及授任何种官职。这是唐宋间选官政务和铨选制度发展的一个显著趋势。

（3）铨曹注拟——"三铨"与"三注"。选人的"解状"审查合格之后，乃上三铨，所谓"其铨综也，南曹综核之，废置与夺之，铨曹注拟之"。三铨是指吏部尚书和两员吏部侍郎，对于六品以下官，分别按照合授官品的高低分组进行铨试。具体程序是"六品已下，始集而试，观其书判；已试而铨，察其身言；已铨而注，询其便利而拟；已注而唱，不厌者得反通其辞；三唱而不厌，听冬集"⑤。

"铨选"在程序上包括试、铨、注、唱四个环节。三铨先试书判，再铨身言，是对选人行政能力和身体条件、表达能力的测试和考察，"其择人有四事：一曰身，取其体貌丰伟；二曰言，取其词论辨证；三曰书，取其楷法遒美；四曰判，取其文理优长。四事可取，则先乎德行；德均以才，才均以劳"⑥。尽管原则上以德行、才能、劳考（资历）为选官的标准，但是，实际上最重要的还是身言书判，尤其试判的成绩更是授官的关键要素。

---

① （宋）王溥：《唐会要》卷七四《选部上》吏曹条例载："开元二十八年八月，以考功贡院地置吏部南院，以置选人文书。或谓之选院。其选院本铨之内，至是移出之"，第 1348 页。（宋）王应麟撰《玉海》卷一一七《铨选》唐选院条记其事，并引《唐会要》，时间作开元二十年。广陵书社，2003，第 2166 页。《唐国史补》卷下长名定留放条记其事，时间为开元二十二年。皆不确。因为《唐会要》明白说是以考功贡院之地置，则必在开元二十五年之后。

② （唐）封演撰，赵贞信校注《封氏闻见记校注》卷三《铨曹》，第 21 页。

③ 《新唐书》卷四五《选举志下》，第 1171 页。

④ （唐）封演撰，赵贞信校注《封氏闻见记校注》卷三《铨曹》，第 21 页。《玉海》卷一一七《铨选》唐选院条引《长安志》，第 2166 页。

⑤ 《新唐书》卷四五《选举下》，第 1171 ~ 1172 页。

⑥ （唐）杜佑撰，王文锦等点校《通典》卷一五《选举三》，第 360 页。

不过，随着文书材料的复杂和审查程序的严密化，所谓试判也越发成为程序性的考试了。

从制度设计的初衷看，试判不仅是对选人行政能力的测试，决定判文好坏的标准是"取其文理优长"，即还包括判文的文章水平。杜佑根据显庆二年（公元657）刘祥道上疏提到"曹司试判"，认为试判起于高宗之时①，后人亦多沿用此说，如顾炎武《日知录》卷十六《判》即主此说。实际上，唐人常衮认为"自周隋以来，选部率以书判取士"②。唐人刘肃则说，"国初因隋制，以吏部典选，主者将视其人，核之吏事。始取州、县、府、寺疑狱，课其断决，而观其能否。此判之始焉"③。据此，至少唐初就开始试判了。而最初的试判，主要是行政能力的测试，考察选人能否断决行政机关的各种疑难案件。随着选人的迅速增加，试判的标准也逐渐发生变化。"后日月淹久，选人滋多。案牍浅近，不足为准。乃采经籍古义，以为问目。其后官员不充，选人益众，乃征僻书隐义以试之，唯惧选人之能知也。"④

三铨试书、判并非分试两项，而是在所试判文之中观其楷法。如武则天时有一选人参加铨选，吏部侍郎李安期看判曰："弟书稍弱。"对曰："昨坠马损足。"安期曰："损足何废好书？"为读判曰："向看贤判，非但伤足，兼似内损。"其人惭而去⑤。

铨试结束后，吏部尚书侍郎对成绩合格的选人根据南曹对文书材料审查的结果和相关资历拟定职务，称为注官。注官要征求选人的意见，"循其便利而拟"。初拟之后，要当面对选人唱示，若官资未相当或以为非便者，可请求重新注拟，以三次为限。三唱而不厌，听冬集，"至冬检旧判注拟"⑥，参加下一次注官。

（4）受旨奉行——门下"过官"与吏部给符。吏部将拟定的官职名

① （唐）杜佑撰，王文锦等点校《通典》卷一五《选举三》，第361页。
② （清）董诰等：《全唐文》卷四二〇常衮《叔父故礼部员外郎墓志铭》，第4294页。
③ （唐）刘肃撰，许德楠、李鼎霞点校《大唐新语》卷十《厘革》第二十二，中华书局，1984，第152页。
④ （唐）刘肃撰，许德楠、李鼎霞点校《大唐新语》卷十《厘革》第二十二，第152～153页。
⑤ （唐）张鷟撰《朝野佥载》卷六，中华书局，1979，第134页。
⑥ （唐）李林甫奉敕撰，〔日〕广池千九郎训点《大唐六典》卷二《尚书吏部》吏部郎中员外郎之职条，第25页。

单，以类相从，列为表册。大抵以百人为一甲，制为奏抄，先送尚书省左右仆射简勘，然后送至门下省审核。这个过程，就是奏抄的成立和审批。《通典》卷十五《选举典》：

> 服者以类相从，攒之为甲，先简仆射，乃上门下省。给事中读之，黄门侍郎省之，侍中审之。不审者皆得驳下。既审，然后上闻，主者受旨而奉行焉，各给以符而印其上，谓之告身。①

门下省对吏部（武官属兵部）授官名单的审核称为"过官"，其不能过者，谓之"退量"。门下过官之后，申奏于皇帝。"诏旨但画闻以从之，而不可否者也。"② 皇帝在吏部的授官奏抄上御画"闻"之后，交由尚书都省付吏部，各给以符而印其上，盖上"吏部告身之印"，便形成了正式的任官文书——告身。至此，官已受成，皆廷谢之后等候任命。吏部置告身专用印，则是在开元二十二年（公元734）。《唐会要》载，"（开元）二十二年七月六日，吏部尚书李嵩奏曰：'伏见告身印与曹印文同，行用参杂，难以区分。望请准司勋、兵部印文，加告身两字。'从之"③。

关于吏部攒甲（亦称"团甲"）及告身抄写等选官政务中的具体问题，详见下文。

三　制敕授官的规程与敕授官范围的扩大

对于五品以上官的制授以及一些特殊的六品以下官的敕授，不通过吏部和兵部的铨选，"凡制、敕授及册拜，皆宰司进拟"。所谓"宰司进拟"，即由宰相提名，皇帝用制书或敕旨进行任命，其任官文书称"制授告身"或"敕授告身"。

制授和奏授是唐前期授官的基本形式，按照五品以上和六品以下的界限划分，包括了全部流内官。而敕授官是一种补充形式，主要是对于

---

① （唐）杜佑撰，王文锦等点校《通典》卷一五《选举三》，第360页。
② （唐）陆贽撰，王素点校《陆贽集》卷一七《请许台省长官举荐属吏状》，中华书局，2006，第538页。
③ （宋）王溥：《唐会要》卷七四《选部上》吏曹条例，第1349页。《通典》卷一五《选举三》作"（开元）二十三年"，第365页。

六品以下官中一些特殊的官员，其任命权由吏部转移到宰相和君主手中。开元以前，敕授官的范围包括员外郎、监察御史、起居郎、拾遗、补阙等官职。① 这些官职原本也是由吏部任命的，后来逐渐从吏部铨选中分离出来，转由宰相访择和举荐，由皇帝以敕书任命。② 这种变化，一方面表明君主进一步走向处理国家政务的前台，君相之间在政务运行中更加一体化；另一方面也意味着专制主义皇权的强化。

唐代敕授官范围的扩大，出现在"安史之乱"之后。此前的敕授官主要是朝廷中的所谓供奉官中的六品以下官如员外郎、监察御史、起居郎、拾遗、补阙等，"安史之乱"以后进一步扩大到地方官，包括县令及一些州县佐官和使府僚佐。大庭脩《唐告身的古文书学的研究》一书中汇集的敕授告身有 11 件③，其中有两件就是任命县令的，一是大历三年（公元 768）任命朱巨川为试大理评事兼豪州钟离县令；二是大历十四年（公元 779）任命张令晓为资州磐石县令。《文苑英华》卷 380 至卷 419《中书制诰》④ 中大量的授官文书，都是对节度、观察使奏请任命僚佐文状的批复文书，虽名为"制"，实际都是敕旨。李商隐《为荥阳公谢除卢副使等官状》称，"臣得进奏官某状报，臣所奏卢某等二人，奉某月日敕旨，赐授前件官充职者。臣谬当廉印，合启幕庭，抚鱼罩以兴怀，惧羖皮之废礼……不胜感恩荷圣之至"⑤。这是李商隐担任桂管观察使郑亚的判官时为郑亚起草的谢状，知其先有奏请卢某二人为副使等使府僚佐的奏状，然后得到敕旨的批准，故再上谢状。

唐后期，各地奏请自行任命县令、录事参军等地方官的情况非常普遍，这是地方长官尤其是节度、观察使与朝廷之吏部争夺选官权的重要表现。尤其是在边远地区，州县官大都由观察使等地方官自行任命，由朝廷任命的很少。如唐后期的桂管观察使部内，所掌 20 余州，"自参军至县令无虑

---

① 〔日〕中村裕一认为，敕授告身是用于本品六品以下担任职事官五品以下者的临时性告身，这是基于对《通典·选举典》所谓"六品以下、守五品以上及视五品以上，皆敕授"的理解，对唐代敕授官性质的判断不确。说见氏著《唐代官文书研究》，京都：中文出版社，1991，第 271 页。

② 参见宁欣《唐代选官研究》，台北文津出版社，1995，第 73 页。

③ 参见〔日〕大庭脩《唐告身の古文书学的研究》，西域文化研究所编《西域文化研究》（第三），東京：法藏馆，1960，第 312~349 页。

④ （宋）李昉等：《文苑英华》卷三八〇至四一九"中书制诰"，中华书局，1966，第 1937~2123 页。

⑤ （清）董诰等：《全唐文》卷七七二，第 8051 页。

三百员，吏部所补才十一，余皆观察使商才补职"①。李商隐《为荥阳公举王克明等充县令主簿状》②，就是桂管观察使郑亚自行补任州县官的证明。不过，节度、观察使及州府长官任命的属官，大都是差遣性的摄官，他们还要等候朝廷的正式任命后，才能成为正官。有学者将这个程序概括为"摄官奏正制度"。③ 摄官奏正，有的就是由朝廷进行敕授的。这是唐后期非常普遍的任官机制，详见下文。

唐德宗时礼部员外郎沈既济上《举选议》，其"请改革选举事条"，包括由州府长官自行选用长史、司马、县丞、县尉的内容，尤其是上州省事、市令、中州参军、博士，下州判司（原注：录事参军不在此例），中下县丞以下及关、津、镇戍官等，"请本任刺史补授讫，申吏部、兵部，吏部、兵部给牒，然后成官，并不用闻奏"④。尽管沈既济的建议当时未被采纳，但他提出的方案实际上成为唐后期一项常用的制度。⑤ 随着地方节度、观察使日渐用辟署幕府僚佐的办法选用州县官，越来越多的州县官进入敕授官的范围。

敕授官成立的过程，与由吏部注拟的奏授官的成立有很大的不同。敕授官成立的一个前提，是大臣举荐某人为某官，或地方节度、观察使已经任命了某人为使府僚佐或州县官而向朝廷"奏正"。所以，敕授官成立的一种情况是，首先有举荐的表状，然后皇帝下敕批准。另外一种情况是，大臣的举荐只是泛泛地建议要给某人授官，并未推荐明确的职位，这不同于节度、观察使已经任命了某人为某官而向朝廷"奏正"。在这种情况下，皇帝批复表状的敕旨，只能是原则上的意见，具体落实为某官并加以任命，还要另外的文书来实现，或者是中书门下所发的敕牒，或者是节度、观察使发的使牒。据北宋元丰五年（1082）详定官制所的说法，"唐制，内外职事有品者给告身，其州、镇辟置僚佐止给使牒"⑥。其说可供参考。前引李商隐《为荥阳公谢除卢副使等官状》中所说的"臣得进奏官某状报，臣

---

① 《新唐书》卷一一八《韩思复传附韩佽传》，第4274页。
② （清）董诰等：《全唐文》卷七七二，第8051～8052页。
③ 参见陈志坚《唐代州郡制度研究》，上海古籍出版社，2005，第87～90页。
④ （唐）杜佑撰，王文锦等点校《通典》卷一八《选举六》杂议论下，第451页。沈既济的职衔，《资治通鉴》卷二二六代宗大历十四年，作"太常寺协律郎"，第7268页。《新唐书》卷四五《选举下》，第1178页作"试太常寺协律郎"，《通典》作"礼部员外郎"。
⑤ 参见陈志坚《唐代州郡制度研究》，第88页。
⑥ （宋）李焘：《续资治通鉴长编》卷三二五元丰五年四月甲戌，第7826页。

所奏卢某等二人，奉某月日敕旨，赐授前件官充职者"，卢某由皇帝用敕旨赐授为观察副使，不能确定卢某是否有敕授告身。但是，地方辟置僚佐，还要向朝廷奏请授予律令规定的官衔，朝廷批复后应当发给告身。

唐代前期官员的授任中，制敕授官的告身及其所依托的制敕文书之外，无需另外的文书。但到"安史之乱"以后，随着举荐制的普遍化及敕授官范围的扩大，制敕授官日渐多出来一个环节，即在任命某人为某官的制敕文书之外，再下发一道敕牒。至晚唐五代时，这种情况已经很普遍。《新五代史·刘岳传》载，"故事，吏部文武官告身，皆输朱胶纸轴钱然后给，其品高者则赐之，贫者不能输钱，往往但得敕牒而无告身"①。这种情况似不能理解为敕牒就是告身所依托的"王言"，单独用敕牒授官的情况缺乏史料的支持，但制书和敕旨、发日敕授官的情况，在史料中多有记载。敕牒作为选官程序中配合其它制敕文书行用的一个环节，是随着中书门下体制的建立和完善，宰相参与裁决政务职能的强化而出现的。

唐代制敕授官具体程式，由于史料的寡少，还难以窥其全貌。敕授官的普遍化是在"安史之乱"以后出现的，唐代中后期中枢体制和选官机制的变化趋势，就是朝着北宋元丰改制以前的情形而展开的。所以，可以通过史料相对翔实的北宋制度来参照理解。

对于唐中后期开始至北宋时期敕授官范围不断扩大的背景，可从以下几方面分析。

第一，敕授官范围的不断扩大，是对隋朝实行地方佐官吏部统一任免以来相关制度缺环的一个修补。完全以五品为界限划分吏部和君相的任官权，使得一部分六品以下剧要之职官（如御史和谏官）无法获得与其重要地位相匹配的授任文书，而完全淹没在普通中下级官员的授任程序之中；也使得君相无法完全掌握中下级官员升迁途径中的那些快速通道，在吏部对官员的选任越来越依赖《循资格》的背景下，限制了杰出人才的超常规升迁。同时，随着唐代中期以来使职的不断增加和行政运作中差遣体制的形成，实际政治生活中形成了"为使则重，为官则轻"②的状况，官员在政务运行中的重要性和实际政治地位与其品阶开始出现脱节的倾向，完全按照品级来划分选任的主体，已经不适应形势的需要。为了体现差遣的使

---

① 《新五代史》卷五五《刘岳传》，中华书局，1974，第 631~632 页。
② （唐）李肇：《唐国史补》卷下，第 53 页。

职与令所规定的职官之重轻，在俸给、礼仪、朝班位序等方面都需要有所体现，同时也要体现在选任的程序和文书上。敕授官范围扩大的现象，需要在唐宋官僚制度演变的大背景下求得更切实的解释。宋朝的合班之制按照实际政治地位的高低来排定班序，而不是完全按照官员的品阶，出现低品官居于高品官之前的"杂压"现象①。这项制度在官僚制的内在精神上是对唐代敕授官制的继承和发展。中晚唐五代时期"常参官"在官僚等级序列中地位的突出，当亦与此有关②。

第二，敕授官范围扩大是律令制下的官僚体制向使职行政体制演变带来的政务变化。吏部所掌为六品以下官员的授任权，一些临时性的差遣，吏部也可以遣使，但是，越来越多的固定使职，其任命却在吏部职掌之外，是要以皇帝的命令文书来差遣的。随着唐代中后期使职行政体制的确立，使职系各种差遣性职务，包括节度、观察使下属的所谓使府僚佐，都逐渐脱离了吏部选任的范围，而纳入敕授官的行列。同时，随着地方分权趋势的发展，荐举制重新抬头。唐代中后期荐举范围不断扩大，不仅宰相可以举荐，各种使职和地方长官也可以举荐。地方的节度、观察使和州县长官向朝廷举荐官员，是直接面向宰相和皇帝的，而不是向吏部举荐。君、相接受举荐后加以任命，授官文书就是皇帝的命令文书，其中六品以下官用敕类文书，敕授官的范围因此扩大。

第三，敕授官范围的扩大体现了选官事务中地方与中央的新型关系。随着地方政务范围的扩大和越来越朝着事务性的方向发展，全国的地方官都由吏部来统一选任，势必出现吏部选任的官员不适应地方工作，尤其是具体岗位的矛盾。地方长官根据工作需要和官员特点，自行选任官员，是地方治理实际需要的结果。而且，在"安史之乱"以后地方独立性加强的背景下，这个趋势更加明显。但是，中央又不可能向地方完全放权。对于地方官的选任，既要让地方长官享有一定的自主性，又要维护中央对选官权的控制。自中唐以后，地方长官享有一定程度上的选官权，可以自行提名和安排职务，但是必须在获得出身的人中进行选任。出身（即任官资格）

---

① 参见李昌宪《宋朝官品令与合班之制复原研究》，上海古籍出版社，2013。
② 参见吴丽娱《终极之典——中古丧葬制度研究》，中华书局，2012，第 522～527 页；陈文龙《唐"通籍"考》，《中华文史论丛》2011 年第 2 期；陈文龙《论中晚唐五代时期"常参官——刺史"等级分界线》，《魏晋南北朝隋唐史资料》第 28 辑，武汉大学出版社，2012。

的获得，是由中央确认的。地方长官选任地方的佐官，其选拔的范围就是全国性的、获得朝廷认可的出身者。也就是说，地方的一些职位尽管由地方长官来安排，但是已经不可能由一些本地的家族来控制了。另一方面，地方长官选任地方官，也并不具有完整的任官权，至少在形式上还要申报中央，由朝廷用皇帝敕书的名义加以批准。这是敕授官范围扩大的一个重要背景。

附　北宋制敕授官程序中的"送中书结三省衔"

元丰以前官员授任的相关程序非常复杂，在授任程序完成后，有专门的官告院制作告身并用印。官员的任命文书分为两个部分，一部分是告身，另一部分是敕牒。告身视任官性质与级别的不同，分为内制和外制。亲王妃主、宰相、枢密使、节度使等的任命，用内制，由翰林学士起草制词，相当于唐代的制授（包括册授），其程序是"凡制词既授阁门宣读，学士院受而书之，送中书结三省衔，官告院用印"[1]。告身的书写程序完成后，再下发给所受之人。内制告身的文书体式，元丰以前的情况，因尚未发现实物史料，不得具知。但据元丰以后的几通告身看来，其制词部分以"门下"开头，"主者施行"结尾，其后是中书省三官的宣奉行、门下省三官的署名，并书有"制书如右，请奉制付外施行，谨言"的复奏文，接着是尚书仆射和吏部官员的署名，并书"告某官，奉被制书如右，符到奉行"。因此，所谓"送中书结三省衔"，完全按照唐代制授告身的程式[2]。

"送中书结三省衔"是北宋制敕授官程式中的一个重要环节，与尚书、中书、门下三省在北宋政治运作中的地位与作用，以及北宋政治形态中的三省制理念有关。尽管从唐代中期开始，包括选官事务在内的国家政务的运行就越来越从以尚书六部为主向依托于使职差遣体系为主转变，但是，

---

① （宋）李焘：《续资治通鉴长编》卷一六五庆历八年十月庚寅，第3971页。

② 如元祐元年（1086）司马光拜左仆射告身，图版载台北《故宫文物月刊》第284期（2006年11月），第14～15页；元祐三年范纯仁守尚书右仆射兼中书侍郎告身，参见〔日〕近藤一成《〈长编〉に収録された蘇東坡の一逸話をめぐって》，载〔日〕長澤和俊编：『アジアにおける年代記の研究』，昭和六十年度科学研究費補助金総合の研究（A）研究成果報告書，1986，第73～81頁。如近藤一成指出，范纯仁告身中缺中书三官的宣奉行，有待进一步研究。

由于使职行政系统还没有形成完全独立运作的体系，北宋前期继续沿置三省。三省在政务运行中的作用，体现在文书行政的一定层面上。以皇帝为核心的最高决策，要通过一套出令系统发布出去，其中包括制敕文书的起草、流转和签署等环节。在唐代前期三省制的格局中，决策机制和出令机制基本合一，制敕文书的起草者、签署者同时也是最高决策的参与者，制敕文书在中书省、门下省和尚书省各个机构之间的流转，基本也是通过三省内部来完成的。换言之，制敕文书的起草、签署和流转都是依托于三省，除了宦官在三省与皇帝之间的传递，三省之外并无其他机构参与。北宋前期，围绕最高政务裁决而形成的制敕文书，其起草程序、流转程序以及签署程序（落实到文书体式上的职衔签署），三者之间尽管有交叉却是互相分离的，是出令机制中的三个相对独立的层面。而出令机制与最高政务裁决机制之间，更是判然区分。三省的角色与地位，主要就体现在出令机制中的文书流转和签署程序之中。

宋代以皇帝名义发布的命令文书，其所处理政务的主体是不同级别官员的任免，其他方面国家日常政务，主要由宰相（政府）通过敕牒与札子进行处分①。根据级别不同颁赐给官员的诏书和敕书，大概也与日常政务的具体处分无关。唐代敕类文书中的发日敕、敕旨、敕牒等，都是"王言之制"，原本是处理国家日常政务的主要文书，宋代除敕牒外已无相对应的皇帝命令文书。皇权越来越集中于官员任免而将其他日常政务交给宰相处理，是皇帝走向处理国家政务的前台、君相在政务处理环节上趋向一体化并进行了重新分工的体现。皇帝命令文书形成了不同于唐朝的体系，反映的是制度格局和政务运行机制的差异。唐前期的"王言之制"，是皇权行使的实际途径，皇帝在政务文书上的御画（制书画可、敕旨书敕、发日敕书发日、奏抄画闻等），是皇权行使的体现。而三省官员在命令文书上的签署，并非"副署"，他们本身就是文书成立的主体。这种机制背后的制度格局是中书、门下两省沟通内廷与外朝的建置，以及三省分工协作的运作程式；而其背后的思想理念，则是君主与宰相共治天下，即唐太宗所说的"皆委百司商量，宰相筹画，于事稳便，方可奏行"②。

---

① 参见李全德《从堂帖到省札——略论唐宋时期宰相处理政务的文书之演变》，《北京大学学报》2012年第2期；张祎《制诏敕札与北宋的政令颁行》，北京大学博士学位论文，2009。

② （唐）吴兢：《贞观政要》卷一《政体》，上海古籍出版社，1978，第15页。

由于北宋的出令机制中增加了新的环节，或者说在从决策到出令的程序中拆分出一些新的环节，制敕文书的起草、签署和流转环节各自独立出来。这实际上反映出宋代制度格局与政务运行机制的特点，即实际运行中的中书门下体制与制度框架上的三省制并存，官与差遣分离。三省在文书流转和签署的环节上还起着一定的实际作用，至少告身及其所依托的制敕文书上还维持着三省签署的体式，任官制书经翰林学士起草之后，要"送中书结三省衔"。虽然制敕文书上结衔的是三省官员，但却是在"中书"（即中书门下）完成的。这是一种文书程式与实际政务运行相背离的方式。宋仁宗嘉祐三年（1058）刘敞、胡宿在改更官制的建议中，就提到这种程式与唐制的背离，"中书出制敕，唐制并经门下审覆，然后尚书出告身，经历三省，比来唯于中书发敕，虚置三省官名，今欲申明复此制"①。这里所说的"虚置三省官名"，当指三省官员在制敕文书上的结衔。对比唐前期三省共同构成最高决策层的机制，似乎北宋的三省没有实权。换言之，在北宋前期的最高决策过程和出令机制中的制敕文书起草环节，三省不发挥作用。但在文书签署的环节，尽管真正署名的是每个环节上签署的实际判事者，但是，只是虚置的三省官名，却维系着整个文书的体式，且实际判事者的签署，也被纳入三省按流程分工的框架之中。唐代制敕文书按三省分工签署的流程，完全被复制到宋代的官告及其所依托的制敕文书签署程式之中。这就是三省在制敕文书签署程序中的作用。兹举熙宁二年（1069）司马光充史馆修撰告身为例，根据张祎②及久保田和男的录文③，此件告身的署衔如下：

28.　熙宁二年八月　日
29.　　　中　书　令　使
30.　　　中书侍郎　阙
31.　　　尚书兵部郎中、知制诰　臣宋敏求　宣奉行
32. 奉
33. 敕如右，牒到奉行

---

① （宋）李焘：《续资治通鉴长编》卷一八八仁宗嘉祐三年，第 4538 页。

② 参见张祎《制诏敕札与北宋的政令颁行》，北京大学博士学位论文，2009，指导教师邓小南。

③ 参见〔日〕久保田和男《宋代に于ける制敕の伝达について：元豊改制以前を中心として》，《宋代社会のネットワーク》，東京：汲古书院，1998，第 201～202 頁。

34. 熙宁二年八月　日

35. 侍　　　中使

36. 门　下侍郎 公亮

37. 给　事　中使

38. 翰林学士承旨兼端明殿学士、翰林侍读学士、给事中、知制
语、充史馆修撰判　珪

39. 　　　八月八日未时都事孙　日新

40. 　　左司郎中　付吏部

41. 左仆射　在中书

42. 右仆射　阙

43. 吏部尚书　使

44. 龙图阁直学士、起居舍人兼侍读权判　维

45. 尚书户部郎中、充集贤殿修撰兼同判　鼎臣

46. 吏部侍郎　使

47. 吏部侍郎　阙

48. 左　丞　使

49. 告翰林学士兼侍读学士、朝散大夫、右谏

50. 议大夫、知制诰、充史馆修撰、编修历代君臣

51. 事迹、详定封事、判尚书都省兼提举万寿观

52. 公事兼提举司天监公事、同详转对臣僚

53. 所上封章、柱国、河内郡开国侯、食邑一千三百

54. 户、食实封贰伯户、赐紫金鱼袋司马光，奉

55. 敕如右，符到奉行

56. 　　　　　　　　　　　主　事　阙

57. 殿中丞、直史馆判　轼　　令史刘　琰

58. 　　　　　　　　　书令史樊　德宣

59. 熙宁二年八月　日下

　　这是一份内制告身，从中可以看出，北宋制敕文书的体式与唐前期三
省制下的文书体式大致相同，不同之处是三省署位的每一个环节除了其本
官之外，都有一个实际判事者签署。而其成立过程中体现的政务运行机制
及文书流转程序，无疑与唐前期的制度有重大的不同。在文书成立后的流

转过程中真正发挥作用的，需要署名的，是每个环节上签署的实际判事者。在上引久保田和男及张祎研究的基础上，可揭示出本件告身中值得注意的四点：①以尚书兵部郎中知制诰的宋敏求，他行使中书三官宣奉行之职，但未必是命词的起草者；②以翰林学士承旨兼端明殿学士、翰林侍读学士、给事中、知制诰、充史馆修撰判门下省事的王珪，他行使门下三官的署敕权；③龙图阁直学士、起居舍人兼侍读权判吏部流内铨的韩维，尚书户部郎中、充集贤殿修撰兼同判吏部流内铨的龚鼎臣，他们行使尚书吏部承制敕而制为省符之职，但未必有实际的任命权；④殿中丞、直史馆判官告院苏轼，是官告成立过程中真正发挥作用的角色，这个位置的签署具有实际意义而非形式，取代的是唐代敕授告身中吏部郎中员外郎的判署。此份告身上签署的职衔颇为复杂，而且除了以上四者是具名签署（是否押名还需进一步澄清）外，三省官员的列衔只是保留一个位置，无人任职故不书名。但是，仅从文书上看，这件告身体现的文书体式还是三省的框架，这一点与唐代的文书形态是一致的。需要指出的是，区别于唐制的前述文书起草和通进机构所承担的工作，并不体现到告身文书之中。

北宋政务文书的起草和流转程序，是建立在行政运作中的使职差遣制之上的。唐代的职事官成为了寄寓俸禄的寄禄官，行政运作中的实际身份依托于差遣性的职衔。北宋行政中枢文书行政的前三个层面，即最高政务的裁决、制敕文书的起草、制敕文书的流转，都是依托于差遣性的职衔。而第四个层面即文书体式上的职衔签署，却在很大程度上依托的是阶官（寄禄官），除了实际判事者之外，三省署位的官衔几乎都是阶官。而且实际判事者的签署，也被纳入到三省按流程分工的框架之中。

至于制敕文书的流转，三省机构及其"判省事"者并不参与，而是有另外一套通进和封驳、行下的途径[①]。不过，某些时期内，在告身的成立和颁给过程中，三省在文书上下流转过程还是起着实际作用的。《职官分纪》卷九《甲库》载：

> 大中祥符五年敕：流内铨注官后，帖过院，逐申牒送门下省，限五日。押定后送铨司，限七日。铨司送南曹勾勘、印书，限两日。南曹勾勘、印书讫，却送铨，限一日。铨牒门下省，限一日。门下省进

---

① 参见李全德《文书运行体制中的宋代通进银台司》，载邓小南主编《政绩考察与信息渠道——以宋代为重心》，北京大学出版社，2008，第291~328页。

内，限两日。候内中降到中书，中书限两日却付门下省，门下省却给付都省承敕人，限一日。送甲库亦限一日。甲库出给签符，关送南曹、格式司、官告院，限五日。南曹给历子，限十五日。官告院给官告，限五日。①

这条敕文详细规定了流内铨注官至发给告身的流程及时限，其中三省在文书上下流转过程中是不可或缺的，只不过这里的中书是指中书门下而非中书省。在告身文书流转的环节上，中书门下某种程度上处于唐前期中书省的位置，其职权却大不相同。

宋人把体现最高决策的文书起草称为"造令"，把文书的流转和签署称为"行令"。元丰改制后关于给事中和中书舍人录黄、画黄的争论中，神宗就说过"造令与行令不同，职分宜别，给事中不当书草"②。元丰改制以前，三省在制敕文书签署和下颁过程中对文书体式和流转程式的规范作用，属于行令的范畴，而造令是翰林学士和知制诰这两制官的事情。造令与行令在程序上的分离，是北宋政治体制中的一个重要特点。三省制的框架作用以及三省流程的模板作用，虽与造令程序无关，却体现在行令的程序之中。

亲王妃主、宰相、枢密使、节度使等以外的官员任命，则用外制，由知制诰官起草命词，相当于唐代的敕授和奏授。外制官授任的文书运行程式，当与内制官大致相同，命词起草后，一样要送中书结三省衔，官告院用印③。外制告身的文书体式，基本等同于唐代的发日敕和敕旨，以"敕"开头，中书三官宣奉行后，书"奉敕如右，牒到奉行"，门下三官直接"署而颁之"，无覆奏文，尚书仆射及吏部官员签署后，书"告某官，奉敕如右，符到奉行"④。实际上，奏抄（或作奏钞）在元丰以前用于授官的例子并未见到。在唐代前期属于奏授官范围的官员任命，在北宋时期都纳入敕授官之中。这是北宋敕授官范围扩大的主要表现。

无论是内制还是外制的告身，三省官员的结衔一依唐代制度。尽管三省制在北宋的实际政务运作中已不复存在，三省官员大都是阙职，但三省

① （宋）孙逢吉：《职官分纪》卷九《甲库》，影印文渊阁四库全书本。
② （宋）叶梦得撰，宇文绍奕考异《石林燕语》卷六，中华书局，1984，第88页。
③ 参见（清）陆增祥《八琼室金石补正》卷一○四《灵泉院顺德夫人敕》，《宋代石刻文献全编》第1册，北京图书馆出版社，2003，第340~341页。
④ 对宋代外制文书体式的概括，参见张袆《宋代的官告》（未刊稿）。

的官衔已经成为官告文书上完全程式化的内容。

元丰官制改革以后，授官文书恢复了唐代的制授、敕授和奏授告身式，其官告及奏钞体式，乃参照房玄龄官告改定。[①]这是宋代选官文书的又一变化。

本章小结

唐代前期官员选任的主要类别按照任官文书可以分为制敕授官和奏抄授官两大类，制敕授官中的敕授官是一种特殊的亚类型，从选任机构来说，相应的是君相选任和尚书吏部和兵部的选任两个层级，君主与宰相之间还没有严格区分开来。北宋则在使职差遣体制和中书门下体制的前提下，形成了宰相"堂除"的制度，宰相机构中书门下和枢密院在官员选任事务中的职权更加实体化，君主、宰相和主司（包括元丰改制以前的审官院、流内铨、三班院及元丰改制以后的吏部四选）之间在官员选任事务中的分工和统属关系更加明确，也更加走向一体化。从选官政务运行角度，可看出唐宋间政治体制和政务运行机制的变化趋势。

唐中后期至北宋，敕授官范围扩大，宰相的任官权得到了加强，选官文书形态及其裁决机制发生了重大的变化。其背景可以从两个方面来分析。一是律令制下的官僚体制向使职行政体制的演变。吏部所掌为六品以下官员的授任权，一些临时性的差遣，吏部也可以遣使，但是，越来越多的固定使职，其任命却在吏部职掌之外，是要以皇帝的命令文书来差遣的。随着唐代中后期使职行政体制的确立，使职系统各种差遣性职务，包括节度、观察使下属的所谓使府僚佐，都逐渐脱离了吏部选任的范围，而纳入敕授官的行列。二是随着地方分权趋势的发展，荐举制重新抬头。唐代中后期荐举范围不断扩大，不仅宰相可以举荐，各种使职和地方长官也可以举荐。地方的节度、观察使和州县长官向朝廷举荐官员，是直接面向宰相和皇帝的，而不是向吏部举荐。君、相接受举荐后加以任命，授官文书就是皇帝的命令文书，其中六品以下官用敕类文书，敕授官的范围因此扩大。

这个变化的背后，还体现了选官事务中地方与中央的新型关系。随着

---

① （宋）李焘：《续资治通鉴长编》卷三二七元丰五年六月癸亥，第 7877 页。

地方政务范围的扩大和越来越朝着事务性的方向发展，全国的地方官都由吏部来统一选任，势必出现吏部选任的官员不适应地方工作，尤其是具体岗位的矛盾。地方长官根据工作需要和官员特点，自行选任官员，是地方治理实际需要的结果。而且，在"安史之乱"以后地方独立性加强的背景下，这个趋势更加明显。但是，中央又不可能向地方完全放权。对于地方官的选任，既要让地方长官享有一定的自主性，又要维护中央对选官权的控制。自中唐以后，地方长官享有一定程度上的选官权，可以自行提名和安排职务，但是必须在获得出身的人中进行选任。出身即任官资格的获得，是由中央确认的。地方长官选任地方的佐官，其选拔的范围就是全国性的、获得朝廷认可的有出身者。也就是说，地方的一些职位尽管由地方长官来安排，但是已经不可能由一些本地的家族来控制了。另一方面，地方长官选任地方官，也并不具有完整的任官权，至少在形式上还要申报中央，由朝廷用皇帝敕书的名义加以批准。这是敕授官范围扩大的一个重要背景。

第四章　辟署制与中晚唐藩镇使府僚佐选任机制[*]

使府僚佐的选任是唐代中后期发展起来的特殊形态的官员选任类别，是辟署制与制敕授官机制的结合。

关于藩镇使府僚佐的研究，学界给予了充分的关注。严耕望《唐代方镇使府僚佐考》① 详细考证了方镇使府中的文、武僚佐，对诸幕职的设置时间、职掌、地位进行了逐一观察，开使府僚佐专门研究之先河。戴伟华《唐方镇文职僚佐考》② 对各藩镇历任节度、观察等使及其僚佐作了非常全面细致的考察，为后来学者的研究提供了极大便利。张国刚《唐代藩镇研究》③ 有专门一章讨论藩镇使府辟署制度，对入幕僚佐的类型、使府辟署的利弊做了较全面的概况。石云涛《唐代幕府制度研究》④ 一书，系统探讨了有唐一代的幕府制度，对唐代藩镇幕府的历史源流，使府僚佐的辟署、员额、职权以及宾主关系等都有深入研究，但是作者论述宏大，并未着力于使府僚佐的选任。虽然已有对使府僚佐的研究已十分丰富，但多集中于其职位与执掌，对使府僚佐的选任机制还可以进一步深入探讨。

唐代藩镇使府的僚佐队伍呈不断扩大之势，到唐代中后期，形成了副使、行军司马、判官、参谋、掌书记、支使、推官、巡官等使职构成的僚佐体系。使府僚佐人数不断增加，职权不断扩展，对中晚唐政治生活及日

＊　本章第一作者为徐聪，系本书作者在其硕士学位论文《中晚唐藩镇使府僚佐选任机制研究》（中国人民大学，2015）基础上改写而成。

①　严耕望：《唐代方镇使府僚佐考》，《新亚学报》1966 年第 7 卷第 2 期；后收入氏著《唐史研究丛稿》，新亚研究所，1969，第 177 ~ 236 页。

②　戴伟华：《唐方镇文职僚佐考》，广西师范大学出版社，2007。

③　张国刚：《唐代藩镇研究》，中国人民大学出版社，2010。

④　石云涛：《唐代幕府制度研究》，中国社会科学出版社，2003。

后地方行政制度的发展都影响深远。所谓"今之俊义，先辟于征镇，次升于朝廷"①，"今名卿贤大夫，由参佐而升者十七八"②，使府僚佐在中晚唐的重要性由此可见一斑。众多士子在使府中经历一番锻炼后登上更大的政治舞台，韩愈、裴度、刘禹锡、李德裕等都是如此。据刘海峰统计，唐后期两《唐书》有传的进士出身的344名官员中，有143人以辟署入仕，占总数的43%，成为唐后期进士及第者最主要的入仕途径。③ 使府僚佐选任机制已成为选官制度的重要组成部分。

使府僚佐的辟署、奏请与除授都依托于各类政务文书。在中书门下体制下，奏状成为政务运作的主体文书。④ 使府为僚佐请授官衔正是通过奏状，细致分析使府请官奏状的进呈渠道与审批流程，有利于深化对中晚唐中书政务裁决机制的认识。以使府僚佐的选任程序为线索，从文书形态切入，结合唐人文集中大量的敕、状、牒文，通过对文书起草进画、签发流转以及裁决宣付等环节的深入研究，将有助于揭示出中晚唐使府僚佐的选任机制。本书所说的使府僚佐主要是针对朝廷能够直接控制的节度、观察使，如河朔藩镇"不禀朝旨，自补官吏，不输王赋"⑤，连州县官都擅自任免，使府僚佐更是署置由己，故不在讨论范围之内。

使府僚佐的选任包括"职"与"官"两个方面，使府诸幕职如副使、司马、判官、推官等并无品级，是有职位而无品位者，尚须朝廷授予律令制内的"官"作为加衔以寄品位。这种"官"通常被称为检校官或宪官，所谓"外官带职，有宪衔，有检校，宪衔自监察御史至御史大夫，检校自国子祭酒至三公"⑥，其作用更多在于标志身份、方便迁转，与此官原有职掌无必然联系。幕职的辟署多取决于藩镇，此外亦有朝廷直接任命者，而其加衔必须由朝廷授予，以示朝廷对藩镇辟署的批准和认可。《通典》卷三二载采访、节度等使僚佐选任情况曰，"皆使自辟召，然后上闻，其未奉报

① （唐）白居易著，顾学颉校点《白居易集》卷四九《温尧卿等授官赐绯充沧景江陵判官制》，中华书局，1979，第1033页。

② （清）董诰等：《全唐文》卷四九二权德舆《送李十兄判官赴黔中序》，中华书局，1983，第5019页。

③ 刘海峰：《唐后期铨选制度的演进》，《厦门大学学报》1991年第1期。

④ 刘后滨：《唐代中书门下体制研究》，齐鲁书社，2008，第263页。

⑤ 《旧唐书》卷一四二《李宝臣传》，第3866页。

⑥ 《资治通鉴》卷二一六《唐纪三十二》玄宗天宝十载二月胡注，第6904页。

者称摄"①。李直方《邠州节度使院壁记》则称，"国朝笃方岳之任，慎求
其佐，颁以职贡，为之定制。或辟自诸侯，或降于朝廷，皆命于天子"②。
所谓"皆命于天子"，即使府僚佐完整的任命程序包括奏报朝廷，经批准后
方能正式任职。若未经朝廷批准，则只能称为"摄"某职，与沈既济所谓
"初补称摄，然后申吏部、兵部，吏部、兵部奏成，乃下敕牒，并符告于本
司，是为正官"③相似，唐代文献中大量出现的"摄观察推官""摄节度巡
官"等皆属此类。朝廷通过对藩镇奏请加衔的批准参与使府僚佐的选任，
加强对地方及士人的影响；藩镇通过向朝廷请授加衔来吸引有才干的士子
入幕，提高本府的能力与声望；而普通士子则有赖于这一方式拓宽仕途，
为其施展才华、快速迁转寻找更多机会。这种"辟署奏请"模式相当程度
上适应了中晚唐统治形势的需要，因而在较长时间内得到了维持与发展。

一　使府僚佐辟署程序与行用文书

　　中晚唐藩镇使府辟署僚佐，程序上大都先辟署而后奏请。前引《通典》
载"皆使自辟召，然后上闻"，白居易《授柳杰等四人官充郑滑节度推巡
制》云"古者公府得自选吏属，今仍古制，亦命领征镇者，必先礼聘，而
后升闻"④，都说明先辟署而后奏请是当时选任僚佐的一般情形。而特殊情
况下，亦有先奏请而后辟署者。《新唐书·令狐楚传》载，令狐楚"既及
第，桂管观察使王拱爱其才，将辟楚，惧不至，乃先奏而后聘"⑤。王拱对
令狐楚"先奏而后聘"，是因为爱其才，是特殊情况。具体言之，藩镇先自
行辟署僚佐，然后向朝廷奏明辟署人选和理由，经朝廷批准并授予其律令
制内的"官"作为加衔后，受辟者方可成为使府的正式僚佐。

　　使府僚佐的辟署依托于各类文书，因此从所用文书出发，可清楚地剖
析这一中晚唐重要政务的各运行环节。使府长官辟请士人入幕，须以尊重

---

①　（唐）杜佑撰，王文锦等点校《通典》卷三二《职官十四》，第890页。

②　（宋）李昉：《文苑英华》卷八〇二《邠州节度使院壁记》，中华书局，1966，第4242页。

③　（唐）杜佑撰，王文锦等点校《通典》卷一八《选举六》，第451页。

④　（唐）白居易著，顾学颉校点《白居易集》卷五〇《授柳杰等四人充郑滑节度推巡制》，
　　第1049页。

⑤　《新唐书》卷一六六《令狐楚传》，第5098页。

礼敬的态度，即上文所称"必先礼聘"，其表现形式则为聘书和聘礼。韩愈《送石处士序》曰"撰书词，具马币，卜日以授使者，求先生之庐而请焉"①，其"书词、马币"即聘书和聘礼。又如大和九年（公元 835），平卢节度使王彦威闻李裁进士及第，有声名，"携卑辞于简，副以币马，请为节度巡官"②。洪迈《容斋三笔》卷十六"唐世辟僚佐有词"云：

> 唐世节度、观察诸使，辟置僚佐以至州郡差掾属，牒语皆用四六，大略如告词。李商隐樊南甲乙集、顾云编稿、罗隐湘南杂稿，皆有之。故韩文公送石洪赴河阳幕府序云："撰书辞，具马币。"③

洪迈认为聘书就是"牒"，实际上"聘书"和"牒"是使府辟请士人入幕时用到的两种不同文书。聘书是以个人身份发出邀请的私人书信，而"牒"则是任命僚佐的公文书，使府辟士，往往将两份文书同时送达辟署对象手中。聘书为礼貌性的邀请，李翱《祭故东川卢大夫文》言"公发辟书，使者来召，言重礼至，实宾之右"④，其"言重礼至"说明了聘书这一特征。"牒"则是命令性的公文，与聘书用语有很大的不同。应辟者接到邀请后需写信答复，其形式多为"启"。李商隐《为白从事上陈许李尚书启》曰，"某启：伏奉公牒辟署节度巡官、兼伏奉荣示，赐及匹帛等"⑤。这位白从事便同时收到了"公牒""荣示"两份文件，所谓"荣示"即是聘书。又如《为柳珪上京兆公谢辟启》中"某启：散兵马使陈朗至，伏奉荣示，兼奉公牒，伏蒙召署摄成都府参军充安抚巡官者"⑥，也是同样的情况。聘书作为私人文书只送达被辟者个人，而使牒内容则可能须使院各相关机构、人员周知。韩愈《上张仆射书》曰，"受牒之明日，在使院中，有小吏持院中故事节目十余事来示愈"⑦，可见韩愈受牒成为使院僚佐一事，院中小吏第二天便已然知道，而前来通知他相关工作要求了。至于被辟请者不愿意应辟，亦应作文以示回应，如张籍《节妇吟寄东平李司空师道》诗：

---

① 韩愈著，屈守元等校《韩愈全集校注》，四川大学出版社，1996，第 500 页。

② （唐）杜牧：《樊川文集》卷九《唐故平卢军节度巡官陇西李府君墓志铭》，上海古籍出版社，1978，第 136 页。

③ （宋）洪迈：《容斋三笔》，上海古籍出版社，1987，第 604 页。

④ （清）董诰等：《全唐文》卷六四〇李翱《祭故东川卢大夫文》，第 6467 页。

⑤ 李商隐著，刘学锴等编注《李商隐文编年校注》，中华书局，2002，第 989 页。

⑥ 李商隐著，刘学锴等编注《李商隐文编年校注》，第 1946 页。

⑦ 韩愈著，屈守元等校《韩愈全集校注》，第 1378 页。

"君知妾有夫，赠妾双明珠。感君缠绵意，系在红罗襦。妾家高楼连苑起，良人执戟明光里。知君用心如日月，事夫誓拟同生死。还君明珠双泪垂，恨不相逢未嫁时。"诗人以"妾"自拟，隐喻忠贞于朝廷，婉拒了李师道的辟请并将其聘礼送还。此外，张国刚认为"士人被延引入幕后使府即署其为判官、掌书记、参谋等之类的职位"①，而从上引李商隐所撰两件谢启，可知应辟者在入幕前其职位便已然确定了，如节度巡官、安抚巡官者。

现存唐人文集中保存了大量使府辟署僚佐的牒文，为我们认清使牒的文书形态与使府幕僚的选任环节提供了丰富资料。大中元年（公元847）二月郑亚以给事中出为桂管观察使，辟李商隐为观察支使②，实掌书记。大中元年李商隐所撰《为荥阳公桂州署防御等官牒》《为荥阳公桂管补逐要等官牒》辟除使府僚佐多至30人，当是观察使府初建时系统地选任僚佐，不仅可知牒文原貌，亦可明观察使府之建制规模。兹引其中两则辟佐牒文于下：

> 段协律：判官禀训台阶，从知侯国，庭兰并馥，岩电齐明。且忆菲才，尝分襄顾，梁园辱召，淮馆陪游。今者获守小藩，适经旧地。兹川之上，方顾慕于廉堂；谷水之旁，亦徘徊于既曲。实欣徐庆，岂谓嘉招？愿持谦下之姿，俯赞训齐之令。事须请摄防御巡官。

> 李幼章：前件官籍在五陵，学通三略，不露才而务进，能仗气以逾恭。所宜率彼纪纲，记为亲信，属资封部，稍远宸居。是用辄自私朝，仍其旧邸，远分尺籍，遥押牙璋。尔其敏以在公，干而集事，达封章于凤阙，底方赂于蛮圻。勿替前劳，以承后弊。事须补充防御押衙知上都进奏。③

两件使牒辟署僚佐众多，限于篇幅不能全部引用。《为荥阳公桂州署防御等官牒》所辟19人中，以"前件官""右件官"相称者12人，是作为公文使用任命式的语气，与表示礼敬的聘书明显不同。又如李商隐《为濮阳公补保定尉张鸠巡官牒》称，"前件官卑栖州县，富有文辞。过兰成射策之年，诚思屈迹；当陆展染髭之日，难议折腰。属宾榻方施，使车旁午，假其候馆，聊免没阶。事须差摄馆驿巡官，仍立行随副使行军已下"④。宋

---

① 张国刚：《唐代藩镇研究》，第134页。
② 新、旧《唐书》谓为判官当有误，今据《为荥阳公上荆南郑相公状》《樊南甲集序》改。
③ 李商隐著，刘学锴等编注《李商隐文编年校注》，第1380、1384页。
④ 李商隐著，刘学锴等编注《李商隐文编年校注》，第321页。

神宗元丰五年（公元1082），详定官制所上言，"唐制，内外职事有品者给告身，其州、镇辟置僚佐止给使牒"①。尽管这一理解并不全面，但仍可见在中晚唐，使牒已经成为藩镇辟署僚佐的主要行用公文。此类使牒多见于唐人文集中，作为文学作品保留下来，其公文格式则往往阙而不载，致使今日对使牒签署程序难以有一清晰的认识。

辟署只是使府僚佐选任中的一个环节，僚佐入幕后，还须待府主向朝廷奏请，经批准后方可得到朝廷所授加衔并正式任职。因此，中晚唐众多制敕、谢状中都有"授前件官充职"的提法。倘若未得朝廷批准，则只能称为"摄"某职，上引《通典》所谓"皆使自辟召，然后上闻，其未奏报者称摄"②，"必先礼聘，而后升闻"，都说明了这一点。

二　使府请官文书的申奏与裁决机制

藩镇辟署僚佐实际上并未脱离中央的审核，奏请是使府辟署中不可或缺的一部分。使府下行征辟之文书为聘书与使牒，而上行奏请之文书则为奏状。使府请官奏状的申奏与裁决机制，体现在使府僚佐选任程序之中。

诸使府通过在京设立的进奏官向皇帝呈上奏状，其途径大抵通过右银台门之客省。《唐会要·鸿胪寺》载，"永泰已后，益以多事，四方奏计，或连岁不遣，仍于右银台门置客省以居之"③。客省置客省使，以宦官为之。《全唐文》卷八三八薛廷圭所撰《授刘处宏通议大夫内侍省监充客省副使制》一文可证。《刘中礼墓志铭》又载客省使之职能曰，"四方之觐礼，万国之奏籍，举不失时，动而合度"④。唐文宗时"（刘）从谏遣焦楚长入奏，于客省进状，请面对"⑤。《东观奏记》载诸道欲辟李珏为僚佐，"牛僧孺为武昌节度使，奏章先达银台，授殿中侍御史、内供奉、武昌掌书

---

① （宋）李焘：《续资治通鉴长编》卷三二五元丰五年四月甲戌条，第7826页。
② （唐）杜佑撰，王文锦等点校《通典》卷三二《职官十四》，第890页。
③ （宋）王溥：《唐会要》卷六六《鸿胪寺》，第1151~1152页。
④ 张全民：《唐河东监军使刘中礼墓志考释》，《敦煌学辑刊》2007年第2期。
⑤ 《旧唐书》卷一七下《文宗纪下》，第564页。

记"①，这是藩镇奏请僚佐任官文状经银台门奏上的具体事例。直至五代，客省依然保留，后梁开平三年（公元909）八月敕曰，"建国之初，用兵之罢。诸道章表，皆系军机，不欲滞留，用防缓急。其诸道所有军事申奏，宜令至右银台门，委客省画时引进"②。可见位于右银台门的客省接纳四方奏计，成为中晚唐文书流转中的重要环节。

进奏官至京后亦可面见宰相甚至皇帝，上奏本镇事务。建中元年（公元780），"（刘）文喜使其将刘海宾入奏，海宾言于上"。刘海宾以奏事官身份见到了德宗，这或因刘文喜正据泾州叛乱，德宗重视此事，故亲自接见其进奏官。《册府元龟》载，"（唐文宗太和元年三月）泊诸蕃使者、诸道进奏官，皆得引谒"③。文宗接见诸道进奏官被列入"勤政"条，说明皇帝接见进奏官还是较少的，而进奏官向宰相奏事的情况则较为多见。《旧唐书·李洧传》载，"洧遣摄巡官崔程奉表至京师，令口奏并白宰相：'徐州恐不能独当贼，若得徐、海、沂三州节度都团练使，即必立功。'……乃先以其言白张镒，镒言于卢杞。杞怒程不先白己，故洧所请不行，杞妨公害私，皆此类也"④。又如元和中"（卢）从史遣部将王翊元奏事，（中书侍郎同平章事裴）垍从容以语动之，翊元因言从史恶稔可图状，垍比遣往，得其大将乌重胤等要领"⑤。会昌中，"三镇每奏事，德裕引使者戒敕为忠义，指意丁宁，使归各为其帅道之"⑥。以上与藩镇进奏官接洽者皆是宰相，这或为当时常态。

藩镇奏请朝廷给僚佐授官的奏状，当即通过进奏院呈递给宰相或君主。有一人一状，亦有多人同状。多人同状者，如李商隐开成五年（公元840）为忠武军节度使王茂元所作《为濮阳公陈许奏韩琮等四人充判官状》：

> 韩琮：右件官早中殊科，荣推雅度，弦柔以直，济伏而清。顷佐宪台，且丁家难，当丧而齿未尝见，既祥而琴不成声。逮此变除，未蒙抽擢。臣顷居镇守，琮已列宾僚，谋之既臧，刚亦不吐。愿稽中选，荣借外藩，伏请依资赐授宪官，充臣节度判官。

---

① （唐）裴庭裕：《东观奏记·上卷》，中华书局，1994，第90页。
② （宋）王钦若等：《册府元龟》卷一九一《闰位部·立法制》，第2304页。
③ （宋）王钦若等：《册府元龟》卷五八《帝王部·勤政》，第651页。
④ 《旧唐书》卷一二四《李洧传》，第3542页。
⑤ 《新唐书》卷一六九《裴垍传》，第5149页。
⑥ 《新唐书》卷一八〇《李德裕传》，第5342页。

段环：右件官言思无邪，学就有道，屡为从事，常佐正人。加以富有文辞，精于草隶，儁而且检，通亦不流。臣所部稍远京都，每繁章奏，敢兹上请，乞以自随，伏请依资赐授宪官，充臣节度掌书记。

裴蘧：右件官鲁国名儒，甚乡右族，松寒更翠，马老不迷。臣昔忝凿门，辟为记室。属辞而宿构无异，论兵而故校多归，委以前筹，见其馀地。伏以前任大理评事，已三十三个月，比于流辈，已是滞淹，伏请特授宪官，充臣观察支使。

夏侯曈：右件官藏器于身，为仁由己，齐庄难犯，劲挺不摇。臣任切拊循，务繁稽勾，思留仙尉，以重宾阶，伏请依资改授一官，充臣节度巡官。

以前件状如前，臣四朝受任，三镇叨荣。慕碣石之筑宫，广延儒雅；效西河之拥篲，乐得贤才。韩琮等并无所因依，不由请托，久谙才地，堪列幕庭。伏希殊私，尽允诚请，谨录奏闻，伏听敕旨。①

此状作于开成五年十月，为王茂元赴任前所上。与本状同时，李商隐还另撰有《为濮阳公许州请判官上中书状》，其辞曰："韩琮、段环、裴蘧、夏侯曈，右件官等或断金旧友，或倾盖新知。既有藉于宾荣，敢自轻于主择。辄以具状奏请讫。伏乞相公曲赞殊恩，尽允私恳。使免孤郑驿，不辱燕台。谨录状上。"② 可见同为奏请韩琮等四人为判官之事，王茂元先后上了两次奏状。前件仅称"状"，后件言明"上中书状"，细察状文，前状有"臣""伏听敕旨"等语，后状则曰"伏乞相公曲赞殊恩，尽允私恳"。可见前状是上于皇帝，而后状上于宰相，两件奏状的性质和对象是不同的。同为奏请判官之事，王茂元之所以要上两份奏状，乃是由朝廷对奏状的批复裁决机制所决定的。

使府请官奏状的申奏与裁决机制，在天宝八载（公元749）前，往往先上中书门下，由宰相提出初步处理意见后复奏于皇帝。天宝八载七月中书门下奏，"比来诸司使及诸郡并诸军，应缘奏事，或有请中书门下商量处分者。凡所陈奏，皆断自天心，在于臣下，但宣行制敕。既奏之内，则不合别请商量。乃承前因循，有此乖越。自今已后，应奏事一切，更不合请

① 李商隐著，刘学锴等编注《李商隐文编年校注》，第482~484页。

② 李商隐著，刘学锴等编注《李商隐文编年校注》，第491页。

付中书门下，如有奏达，听进止。敕旨从之"①。此奏要求改变先呈中书门下的做法，强调"凡所陈奏，皆断自天心，在于臣下，但宣行制敕"，即诸司使先上奏皇帝，皇帝决定后出付中书门下宣行，或委托中书门下提出处理意见再复奏处置。这是李林甫在渐被玄宗疏远的背景下，被迫奏请百官奏状直接呈送玄宗裁决。

然而使府奏状先呈皇帝而后出付中书门下的处理程序并未一直持续下来，中间有过多次反复。代宗大历元年（公元766），"元载专权，恐奏事者攻讦其私，乃请百官凡论事，皆先白长官，长官白宰相，然后奏闻"②。代宗准奏。则此时百司奏状需通过中书门下转奏，不得直接上奏皇帝。然而这是元载专权的表现，不可视为制度，元载死后当很快废除。德宗疑忌大臣，好自独断，"不委政宰相，人间细务，多自临决"③，"自御史、刺史、县令以上皆自选用，中书行文书而已"④。德宗时期的奏状当是先上于皇帝，再由宦官出付中书门下处理。权德舆贞元后期所撰一系列中书门下表状可说明这一点。如《中书门下贺南诏异牟寻授册礼毕表》称，"右，今日中使某乙奉宣进止，得剑南西川节度使某乙奏"；《中书门下贺幽州卢龙军节度使检校尚书右仆射刘济去四月十七日于室韦川等三处大破奚虏六万馀众状》称，"右，今日中使某乙至，奉宣恩命，示臣等前件破贼露布者"；《中书门下贺滑州黄河清表》称，"臣某等言：今日内侍朱希颜奉宣进止，示臣郑滑观察使姚南仲所奏"⑤。以上中书门下表状，都是接到中使奉宣各地奏状后给皇帝的报告，惜皆为礼仪性贺表，未见中书门下对奏状的裁决意见。穆宗长庆二年（公元822）六月，元稹《同州刺史谢上表》曰，"或闻党项小有动摇，臣今谨具手疏陈奏，伏望恕臣死罪，特留圣览。臣此表并臣手疏，并请留中不出。谨遣差知衙官试殿中监马宏直奉表谢罪以闻"⑥。可见长庆时诸道表奏亦先上于皇帝，甚至可请求皇帝留中不出，对于这部分表奏，宰相可能无由得知，就更谈不上作出处理了。至开成三年（公元838）九月，又出敕规定，"左右神策军所奏将吏改转，比多行牒

① （宋）王溥：《唐会要》卷五四《省号上》中书省，第927页。
② 《资治通鉴》卷二二四《唐纪四十》代宗大历元年二月辛卯，第7189页。
③ 《旧唐书》卷一五《宪宗下》史臣蒋係曰，第472页。
④ 《资治通鉴》卷二三五《唐纪五十一》德宗贞元十二年十一月乙未，第7575页。
⑤ （清）董诰等：《全唐文》卷四八四权德舆《中书门下贺南诏异牟寻授册礼毕表等》，第4943、4947页。
⑥ （清）董诰等：《全唐文》卷六五〇元稹《同州刺史谢上表》，第6596页。

中书门下，使覆奏处置。今后令军司先具闻奏，状到中书，然后检勘进复"①。此敕禁止神策军直接行牒中书门下，说明此前多是如此。《资治通鉴》记此事缘由更详：

> 开成以来，神策将吏迁官，多不闻奏，直牒中书令覆奏施行，迁改殆无虚日（原注：甘露之变后，宦官专权遂至于此）。癸未，始诏神策将吏改官皆先奏闻，状至中书，然后检勘施行（原注：先奏闻于上，禁中以其状付中书，方与检勘由历而施行之）。②

此敕要求神策军改官奏状先上皇帝，再由皇帝将之出付中书门下，强调皇帝对奏状的处置权，中书门下的检勘进复则是在协助皇帝裁决。此敕虽是关于神策军迁官奏状的批复，藩镇为使府僚佐迁官所上奏状之处理程序理应于此相类似。从总体趋势上看，各种奏状的处理程序是先直接上奏皇帝，然后由皇帝出付中书门下，中书门下进行商量处分③。

皇帝通过中书门下按照程序决定官员的授任，是藩镇使府请官文书裁决的制度化机制。敬宗宝历元年（公元825）闰七月，"拾遗李汉、舒元褒、薛廷老于阁内论曰：'伏见近日除授，往往不由中书进拟，多是内中宣出。臣恐纪纲浸坏，奸邪恣行，伏希详察。'上然之"④。所谓除授不由中书，多自内中宣出，则是皇帝在人事任命上不与宰相商量而径自裁处，这被认为是一种弊政。李德裕初相武宗即上言"常令政事皆出中书，推心委任，坚定不移，则天下何忧不理……上嘉纳之"⑤。因此，藩镇奏请僚佐的奏状也应宣付中书商量处置，使府请官奏状能否得到批准，宰相的意见起着相当重要的作用。《因话录》载：

> 郭汾阳在汾州，尝奏一州县官，而敕不下。判官张昙言于同列："以令公勋德，而请一吏致阻，是宰相之不知体甚也。"汾阳王闻之，谓僚属曰："自艰难以来，朝廷姑息方镇武臣，求无不得。以是方镇跋扈，使朝廷疑之，以致如此。今子仪奏一属官不下，不过是所请不当

---

① （宋）王溥：《唐会要》卷七二《京城诸军》，第1297页。
② 《资治通鉴》卷二四六《唐纪六十二》文宗开成三年九月甲戌，第7936页。
③ 参见刘后滨《唐代中书门下体制研究》，第273页。
④ 《旧唐书》卷一七上《敬宗本纪》，第516页。
⑤ 《资治通鉴》卷二四六《唐纪六十二》文宗开成五年九月庚辰，第7946页。

圣意。上恩亲厚，不以武臣待子仪，诸公可以见贺矣!"闻者服其忠公焉。①

郭子仪奏请一州县官未被批准，判官张昙批评宰相不知大体，可见他认为实际上决定是否批准此奏请者乃为宰相，这反映出宰相在奏状的批复裁决中的实际作用。郭子仪向僚属解释奏官不下"不过是所请不当圣意"，则是把奏状的最终裁决权归于皇帝，这也是事实。皇帝和宰相在处理一般官员的授任等日常政务中，已经走向一体化。对于郭子仪这样特殊身份大臣的奏请，自然需要征询皇帝本人的意见。在郭子仪看来，皇帝没有批准，恰恰是皇帝对他的亲厚，没有把他当作跋扈的功臣武将看待。

元和四年（公元809），李翱入岭南节度使杨於陵幕为节度掌书记，次年"监军许遂振，好货戾强，而小人有阴附之者，故遂振密表谮公，直言韦词、李翱惑乱军政，于是除替罢归"②，宣歙池观察使卢坦辟之入幕，是年冬卢坦入为刑部侍郎，李翱又转依浙东观察使李逊为判官。元和十二年（公元817），李翱《祭故东川卢大夫文》追忆此事曰："公迁侍郎，翱赴浙东。宦途有阻，困不能通。公陈上前，出白丞相。保明无过，焰灼有状。事遂解释，奏方成官。非公之力，其退于田。"③ 据此，李翱入浙东幕并不容易，或因许遂振之诬陷而在宰相处留下了坏印象，幸赖故府主时任刑部侍郎的卢坦在宰相面前为他辩明，才得"奏方成官"。可见宰相的意见决定着李翱能否正式进入浙东观察使府。同有此遭遇者如牛僧孺，"以直被毁，周岁凡十府奏取不下，伊阙满岁，郗公士美以昭义军书记辟，凡三上请，诏除河南尉，拜监察御史"④，藩镇屡次奏请辟用都未得允准，原因便是牛僧孺元和初在贤良方正对策中"条指失政，其言鲠讦"⑤，惹怒了宰相。

宰相在中书门下对使府请官奏状的处理，是其政务裁决权的体现。宋

---

① （唐）赵璘：《因话录》卷二《商部上》，上海古籍出版社，1979，第75页。

② （清）董诰等：《全唐文》卷六三九李翱《唐故金紫光禄大夫尚书右仆射致仕上柱国宏农郡开国公食邑二千户赠司空杨公墓志铭》，第6449页。

③ （清）董诰等：《全唐文》卷六四〇李翱《祭故东川卢大夫文》，第6467页。

④ （唐）杜牧：《樊川文集》卷七《唐故太子少师奇章郡开国公赠太尉牛公墓志铭》，第114页。

⑤ 《新唐书》卷一七四《牛僧孺传》，第5229页。

人宋敏求《春明退朝录》卷下云，"唐宰相奉朝请，即退延英，止论政事大体，其进拟差除，但入熟状画可"①。"熟状"便是宰相对具体政务的处理意见，而且所谓熟状，其实已经不是"状"，或是宰相命知制诰官拟好的敕旨草稿，体现的是宰相的意见，复奏上去后只待皇帝御画，这一敕旨便可成立。《唐会要》载，"贞元初，中书舍人五员皆缺，在省唯高参一人，未几亦以病免，唯库部郎中张蒙独知制诰，宰相张延赏、李泌累以才可者上闻，皆不许。其月，蒙以姊丧给假，或须草诏，宰相命他官为之，中书省案牍不行者十余日"②。可见宰相处理政务需命知制诰官草敕，而知制诰官的缺员严重影响了政务裁决的效率。藩镇为僚佐请官之奏状，若通过了宰相审查，便由其入熟状请皇帝画敕批准，在此过程中宰相的意见通常起到最关键的作用。

宰相一般情况下决定着使府请官奏状能否得到批准，故藩镇有所奏请，最好先关白宰相。前述王茂元为辟请判官之事两上奏状，前件状为奏请程序中必需的正式公文，先奏上皇帝后由皇帝宣付中书门下；后件状则是因宰相在奏状成立过程中的关键作用，以私人身份先关白宰相，恳请其帮忙批准奏请，所谓"伏乞相公曲赞殊恩，尽允私恳"，便是此意。

使府僚佐除由府主奏请之外，亦有皇帝直接任命者。《旧唐书·李景略传》载，"时河东李说有疾，诏以景略为太原少尹、节度行军司马。时方镇节度使少征入换代者，皆死亡乃命焉，行军司马尽简自上意"③。唐德宗亲自授任右街副使的事例，更展现了皇帝参与僚佐选任的细节。贞元八年（公元792），"上以元舅兵部尚书大金吾濮阳公兼右街使，俾访忠良以自佐。濮阳公先以节行选，次以材能择，加之以更历，因之以故旧，得建州别驾前尚衣奉御高阳许公以闻。上素知公名，即日召见，敷对器实，有符曩声，当锡紫绶金章于殿庭，而允其请"④。这里右街副使的候选人虽是由府主奏上，但批准这一奏请的决定则是皇帝接见此人后亲自作出。可见使府中的高级幕职如行军司马、副使等，或因地位崇重，皇帝很有可能亲自过问其选任，以加强中央对使府的控制。后唐庄宗同光二年（公元924），"中书门下上言：'请今后诸道除节度副使、两使判官外，其余职员并诸州

---

① （宋）宋敏求：《春明退朝录》卷下，中华书局，1980，第39页。

② （宋）王溥：《唐会要》卷五五《省号下》中书舍人，第945页。

③ 《旧唐书》卷一五二《李景略传》，第4073页。

④ （清）董诰等：《全唐文》卷五九七欧阳詹《右街副使厅壁记》，第6038页。

军事判官，各任本处奏辟。' 从之"①。可见到五代，中央已逐渐将节度副使和节度、观察两府判官等高级僚佐的选任权从藩镇手中收回。至北宋乾德二年（公元964），终于实现了"使府不许召署，幕职悉由铨授"②。

综上所述，奏状之处理批复，无论先上中书门下再复奏皇帝，或先上皇帝再出付中书门下商量处置，都需由皇帝作出最终裁决，以敕旨的形式批复。然而皇帝不可能一个人处理所有奏状，一般性事务多交由枢密使出付中书门下商量，中书门下提出处理意见后复奏，请皇帝以敕旨批准施行。

使府请官奏状经朝廷批准后，其僚佐官衔通过敕类文书来授予。根据结句为"可依前件"与"可某官"，可将此类敕细分为两类。这两类文书的区别，是否为笔者此前所论为敕旨和发日敕的不同③，看来还需要进一步的证据，目前尚难定论。其中"可依前件"之"前件"，当为同敕所授多人的"列名件授"，是宰相对使府奏状的处分意见，体现了宰相对日常政务的裁决。使府僚佐的任官文书，往往既有敕牒又有告身，宋代"告敕并行"的格局在中晚唐使府僚佐的除授中已有萌芽。

从授职与授官的角度来看，授任使府僚佐的敕书可以大致分为三种类型。第一种是既授官又授职者，如元稹《授崔郾等监察里行等官制》的除授内容是，"郾可监察里行充泽潞等州观察支使，翱可协律郎充昭义军书记"④，这里崔郾既得授监察御史里行的官衔，又得授泽潞观察支使的幕职，二者一步到位。又如李商隐《为荥阳公谢除卢副使等官状》称，"新授某官卢戢、新授某官任缜。右：臣得进奏官某状报，臣所奏卢某等二人，奉某月日敕旨，赐授前件官充职者"⑤。第二种是改官而不改职者，如白居易《义武军奏事官虞候卫绍则可检校秘书监职如故制》⑥。又，韩愈《顺宗实录三》载，"以度支郎中韩泰守兵部郎中兼中丞，充左右神策京西都栅行

---

① 《旧五代史》卷三二《庄宗纪六》，中华书局，1976，第439页。
② （宋）李焘：《续资治通鉴长编》卷五乾德二年三月丁丑条，第123页。敕授告身中所衔敕文结语为"可依前件"与"可某官"的区别，在南宋时主要体现在该道敕文所授为多人还是一人，多人同敕者为"可依前件"。参见王杨梅《南宋中后期告身文书形式再析》，包伟民、刘后滨主编《唐宋历史评论》第二辑，社会科学文献出版社，2016。
③ 参见刘后滨《唐代中书门下体制研究》，第334~336页。
④ （清）董诰等：《全唐文》卷六四八元稹《授崔郾等监察里行等官制》，第6562页。
⑤ 李商隐著，刘学锴等编年校注《李商隐文编年校注》，第1202页。
⑥ （唐）白居易著，顾学颉校点《白居易集》卷五一《义武军奏事官虞候卫绍则可检校秘书监职如故制》，第1081页。

营兵马节度行军司马，赐紫。乙亥，追改为检校兵部郎中，职如故"①。显然，这一改官也依托于敕书进行。第三种是改职而不改官者，如白居易《授路贯等桂州判官制》，只提到充任判官，未提及加官的改转。唐代幕职的迁转通常都伴随着加官的相应迁转，因此这种情况较为少见。这三种类型中，以第一种最为常见。

朝廷据藩镇奏状而发布任命敕书，这当是除授使府僚佐的一般情形。但是状文出自地方掌书记之手，而敕文则为中央知制诰官所作，故分别收入了不同人的文集中。流传至今的唐人文集中"奏状"与"敕旨"都大量存在，然而难以找到一组申奏与批复能拼接起来的文书。唐代宗《大历三年（公元 768）朱巨川试大理评事兼豪州锺离县令告身》，虽然所授任的并非使府僚佐，但朱巨川的任职起因于濠州刺史独孤及奏请，故与节度、观察使奏请僚佐的程序大体相同。兹引录如下②：

> 睦州录事曹参军朱巨川
>
> 右可试大理评事，兼豪州锺离县令。
>
> 敕：左卫兵曹参军庄若讷等，气质端和，艺理优畅，早阶秀茂，俱列士林。或见义为勇，或登高能赋，擢居品位，咸副才名。宜楙乃官，允兹良选。可依前件。
>
> 大历三年八月四日
>
> 中书令 使
>
> 中书侍郎平章事臣 元载宣
>
> 知制诰臣 郗昂奉行
>
> 奉
>
> 敕如右，牒到奉行。
>
> 大历三年八月日
>
> 侍中 使
>
> 门下侍郎平章事 鸿渐
>
> □事中 察
>
> 八月日时都□

---

① 韩愈著，屈守元等校《韩愈全集校注》，第 2878 页。
② 参见〔日〕大庭脩《唐告身の古文书学的研究》，《西域文化研究》第三，法藏馆，1960，第 317~319 页。

右司郎中

金紫光禄大夫吏部尚书遵庆

银青光禄大夫行吏部侍郎延昌

朝议大夫守吏部侍郎绾

尚书左丞上柱国涣

告：试大理评事兼豪州锺离县令朱巨川。奉

敕如右。符到奉行。

主事仙

郎中亚令史袁琳

书令史
大历三年八月日下

据李纾《故中书舍人吴郡朱府君神道碑》载，"濠州独孤及悬托文契，举授锺离县令兼大理评事"①，可知朱巨川试大理评事兼豪州锺离县令，是通过濠州刺史独孤及奏请而来，与使府僚佐的奏请有异曲同工之处。上引告身"敕"字以后的敕文部分只有"庄若讷等"如何如何，未出现朱巨川的名字，可见本件敕旨授官对象也并非朱巨川一人，属多人同敕，庄若讷是这一甲的"甲头"。关于朱巨川的明确任命信息，"睦州录事曹参军朱巨川，右可试大理评事，兼豪州锺离县令"，则出现在"敕"字前的两行字中。因为"敕"字以后的部分方为敕文，是知制诰官所撰文章，唐人文集中往往只收录了这一部分，并非一件完整的政务文书，所以从文集类资料中不能得知"前件"的真貌。可据此推知，敕旨中"敕"字以前的部分，如上引告身中"睦州录事曹参军朱巨川，右可试大理评事，兼豪州锺离县令"，即是"可依前件"一句之"前件"中的受官者之一。此件授官的敕书中，在"敕"字之前当有庄若讷等若干人的授官信息，这些授官的具体意见，明确说明每一位受官者的拟任官职，当是中书门下根据地方官包括节度、观察使等的奏请而拟定的奏状。制为告身之时，则只将告身授予人的信息节录于敕文之前，但敕文本身包括签署程式都要全部抄录，不能改写。

唐文宗太和九年（公元 835）十二月敕文规定，凡诸司、诸使、诸道奏授六品以下官，除进士及登科众所闻知者外，皆须先下吏部、中书、门

---

① （清）董诰等：《全唐文》卷三九五李纾《故中书舍人吴郡朱府君神道碑》，第 4019 页。

下之三库，"委给（事中）、中书舍人、吏部格式郎中，各与甲库官同检勘，具有无，申报中书门下，审无异同者，然后依资进拟"①。诸道奏官文书进呈朝廷之后，首先经过给事中、中书舍人、吏部格式郎中、甲库官检勘拟受官者的档案文书，以核实其履历和资格，其后再送至宰相裁决。无论结句为"可依前件"还是"可某官"的授官敕书，其成立之前当有中书门下出具授官意见的奏状，授官敕书就是对这种奏状的批复。敕授官程序中由中书门下所上奏状，当是中书门下命知制诰官起草的所谓"熟状"。宋敏求《春明退朝录》卷下云，"唐宰相奉朝请，即退延英，止论政事大体，其进拟差除，但入熟状画可"②。所谓"熟状"便是宰相对包括官员授任在内的具体政务的处理意见，有可能是宰相命知制诰官拟好的敕旨草稿，复奏上去后只待皇帝御画，这一敕旨便可成立。

三　使府僚佐选任与唐代选官制度的转型

唐代中后期，使府僚佐广泛参与各类地方行政事务，甚至直接假摄州县长官，许多原属州县官的职掌逐步转移到使府僚佐手中，一些新出现的地方事务也自然由使府僚佐承担。摄领州政、主持乡试、催督赋税、断决狱案、兴修水利等，本是属于州上佐、功曹、法曹、士曹的政务，而使府僚佐已然参与其中。使府事务众多，甚至正员僚佐也不足以承担，加之奏官有着一定的程序与限制，因此"摄"官在使府中广泛存在。使府僚佐系统不断发展成熟，建制逐渐完备，职权持续扩展，而州县官系统则日渐衰落，正如白居易所言"郡守之职，总于诸侯帅；郡佐之职，移于部从事"③，僚佐权重而州官事简，引起了中晚唐地方行政体系的巨大变化。不过，地方行政体制的重构在唐代并未完成，直至北宋，"藩镇长吏及其僚佐在经历了晚唐五代宋初调整后，形成了知州及幕职官、诸曹官的府州官僚体系"④，才诞生了新的府州政务运行模式。随着藩镇使府僚佐在地方行政

① （宋）王溥：《唐会要》卷五四《省号上》中书省，第930页。
② （宋）宋敏求：《春明退朝录》卷下，第39页。
③ （唐）白居易著，顾学颉校点《白居易集》卷四三《江州司马厅记》，第932页。
④ 郑庆寰：《体制内外：宋代幕职官形成述论》，中国人民大学博士学位论文，2013，第2页。

体制中重要性的提高，其选任事务在选官政务中的重要性也随之提高。

使府僚佐选任对于唐代铨选制度转型的第一个方面影响是为唐代选官制度走出选任权过于集中的困局提供了一个重要的出口。上文已经指出了吏部铨选存在的一些根本矛盾，如日益增加的选人与有限官阙之间的矛盾、试判成绩、可量化的资历与实际德行才能之间的矛盾，以及中央集权与选任得人之间的矛盾等等。使府僚佐的选任，一定程度上对这些矛盾的解决起到了积极作用。

针对吏部铨选事权过于集中的弊端，使府僚佐选任中将官与职的授任分离开来，使之分属朝廷和使府，任职权在于藩镇而任官权则在于朝廷。藩镇事繁任重，各方面政务倚赖僚佐，府主可以通过各种渠道搜罗人才，远比吏部铨选灵活方便，将任职权给予藩镇，有利于选贤举能。同时，藩镇的任职权实际上又是不完整的，必须奏请朝廷批准，才能正式将人才延揽入幕，朝廷掌握着对使府僚佐的最终认可权和授官权，这一点则维护着中央集权。两方面相互配合又相互制约，是对铨选越来越重资格而轻才学的纠正，是朝廷与藩镇共同推动的对唐代选官制度的积极调整。大量使府僚佐日后成为朝廷高官，正如白居易所说"今之俊乂，先辟于征镇，后升于朝廷；故幕府之选，下台阁一等，异日人为大夫公卿者十八九焉"[1]。客观而言，使府僚佐选任机制虽然一定程度上削弱了中央集权，助长了藩镇势力，但同时也补救了铨选制度的不足，为朝廷选拔出了大量人才，许多国家柱石通过使府崭露头角，无数班马文章在使府中创作流传。

使府辟署之所以得人的原因，一方面在于它可以跳出吏部铨选僵化的资格束缚，可以根据处理政务的实际需要选拔具有德行才学的人才；另一方面在于府主选用幕僚受到朝廷审核、社会舆论与现实政务三方面的制约，非选才任能不足以成事功、孚众望。从挣脱选官权过于集中于尚书吏部带来的各种束缚来说，使府辟署僚佐的自主权很大，可以在足够大范围内选人任才，朝廷并不具体干预。如杜牧《授石贺义武军书记、崔涓东川推官等制》云，"能报所知，能用所用，在尔宾主，予不与焉"[2]。虽然也存在亲故请托的情况，但正如沈既济所云，"纵其间或有情故，大举其例，十犹

---

① （唐）白居易著，顾学颉校点《白居易集》卷四九《温尧卿等授官、赐绯，充沧景、江陵判官制》，第1033页。

② （唐）杜牧：《樊川文集》卷一九《石贺除义武军书记崔涓除东川推官等制》，第292页。

七全"①。而且使府幕僚升迁迅速，使得有才之士亦乐于入幕。值得注意的是，尽管使府辟署有较大自主权，但也并非大到漫无边际。朝廷对使府僚佐有着最终的认可权和授官权，而且也对使府僚佐的员额及其任职资格有着基本限定。②唐武宗会昌五年（公元845）六月敕文规定，"诸道所奏幕府及州县官，近日多从乡贡进士奏请，此事已曾厘革，不合因循。且无出身，何名入仕？自今以后，不得更许如此，仍永为定例"③。即便不同时期朝廷约束宽严不一，使府辟署会超出限定，但也决不能过于离谱，否则其奏官很难得到批准。唐宪宗元和十三年（公元818）二月，"襄阳节度使李愬奏请判官、大将已下官凡一百五十员。上不悦。谓裴度曰：'李愬诚立奇功，然奏请过当。'遂留中不下"④。是时，李愬刚平定淮西吴元济叛乱，奏请过当，尚且未被批准，其他藩镇平时的情况更可想而知。李商隐开成五年（公元840）所作《为濮阳公陈许奏韩琮等四人充判官状》称，"韩琮等并无所因依，不由请托，久谙才地，堪列幕庭。伏希殊私，尽允诚请，谨录奏闻，伏听敕旨"⑤。濮阳公即忠武军节度使王茂元，其奏状最后部分也在强调韩琮等不由请托、久谙才地。崔嘏《授卢戢桂州副使制》则云："藩方之命采僚，虽得以上朝廷，亦择其可者而授之。"⑥ 所以说，使府选任僚佐有很大的自主空间，但并非漫无纲纪，而是受到朝廷法度约束的，这也使得使府选任僚佐必须注重真才实学。

朝廷约束之外，社会舆论也对使府辟署有着很大影响。辟署是否得人，反映了府主是否知人，贤士入幕往往能够提高府主的声望地位。因此，使府辟署，甚重才望。赵憬分析幕府得人之原因曰，"诸使辟吏，各自精求，务于得人，将重府望"⑦。韩愈亦称，"布衣之士，身居穷约，不借势于王公大人，则无以成其志；王公大人，功业显著，不借誉于布衣之士，则无以广其名"⑧。在这种社会风气中，对于才高名重之士，藩镇总是争相辟

---

① （唐）杜佑撰，王文锦等点校《通典》卷一八《选举六》，第448页。
② 石云涛：《唐代幕府制度研究》，第237~273页。
③ （宋）王溥：《唐会要》卷七九《诸使下》诸使杂录下，第1450页。
④ （宋）王溥：《唐会要》卷七八《诸使中》节度使，第1434页。
⑤ 李商隐著，刘学锴等编注《李商隐文编年校注》，第482~484页。
⑥ （清）董诰等：《全唐文》卷七二六崔嘏《授卢戢桂州副使制》，第7482页。
⑦ 《旧唐书》卷一三八《赵憬传》，第3778页。
⑧ 韩愈著，屈守元等校《韩愈全集校注》，第1191页。

请。裴垍进士及第，又以贤良方正对策第一，"藩府交辟"①。权德舆贞元初为江西观察使李兼判官，府罢，杜佑、裴胄皆奏请，"二表同日至京"②。"张不疑进士擢第，宏词登科，当年四府交辟。江西李中丞凝、东川李相回、淮南李相绅、兴元归仆射融，皆当时盛府"③。相反，倘若辟署非才，府主则会受到社会广泛指责。符载《送崔副使归洪州幕府序》云，"今四方诸侯，裂王土，荷天爵，开莲花之府者凡五十余镇焉。以礼义相推，以宾佐相高，长城巨防，悬在一士。苟人非髦彦，延纳失所，虽地方千里，财赋百倍，有识君子，咸举手而指之"④。总之，在社会舆论正反两方面的作用下，使府用人甚中才望，故而幕府之中人才济济。

最后，现实政务中，使府事繁任重，僚佐得力与否，关乎府事成败。所谓"长城巨防，悬在一士"，此言不虚。沈既济在《选举杂议》第五条中指出，"向令诸使僚佐尽授于选曹，则安获镇方隅之重，理财赋之殷也"⑤。陆长源身死宣武，张弘靖被囚幽州，杜元颖失地西川，此类事例还有很多，皆因僚佐无状，致使节度使丧断国事、罹难军府。使府僚佐之选任，系一方安危，关政事成败，府主亦不得不精求其人，选贤任能。

中晚唐使府僚佐辟署制度之所以能长期存在，正是因为它有利于选拔人才，是中晚唐在选官制度上的有益探索。实际上，在唐前期行军幕府中辟署现象已大量存在，开元、天宝时期边镇幕府已有后期使府僚佐选任制度的雏形。"安史之乱"后，沈既济在《请改革选举事条》中提出，"自长史以下，至县丞、县尉（原注：诸州长史、司马，或虽是五品以上官，亦同六品官法），请各委州府长官自选用"⑥，要求将辟署的范围扩大到州县官员。唐德宗贞元八年（公元792），陆贽为相，奏请皇帝令台省长官各举属吏，遭到德宗的否定，在密旨中指示陆贽，"卿先奏令台省长官各举属吏，近闻外议云，诸司所举，皆有情故，兼受贿赂，不得实才。此法甚非稳便，已后除改。卿宜并自拣择，不可信任诸司者"。陆贽作《请许台省长官举荐属吏状》答复：

① 《新唐书》卷一六九《裴垍传》，第5147页。
② 《旧唐书》卷一四八《权德舆传》，第4002页。
③ （宋）王谠撰，周勋初校证《唐语林校证》卷四《企羡》，中华书局，1987，第373页。
④ （清）董诰等：《全唐文》卷六九○符载《送崔副使归洪州幕府序》，第7070页。
⑤ （唐）杜佑撰，王文锦等点校《通典》卷一八《选举六》杂议论下，第449页。
⑥ （唐）杜佑撰，王文锦等点校《通典》卷一八《选举六》杂议论下，第451页。

凡是百司之长，兼副贰等官，及两省供奉之职，并因察举劳效，须加奖任者，并宰臣叙拟以闻。其余台省属僚，请委长官选择，指陈才实，以状上闻。一经荐扬，终身保任，各于除书之内，具标举授之由，示众以公，明章得失。得贤则进考增秩，失实则夺俸赎金。丞得则褒升，丞失则黜免。非止搜扬下位，亦可阅试大官，前志所谓"达观其所举"，即此义也。自蒙允许，即以宣行，南宫举人，才至十数，或非台省旧吏，则是使府佐僚，累经荐延，多历事任。议其资望，既不愧于班行；考其行能，又未闻于阙败。而议者遽以腾口，上烦圣聪，道之难行，亦可知矣。

…………

所谓台省长官，即仆射、尚书、左右丞、侍郎，及御史大夫、中丞是也。陛下比择辅相，多亦出于其中。今之宰相，则往日台省长官也；今之台省长官，乃将来之宰臣也。但是职名暂异，固非行业顿殊。岂有为长官之时，则不能举一二属吏，居宰臣之位，则可择千百具僚！物议悠悠，其惑斯甚。①

尽管陆贽的建议没有得到真正的实施，但他在宰相任上意欲借用使府僚佐之辟署之法来选用朝廷台省官员，正说明使府僚佐的选任办法具有很大的实际作用。总之，从选贤举能角度出发，中晚唐使府僚佐选任的"辟署奏请"机制确有其内在合理性，有深刻的思想基础与制度渊源，使府辟署制度是中晚唐选官制度的重要组成部分，不能仅仅将其理解为"安史之乱"后中央权威失坠的产物。

使府僚佐选任对于唐代铨选制度转型的第二个方面影响是官员授任文书出现了"告敕并行"的现象。北宋前期，官员除授文书通常是"告敕并行"，其中既有单独发给告身或敕牒的情况，亦有同一任命告敕并给，即颁给受命者官告与敕牒两份文书的情况，大致原则为"品官给告身，无品及一时差遣，不以职任轻重，皆中书门下给黄牒，枢密院降宣"。而宋人理解中的唐制则是"内外职事有品者给告身，其州、镇辟置僚佐止给使牒"②。张祎依据对北宋熙宁八年（1075）《顺德夫人告》及相关敕牒的研究指出，与官告相比，敕牒才与实际的政务运行息息相关，官告中出具姓名的只有

---

① （唐）《陆贽集》卷一七《中书奏议》，中华书局，2006，第541~545页。
② （宋）李焘：《续资治通鉴长编》卷三二五元丰五年四月甲戌条，第7826页。

知制诰以及判吏部流内铨、官告院的官员，敕牒末是现任宰臣的集体签押，与官告相比也更能体现该命令的行政效力。①实际上，北宋前期"告敕并行"，品官给告身、差遣给敕牒的格局②，在唐代中后期使府僚佐的选任之中已有萌芽。

沈既济在《请改革选举事条》中建议，"京官六品以下（原注：应合选司注拟者）。右，请各委本司长官自选用，初补称摄，然后申吏部、兵部，吏部、兵部奏成，乃下敕牒并符告于本司。是为正官，考从奏成日计"③。在沈既济的建议中，敕牒已经与告身共同成为任官凭证。《五代会要》卷十四《吏部》载：

> 后唐同光二年正月，中书门下奏："准本朝故事，如封建诸王、内命妇及宰相、翰林学士、中书舍人、诸道节度、观察、防御、团练、留后官告，即中书帖吏部官告院，索绫纸、褾轴，下所司修写印署毕，进入内宣赐。其文武两班并诸道官员及奏荐将校，敕下后，并合是本道进奏院，或本人自于所司送纳朱胶、绫纸价钱，各请出给。今后请除内司大官并侍卫及赏军功将校转官外，并请官中不给告敕。"从之。
>
> …………
>
> 天成元年七月，中书奏："近奉宣旨：'使府判官、州县官告身、敕牒，今后据通数进纳，仍令祇候宣赐者。'旧例，朝廷命官，除将相外，并不宣赐官告。因伪朝条流，凡准宣授官，即特恩颁赐，今使府判官，皆许本道奏请，或闻多在京师，至于令、录，悉是放敕后，本官自于吏部出给告、敕，中书不便管系。"④

据此可知，到五代后唐时期，任命内外官员都是告敕并行了。这项制度的起源，当与使府僚佐由使府授职和朝廷授官的双重选任机制有关，更与其请官文书需要中书门下宰相机构的裁决密切相关。

中晚唐时期许多刺史的"谢上表"中都提到的"敕牒"，新授刺史必须得到"敕牒"后方可赴任，"敕牒"已是刺史上任的必要凭证。如元结

---

① 参见张祎《制诏敕札与北宋的政令颁行》，北京大学博士学位论文，2009，第151页。
② 参见赖亮郡《唐宋告身制度的变迁——从元丰五年〈告身式〉谈起》，《法制史研究》第18期，台北"中央研究院"史语所，2011。
③ （唐）杜佑撰，王文锦等点校《通典》卷一八《选举六》杂议论下，第451页。
④ （宋）王溥：《五代会要》卷一四《吏部》，上海古籍出版社，1978，第233～234页。

于代宗广德二年（公元764）所上《道州刺史谢上表》即云，"去年九月敕授道州刺史，属西戎侵轶，至十二月，臣始于鄂州受敕牒，即日赴任。臣州先被西原贼屠陷，节度使已差官摄刺史，兼又闻奏。臣在道路待恩命者三月，臣以五月二十二日到州上讫"①。所谓"在道路待恩命者三月"，即指九至十二月在鄂州等待敕牒。则早在代宗初期，敕牒已用于除授刺史。唐武宗会昌四年（公元844）八月中书门下奏，"比缘向外除授刺史，多经半年已上，方至本任，或称敕牒不到，或作故滞留"②。则敕牒到后刺史方能上任，已是某种制度性的规定。此种敕牒是否为给付到受官者本人的任官文书，目前还难以断定。

本章小结

中晚唐藩镇势力崛起，使府长官得以自辟僚属，使府僚佐也随之日渐壮大。藩镇使府在地方行政中地位不断上升，使府僚佐系统迅速发展，而原有州县官系统却日益萎缩，使府僚佐逐渐取代原有州县官，成为地方政务的主要承担者，构建起新的地方行政体系。使府僚佐成为中晚唐重要政治力量，使府僚佐选任机制也成为选官制度的重要组成部分。使府僚佐的选任包括"职"与"官"两个方面，僚佐的职衔，大都由府主授予，授职权主要在藩镇而不在朝廷；而僚佐的官衔，则必须由使府向朝廷奏请，授官权在朝廷而不在藩镇。使府所辟僚佐须经朝廷批准并授予一定官衔后，方可正式任职，否则只能称为"摄"职。朝廷授予僚佐官衔，体现了对使府辟署行为的审核批准。从这个意义上说，使府拥有的授职权是不完整的，还要经过朝廷的进一步裁决，朝廷掌握着对使府僚佐的最终认可权和授官权。在中晚唐大部分时期内，藩镇使府辟署僚佐实际并未脱离朝廷监控。

使府僚佐的辟署程序大致是，藩镇先自行辟署某人任某个幕职，然后向朝廷奏明辟署人选和理由，经朝廷批准并授予其律令制内的"官"作为加衔。藩镇聘用僚佐的公文书是"使牒"或者"公牒"，藩镇向朝廷奏请给僚佐授官的文书是奏状，批复文书为"敕旨"。中书门下在藩镇请官奏状

---

① （清）董诰等：《全唐文》卷三八〇元结《道州刺史谢上表》，第3863页。
② （宋）王溥：《唐会要》卷六九《刺史下》会昌四年八月中书门下奏，第1209页。

的批复处理过程中，换言之，在使府僚佐授任文书"敕旨"成立过程中，发挥关键作用。结句为"可依前件"的授官敕书，其成立之前当有中书门下出具授官意见的奏状，授官敕书就是对这种奏状的批复。而结句为"可某官"的授官敕书，当是中书门下命知制诰官起草的所谓"熟状"，直接提交皇帝御画后颁下。

　　使府僚佐选任机制，对于唐代铨选制度的转型带来了两个方面的重要影响。一是为唐代选官制度走出选任权过于集中的困局提供了一个重要的出口。使府辟署僚佐的做法，对于缓解吏部铨选存在的一些根本矛盾，如日益增加的选人与有限官阙之间的矛盾，试判成绩、可量化的资历与实际德行才能之间的矛盾，以及中央集权与选任得人之间的矛盾等等，一定程度上起到了积极作用。藩镇事繁任重，各方面政务倚赖僚佐，府主可以通过各种渠道搜罗人才，远比吏部铨选灵活方便，将任职权给予藩镇，有利于选贤举能。二是导致官员授任文书出现了"告敕并行"的现象，并逐渐制度化。这项制度的起源，当与使府僚佐由使府授职和朝廷授官的双重选任机制有关，更与其请官文书需要中书门下宰相机构的裁决密切相关。

第五章　告身的抄写与给付

在唐代的授官文书中，告身是颁发至受官者个人的终端文书，包括职事官中的流内官和流外官、散官、卫官、勋官在内的每一位官员，以及爵位、内外命妇、赠官等政治身份，其授任都需要颁发告身。《通典·选举三》记唐代铨选经过门下"过官"之后的程序为："既审，然后上闻，主者受旨而奉行焉。各给以符，而印其上，谓之'告身'。其文曰'尚书吏部告身之印'。自出身之人，至于公卿，皆给之。武官，则受于兵部。"① 说明给告身的范围非常广。而告身印文作"尚书吏部告身之印"，则是在开元二十三年（公元735）六月以后。当时，吏部尚书李暠奏曰："伏见告身印与曹印文同，行用参杂，难以区分，望请准司勋、兵部印文，加'告身'两字。"玄宗批准了这个奏请②。由于告身在唐代政治生活中的广泛应用，告身的抄写和给付，也因此成为唐代日常政务中的重要内容。复原告身抄写和给付的具体规定和程序，对于研究唐代的政务运行机制，具有重要意义。

有关告身的研究，是唐代文书制度研究的重要内容，历来备受学者关注，成果众多。日本学者大庭脩、中村裕一、小田义久等，中国学者唐长孺、王永兴、白化文、朱雷、陈国灿等，都对唐代的告身进行过深入的专

---

① （唐）杜佑撰，王文锦等点校《通典》卷一五《选举三·历代制下》，中华书局，1988，第360页。
② （宋）王钦若等：《册府元龟》卷六〇《帝王部·立制度一》，中华书局，1960，第672页。（宋）王溥：《唐会要》卷七四《吏曹条例》作"（开元）二十二年七月六日"，中华书局，1955，第1349页。

门研究①。但以往的研究主要是结合敦煌、吐鲁番出土的文书资料，以及一些碑刻史料和传世告身文书，对告身中所涉及的历史事件和内容以及告身签署程序中体现的职官制度进行探讨。个别告身还引起了广泛的关注②。但由于受到资料的限制，对告身本身的抄写、给付等问题，则涉及不多或究之未深。

《天圣令》的发现、整理和刊布③，对于唐代政务运行机制的研究来说，有着重要的史料价值。对于本章要探讨的唐代告身的抄写和给付问题，《天圣令》就提供了新的线索。《天圣令·杂令》唐13条，尽管只是涉及唐代授予告身的身份中特殊的一些群体，却是史料中关于告身的抄写和给付最明确的记载。尽管根据目前的史料还不能够复原告身抄写和给付的具体规定和程序，但此条令文已经透露出许多重要的讯息。本章只是在以往众多研究成果的基础上，主要通过对该条令文的考释和分析，对唐代告身的抄写、给付问题进行初步探讨，以期从一个侧面深化对唐代职官制度和政务运行机制的认识。

---

① 有关唐代告身研究，综合性的论著主要有〔日〕大庭脩《唐告身の古文书学的研究》，载西域文化研究所编《西域文化研究》（第三），東京：法藏馆，1960；白化文、倪平《唐代的告身》，《文物》1977年第11期；〔日〕中村裕一《唐代制敕研究》，东京：汲古书院，1991；〔日〕中村裕一《唐代官文书研究》，京都：中文出版社，1991；〔日〕中村裕一《唐代公文书研究》，东京：汲古书院，1996；毛汉光《论唐代制书程序上的官职》，《第二届国际华学研究会议论文集》，台北中国文化大学，1991；李锦绣《唐代"王言之制"初探》，《季羡林教授八十华诞纪念论文集》，江西人民出版社，1991。大量的针对某一通或数通告身资料进行研究的前贤论文，将在下文讨论中引述，此不赘。关于唐代告身研究的综述，可参徐畅《存世唐代告身及其相关研究述略》，《中国史研究动态》2012年第3期。关于唐代墓葬考古出土告身的研究，可参看王静、沈睿文《唐墓埋葬告身的等级问题》，《北京大学学报》2013年第4期。最近的研究可参看张东光《唐代官凭文书告身若干问题研究》（上、下），分别载于《档案学通讯》2014年第2期、3期。该文引证相关资料颇详，惜对唐史学界已有研究成果吸收并不充分。
② 如开元四年（公元716）李慈艺上护军告身，相关研究论著有〔日〕小田义久著《关于德富苏峰纪念馆藏"李慈艺告身"的照片》，乜小红译，《西域研究》2003年第2期；〔日〕小田义久著《唐代告身的一个考察——以大谷探险队所获李慈艺及张怀寂告身为中心》，李济沧译，武汉大学中国三至九世纪研究所编《魏晋南北朝隋唐史资料》第二十一辑，2004，第161~177页；陈国灿《"唐李慈艺告身"及其补阙》，《西域研究》2003年第2期；〔日〕中村裕一《唐代公文书研究》，第230~231页；孙继民《唐代瀚海军文书研究》，甘肃文化出版社，2002，第139~145页。
③ 天一阁博物馆、中国社会科学院历史研究所天圣令整理课题组《天一阁藏明钞本天圣令校证》，中华书局，2006。以下简称校证本。

一 《天圣令·杂令》唐 13 条令文校读

《天圣令·杂令》唐 13 条,戴建国先生录文如下:

诸勋官及三卫诸军校尉以下,诸蕃首领归化人、迓远人遥授官等告身并官纸及笔为写,其勋官、三卫校尉以下,附朝集使,立案分付迓远人,附便使及驿送。若欲自写,有京官职及缌麻以上亲任京官为写者,并听。①

黄正建先生校录如下(编号 A、B、C 为笔者所加):

A 诸勋官及三卫诸军校尉以下、诸蕃首领、归化人、边远人、遥授官等告身,并官纸及笔为写(C 其勋官、三卫校尉以下,附朝集使立案分付,边远人附便使及驿送)。B 若欲自写,有京官职及缌麻以上亲任京官为写者,并听。②

A 部分,校录本中的"诸蕃首领",原文作"诸番首领","边远人"原文作"迓远人"。原文殊不可解,黄正建先生在校录改订后,语义明白,校改的依据能够成立。但整条令文的句读及 C 部分中改"有京官识"为"有京官职",笔者认为有重新讨论的必要,并将其重新校录、句读如下:

A 诸勋官及三卫、诸军校尉以下、诸蕃首领、归化人、边远人遥授官等告身,并官纸及笔为写(C 其勋官、三卫、校尉以下,附朝集使立案分付;边远人,附便使及驿送)。B 若欲自写,有京官识及缌麻以上亲任京官为写者,并听。

这条令文是关于唐代官衔序列中几种特殊身份告身抄写与给付的规定。唐代的官衔序列总体上可以分为两类。《唐律疏议》卷二《名例二》"官当"条规定,"其有二官,先以高者当,次以勋官当"。"其有二官"句注曰③:

> 谓职事官、散官、卫官同为一官,勋官为一官。

疏议曰:

---

① 戴建国:《唐〈开元二十五年令·杂令〉复原研究》,《文史》2006 年第 3 辑,第 105 ~ 132 页。

② 《天一阁藏明钞本天圣令校证》(下册),中华书局,2006,第 376 页。

③ (唐)长孙无忌等撰,刘俊文点校《唐律疏议》卷二,中华书局,1983,第 45 页。

谓职事、散官、卫官计阶等者，既相因而得，故同为一官。其勋官，从勋加授，故别为一官。是为"二官"。

正如朱雷先生指出的那样，对应唐律中规定的"二官"，其告身亦应区分为两种，分别称为"官告"和"勋告"①。

本条令文中的告身，针对的是勋官、卫官以及遥授官三种特殊官称，其中勋官和卫官是主体，遥授官是一种更为特殊的情况。细审令文 A 部分的语气，对要官纸及笔为写告身的几类官称，都是以"诸"字开头的。因此可以释读为"诸勋官及三卫""诸军校尉以下""诸蕃首领、归化人、边远人遥授官等"三个单元。

"三卫"和"诸军校尉以下"都是卫官，按理应该归为一类。但是，二者在出身要求、职掌性质上有很大不同。从当番及入流条件上看，三卫和勋官的情况更为接近。所以令文中将"诸勋官及三卫"作为一种类型来规定，也是合理的。

唐代文献中，多有勋官与三卫并称者。尤其是关于选官的文献中，勋官和三卫往往作为一类情况看待。如《新唐书·魏玄同传》载其永淳元年（公元 682）上疏言选举法弊曰，"又勋官、三卫、流外之属，不待州县之举，直取书判，非先德后言之谊"②。《唐会要·选部下》"冬集"条载大历十一年（公元 776）五月敕云，"自今以后，礼人及道举明法等，有试书判稍优，并荫高及身是勋官、三卫者，准往例注冬集，余并授散"③。所以，本文将"诸勋官及三卫"与"诸军校尉以下"断开，释为两种类型。校录本句读为"诸勋官及三卫诸军校尉以下"，将"三卫"和"诸军校尉以下"视作一个整体，似有含混之处。"以下"修饰的只是"诸军校尉"，而不应包括"三卫"。

"诸蕃首领、归化人、边远人遥授官等"，是以"诸"字开头的又一类身份。校录本在边远人和遥授官中间断开，则"诸蕃首领、归化人、边远人"构成与"遥授官"并列的几种身份。笔者认为，前三者并非与"遥授官"并列，他们如果不是遥授官，唐朝廷并不需要给其告身。所以，这三

---

① 朱雷：《跋敦煌所出〈唐景云二年张君义勋告〉——兼论"勋告"制度的渊源》，《中国古代史论丛》1982 年第三辑，福建人民出版社，1982，第 331~349 页；又收录于朱雷《敦煌吐鲁番文书论丛》，甘肃人民出版社，2000。

② 《新唐书》卷一一七《魏玄同传》，中华书局，1975，第 4253~4254 页。

③ （宋）王溥：《唐会要》卷七五《选部下》冬集，第 1373 页。

种身份只是"遥授官"的定语,"遥授官"是中心词。

其"有京官识"句,原文如此。校录本中黄正建先生指出:识,为"职"之误,但没有说明理由。笔者认为,原文"有京官识"文意并非不可解,应保留"识"而不必改为"职"。此处"及"字的用法是,其所并列的前后两种情况在语气上是连贯的,而且都从属于最后的动词或形容词。令文"若欲自写,有京官识及缌麻以上亲任京官为写者,并听",是指只有两种人之一愿意"为写"告身,才允许自写。"为写"同时修饰两种人,即并列在"及"字前后的受官者认识的京官和担任京官的缌麻以上亲。至于为何要如此规定告身自写的前提条件,涉及"官纸及笔为写"的解释。笔者认为,"官纸及笔为写"一句,所指为需要交纳告身钱①。详见后论。

二 "官纸及笔为写"告身的四种身份

这个问题基于对令文 A 部分进行的考释。A 部分规定的是由官纸及笔写告身者的范围,包括勋官、三卫、诸军校尉以下的主帅及诸蕃首领、归化人、边远人遥授官等四种身份,他们获得官职都不是通过吏部或兵部的铨选,而各有其特殊的途径。以下依据唐代的制度规定,对这四种身份及其获得告身的情况进行简要分析。三卫和诸军校尉以下,都是卫官,下文作为同一类型进行讨论。

(1)勋官。令文中的勋官,是指因军功而获得的政治身份,他们只有勋官头衔而没有职事官。也就是说,令文中的勋官并不包括职事官所带的勋官衔。如果是职事官,都是要赴京参加铨选的,其告身的抄写和给付按照另外的程序进行,即前引《通典·选举三》所说的"既审,然后上闻,

---

① "官纸及笔为写"句,是理解此条令文的关键。有几种可能的解读。"《天圣令》研究——唐宋礼法与社会"学术研讨会(2008 年 6 月 14~15 日,北京)讨论本文时,黄正建、荣新江等先生提出,"官纸及笔为写"告身针对的那些身份,因为文化水平低下,不会写字,所以才由官府来写,而与告身钱无关。赵和平等先生则对本文观点持支持意见,认为其中的三卫都是官贵子弟,应该不存在文化水平低下到不会写字的程度。这个争论为本条令文的解读提供了另外的路向。但笔者认为,并不与交纳告身钱相矛盾。对于此条令文的不同解读,又可参见赖亮郡《唐代特殊官人的告身给付——〈天圣令·杂令〉唐 13 条再释》,《台湾师范大学历史学报》第 43 期,2010。

主者受旨而奉行焉。各给以符，而印其上，谓之告身"。正式铨选授官者领取告身，当不须纳钱，其告身的抄写与给付问题，须专文另述之。

唐代的勋官分为十二转，各有相对应的品阶。① 勋官是一种出身，获得勋官后，要当番待选，番满后可以参加铨选。《唐六典》兵部郎中之职条载："凡勋官十有二等，皆量其远迩以定其番第，五品已上四年，七品已上五年，多至八年，年满简送吏部，不第者如初。无文，听以武选"②。

勋官是用以酬赏军功的名衔。勋官享有一定的法律特权、免除赋税徭役的经济特权及一定的社会地位。尤其在唐前期，勋官的地位和特权较有保障。所以，军府中将士对于叙录为勋官也颇为积极。在此情况下，法令中以"官纸及笔为写"为名，规定勋官的告身要纳钱才能领取。

（2）三卫、诸军校尉以下。指三卫及诸军校尉以下的卫官。卫官是职、散、勋、爵之外的又一个官衔序列③。卫官包括三卫及其主帅校尉、旅帅、队正、副队正等两部分。三卫作为卫官，是门荫出身的一种途径，也是一种"官"的身份，是有告身的。《唐会要·进士》载建中三年（公元782）四月敕：

> 礼部应进士举人等，自今已后，如有试官及不合选，并诸色出身人等，有应举者，先于举司陈状，准例考试。如才堪及第者，送名中书门下，重加考核。如实才堪，即令所司追纳告身，注毁官甲，准例与及第。至选日，仍稍优与处分。④

说明"诸色出身人"中有一些人有告身，所以才要在与其及第的时候"追纳告身，注毁官甲"。而三卫和勋官，都是"诸色出身人"中的重要组成部分。

---

① 参见〔日〕广池千九郎训点《大唐六典》卷二《尚书吏部》司勋郎中员外郎条，横山印刷株式会社，1973，第43~44页。

② 〔日〕广池千九郎训点《大唐六典》卷五《尚书兵部》兵部郎中之职条，第116~117页。参见刘琴丽《唐代武官选任制度初探》第二章军功入仕，社会科学文献出版社，2006。

③ 相关研究成果，参见吴宗国《唐贞观二十二年敕旨中有关三卫的几个问题——兼论唐代门荫制度》，载北京大学中国中古史中心编《敦煌吐鲁番文献研究论集》第三辑，北京大学出版社，1986，第148~175页；赖亮郡《唐代卫官试论》，高明士主编《唐代身分法制研究——以唐律名例律为中心》，台北五南图书出版公司，2003；刘琴丽《唐代武官选任制度初探》，2006。

④ （宋）王溥：《唐会要》卷七六《贡举中》进士，第1380页。

据《唐六典》卷五兵部郎中之职条载，"凡左右卫亲卫、勋卫、翊卫，及左右率府亲、勋、翊卫，及诸卫之翊卫，通谓之三卫"[1]。三卫分布在十二卫、左右羽林军及太子左右率府，除了亲卫、勋卫、翊卫，还包括王府执仗、执乘，详见下表（据《唐六典》卷五兵部郎中之职条）。

表 5 - 1   三卫机构分布

机　构	三　卫	机　构	三　卫
左右卫（亲府、勋一府、勋二府、翊一府、翊二府等五府）	亲卫、勋卫、翊卫	左右金吾卫（左右翊中郎将府）	翊卫
左右骁卫（左右翊中郎将府）	翊卫	左右羽林军（左右翊中郎将府）	翊卫
左右武卫（左右翊中郎将府）	翊卫	太子左右率府（亲府、勋府、翊府三府）	亲卫、勋卫、翊卫
左右威卫（左右翊中郎将府）	翊卫	诸王亲事府、帐内府	执仗、执乘
左右领军卫（左右翊中郎将府）	翊卫		

三卫的简择有严格的出身限制。《唐六典》卷五兵部郎中之职条载，"择其资荫高者为亲卫（取三品已上子、二品已上孙为之）。其次者为勋卫及率府之亲卫（四品子、三品孙、二品已上之曾孙为之）。又次者为翊卫及率府之勋卫（四品孙、职事五品子孙、三品曾孙、若勋官三品有封者及国公之子为之）。又次者为诸卫及率府之翊卫〔五品已上并柱国若有封爵兼带职事官子孙（二字广池本在小字中，是否应打括号？）为之〕。又次者为王府执仗、执乘（散官五品已上子孙为之）。凡三卫，皆限年二十一已上。每岁十一月已后，本州申兵部团甲、进甲，尽正月毕（其入卫杂配并注甲长定，不得移改）。量远迩以定其番第"[2]。

左右千牛卫的千牛备身、备身左右、备身，以及殿中省进马、太仆寺进马，是卫官中的一个特殊系列，是卫官中的高品，与三卫的性质有类似之处。左右千牛卫的千牛备身各 12 人，备身左右各 12 人，备身 100 人，其职掌见《唐六典》卷二五左右千牛卫大将军之职条[3]。其简选及考课，又见于上引《唐六典》卷五兵部侍郎之职条。

《旧唐书·职官三》"殿中省"载：

---

① 〔日〕广池千九郎训点《大唐六典》卷五《尚书兵部》兵部郎中之职条，第117页。
② 〔日〕广池千九郎训点《大唐六典》卷五《尚书兵部》兵部郎中之职条，第117页。
③ 〔日〕广池千九郎训点《大唐六典》卷二五《左右千牛卫》，第455页。

　　初尚乘局掌六闲马，后置内外闲厩使，专掌御马。开元初，以尚乘局隶闲厩使，乃省尚乘，其左右六闲及局官，并隶闲厩使领之也。进马旧仪，每日尚乘以厩马八匹，分为左右厢，立于正殿侧宫门外，候仗下即散。若大陈设，即马在乐悬之北，与大象相次。进马二人，戎服执鞭，侍立于马之左，随马进退。虽名管殿中，其实武职，用资荫简择，一如千牛备身。天宝八载，李林甫用事，罢立仗马，亦省进马官。十二载，杨国忠当政，复立仗马及进马官，乾元复省，上元复置也。①

又，《唐六典》卷五兵部侍郎之职条载：

　　　凡殿中省进马取左右卫三卫高荫，简仪容可观者补充，分为三番上下，考第、简试同千牛例；仆寺进马亦如之。②

　　上述左右千牛卫的千牛备身、备身左右、备身，以及殿中省进马、太仆寺进马，品阶都在校尉之下，似可包括在令文所说"诸军校尉以下"的范围之内。

　　"诸军校尉以下"具体指唐前期军队系统中不同于武职事官的统领三卫和卫士的基层军官。根据《唐六典》卷二四至二九及《新唐书·百官四上》等文献的记载，三卫及诸军中设立校尉以下卫官的机构如下：左右卫的亲府、勋一府、勋二府、翊一府、翊二府等五府，左右骁卫、左右武卫、左右威卫、左右领军卫、左右金吾卫、左右羽林军的左右翊中郎将府，诸卫折冲都尉府，太子左右率府的亲府、勋府、翊府。所有这些军队机构中设立的卫官人数都是每府校尉5人、旅帅10人、队正20人、副队正20人。还有左右监门卫设监门校尉220人，直长680人，长人长上20人，直长长上20人；太子左右监门率府设监门直长78人。诸王亲事府、帐内府，"校尉、旅帅、队正、队副，准人部领"。

　　设于诸卫中的亲、勋、翊卫府（包括左右翊中郎将府）以及诸卫折冲府的校尉、旅帅、队正、副队正等基层军官，是中郎将管辖下的卫官，是三卫和诸折冲府卫士的主帅。他们与三卫和千牛备身、备身左右等一起，构成了唐代官衔序列中特殊的"卫官"一类。据《旧唐书·职官一》载，

---

① 《旧唐书》卷四四《职官三》，中华书局，1975，第1866页。
② 〔日〕广池千九郎训点《大唐六典》卷五《尚书兵部》兵部郎中之职条，第116页。

"卫官"都在六品以下，其具体官名及品阶见下表①。

表 5 - 2　唐前期卫官品阶表

品　　阶	卫　　官	备　　注
正六品上阶	亲勋翊卫校尉	校尉，原作校卫，据《通典》卷四○载"开元二十五年官品令"（1097 页）改
正六品下阶	千牛备身、备身左右	原文缺一"备身"，据《唐六典》兵部郎中之职条（116 页）补
从六品上阶	左右监门校尉、亲勋翊卫旅帅	
从六品下阶	亲王府校尉	
正七品上阶	太子千牛、亲勋翊卫队正、亲卫	原文无亲卫，据《新唐书·百官志》（1281 页）补
正七品下阶	亲勋翊卫副队正	原作正七品上阶，据《新唐书·百官志》（1281 页）改
从七品上阶	左右监门直长、勋卫、太子亲卫	
从七品下阶	太子左右监门直长、亲王府旅帅、诸卫折冲府校尉	
正八品上阶	翊卫、太子勋卫、亲王府执仗、执乘、亲事	
正八品下阶	备身	
从八品上阶	太子翊卫、诸府旅帅	
从八品下阶	太子备身、亲王府队正	
正九品下阶	诸折冲府队正	
从九品下阶	亲王府队副、诸折冲府队副	

（3）诸蕃首领、归化人、边远人遥授官。

对于臣附或和亲的边境民族的首领，唐代多有授予各种官职者。如唐太宗拜吐蕃相禄东赞为右卫大将军②。授诸蕃首领官职，一般都是在他们入朝时进行的。但所授范围也许还包括没有入朝的其他首领，这就需要遥授。《唐会要》载，元和十一年（公元 816）正月，牂柯蛮遣使来朝，拜其酋长

---

① 未特别说明者，皆为《旧唐书》卷四二《职官一》，第 1796~1803 页。与其记载有异者，皆在备注中说明。又，参见吴宗国《唐贞观二十二年敕旨中有关三卫的几个问题——兼论唐代门荫制度》；刘琴丽《唐代武官选任制度初探》。

② 《旧唐书》卷一九六上《吐蕃传》，第 5223 页。

等官，仍赐告身 16 通，遣还①。元和十二年十一月，契丹首领介落等朝贡，以告身 19 通赐其贵人②。这都是给诸蕃首领遥授官的实例。尽管是唐后期的材料，亦可说明问题。在任官过程中，他们是单独团甲上奏的。开元十六年（公元 728）五月敕，"诸蕃应授内外文武官，及留宿卫长上者，共为一甲。其放还蕃者，别为一甲。仍具形状年几同为一奏"③。

归化人是指那些款附来归的周边民族和部落的首领，与还保留政权的"诸蕃首领"不同。如"自突厥颉利破后，诸部落首领来降者，皆拜将军、中郎将，布列朝廷，五品以上百余人，殆与朝士相半"④。同时，唐太宗授突厥颉利可汗为右卫大将军⑤。包括一些民族和部落内附后设立的羁縻府州，其都督、刺史的任命，也属于归化人授官。如打败东突厥之前的贞观三年（公元 629），"南会州都督郑元璹遣使招谕，其酋长细封步赖举部内附，太宗降玺书慰抚之。步赖因来朝，宴赐甚厚，列其地为轨州，拜步赖为刺史。仍请率所部讨吐谷浑。其后诸姓酋长相次率部落皆来内属。请同编户，太宗厚加抚慰，列其地为崌、奉、岩、远四州，各拜其首领为刺史"⑥。对归化人授官，一般是在其首领入朝时进行的。但所授还包括大量没有入朝的人，故亦有遥授的问题。

边远人所指不明确。按照唐代"南选"制度推测，给边远人授官，当与此有关。据《唐会要》卷七五《选部下》南选条记载，唐高宗上元三年（公元 676）八月七日敕，重申了对岭南、黔中地区实行南选的规定。敕云：

> 桂广交黔等州都督府，比来所奏拟土人首领，任官简择，未甚得所。自今已后，宜准旧制，四年一度，差强明清正五品已上官，充使选补。仍令御史同往注拟。其有应任五品已上官者，委使人共所管督府，相知具条景行艺能政术堪称所职之状奏闻。⑦

南选并不是带着告身到当地直接任命官员，而是遣使进行就地选补，

① （宋）王溥：《唐会要》卷九九牂牁蛮，第 1763 页。
② （宋）王溥：《唐会要》卷九六契丹，第 1719 页。
③ （宋）王溥：《唐会要》卷七五《选部下》附甲，第 1372 页。
④ （唐）吴兢：《贞观政要》卷九《安边》，上海古籍出版社，1978，第 275 页。
⑤ 《旧唐书》卷一九四上《突厥传》，第 5159 页。
⑥ 《旧唐书》卷一九八《西戎·党项羌传》，第 5291 页。
⑦ （宋）王溥：《唐会要》卷七五《选部下》南选，第 1369 页。

拟定名单后，还要回到朝廷，与尚书吏部一起勘定。如果是任命五品以上官，则还要向皇帝奏闻①。任官名单确定后，由"使司团奏"，再由尚书吏部进画，得到批准后再写告身。玄宗开元八年（公元720）九月敕：

> 应南选人，岭南每府同一解，岭北州及黔府管内州，每州同一解。各令所管勘责出身由历、选数、考课优劳等级，作簿书。先申省，省司勘应选人曹名考第，一事以上，明造历子。选使与本司对勘定讫，便结阶定品，署印牒付选使。其每至选时，皆须先定所拟官，使司团奏后，所司但覆同，即凭进画。应给签告，所司为写。限使奏敕到六十日写了，差专使送付黔桂等州，州司各送本州府分付。②

这里明确规定了南选授官的具体程序，包括告身的抄写和送付。南选所体现的对边远人授官，应都属于遥授。

遥授在唐代文献中有两种含义。一种是指亲王、贵戚等虚授为地方长官，如贞观七年（公元633），年幼的晋王李治"遥授并州都督"③；景龙三年（公元709），韦温迁太子少保、同中书门下三品，仍遥授扬州大都督④。这是相当于"遥领"某地都督、刺史。另一种含义是，被授命的官员并不在京师，其中又包括两种情况：或在外任职、带兵，而获得特殊的嘉奖，如杨恭仁武德时期担任凉州总管期间，被"遥授纳言，总管如故"⑤；或属于诸蕃首领、归化人、边远人等，他们往往都是不至京师而获得授任的，这就是令文中"遥授官"所指。

法令规定授予勋官、卫官及给诸蕃首领、归化人、边远人遥授官，其告身要由"官纸及笔为写"，即要纳钱领取。他们的共同特点是，都不经过吏部或兵部的铨选而获得官职，或为酬赏勋劳，或为照顾官贵子弟获得出身，或为给予诸蕃首领、归化人、边远人等特殊荣誉，其政治地位和身份性质都不同于铨选任命的职事官。

---

① 关于唐代南选制度，参见张泽咸《唐代"南选"及其产生的社会前提》，原载《文史》22辑，中华书局，1984；收录于《一得集》，兰州大学出版社，2003，第157~180页。
② （宋）王溥：《唐会要》卷七五《选部下》南选，第1369页。
③ 《旧唐书》卷四《高宗本纪上》，第65页。
④ 《旧唐书》卷一八三《韦温传》，第4744页。
⑤ 《旧唐书》卷六二《杨恭仁传》，第2382页。

三　告身抄写与给付程序

告身的抄写与给付程序问题，需要针对令文 B 部分和 C 部分进行的考释。令文 B 部分是对 A 部分在特定条件下的补充规定，上述人等授官告身"若欲自写，有京官识及缌麻以上亲任京官为写者，并听"。"自写"对应的是"官纸及笔为写"。"自写"是一种有条件的特殊规定，"官纸及笔为写"是普遍性的规定。令文 C 部分规定的是告身的给付途径。

告身是唐宋时期官员及其家人和后代子孙日常生活中的一类重要之物，涉及家族的荣耀与地位、用荫、服役减免等许多实际问题。宋人对于所见本朝和唐朝官员告身的情况，多有论及。如洪迈就说，"唐人重告命，故颜鲁公自书告身，今犹有存者"①。据《朱子语类》卷一三八《杂类》载，朱熹与门人也曾讨论告身（宋人称诰敕）自写之事：

> 问："唐诰敕如何都是自写？"曰："不知如何。想只是自写了，却去计会印。如蔡君谟封赠，亦是自写。看来只是自有字名，故如此。"
>
> "张以道向在黄岩见颜鲁公的派孙因事到官。其人持鲁公诰敕五七道来庭下，称有荫。细看其诰敕，皆鲁公亲书其字，而其诰乃是黄纸书之。此义如何？"先生曰："鲁公以能书名，当时因自书之，而只用印。又亦不足据。本朝蔡君谟封赠其祖诰敕，亦自写之。盖其以字名，人亦乐令其自写也。"（原注：鲁公诰，后为刘会之所藏）②

确实，传世的一些唐人告身，皆为书法名家所书，如徐浩书《大历三年朱巨川告身》（朱巨川所授官为试大理评事兼濠州锺离县令）、颜真卿书《大历十四年张令晓告身》（张令晓所授官为守资州磐石县令）、颜真卿自书《建中元年颜真卿告身》（颜真卿所授官为太子少师）、颜真卿所书《建中三年朱巨川告身》（朱巨川所授官为守中书舍人）等③。结合朱熹与门人

---

① （宋）洪迈撰，孔凡礼点校《容斋随笔》卷三《唐人告命》，中华书局，2005，第 43 页。

② （宋）黎靖德编《朱子语类》卷一三八，中华书局，1986，第 3293～3294 页。此条承李全德先生告知，又蒙皮庆生先生代为检索，特此致谢。

③ 见〔日〕大庭脩《唐告身的古文书学的研究》，第 315～337 页。

讨论的情况看，唐代存在着普遍的自写告身情况，原因或许有以下几点：一是希望在重要的身份证明文书上展示自己的书法；二是在程序上更加简单，自写后直接到吏部用印，可以更快捷取得告身；三是可以免交一笔告身钱。正因为流内官的告身普遍存在自写的情况，所以勋官和卫官等也都希望能够自写。但是，这几个群体的人数众多，且大都不赴京参加铨选，都要自写的话，会带来尚书吏部告身制作的混乱。本条令文规定一般情况下这些群体的告身必须由"官纸及笔为写"，但又为他们自写告身提供了一个出口，"若欲自写，有京官识及缌麻以上亲任京官为写者，并听"。

按照朱熹的说法，"自写"或者"自书"告身，就是尚书吏部（或兵部）原颁告身，自写后到吏部用印。由于唐人告身传世的极少，很难判断是否存在吏部原颁告身之外另行抄写的、没有官印的告身。不过，吐鲁番出土的告身，大都是原颁告身的抄本，没有官印。《唐永淳元年（682）氾德达飞骑尉告身》（68TAM100：4、68TAM100：5）①和《武周延载元年（694）氾德达轻车都尉告身》（68TAM100：1、68TAM100：2、68TAM100：3）②，就是在氾德达去世后家人抄录勋告附葬，故颁给予永淳元年的告身抄件中也用了武周新字。唯一有官印的一通，是大谷探险队所获李慈艺告身，其情况较为特殊，另当别论。

既然附葬时要抄录告身，以为死者旌表功勋；那么，在世时找名人抄写告身，自然更是一种标榜身份的方式。毕竟唐人极重书法，告身作为一种政治身份和家族地位的象征，最好要出自善书者之手。洪迈所说"唐人重告命"当即此意。颜真卿的"自书"告身，与《天圣令》令文中的"自写"或许又非同一回事。

"自写"与"自书"不同，"自写"是指官府原颁告身而言，有几种可能，一是自供纸笔、自己书写，二是自供纸笔、吏部或兵部的胥吏统一书

---

① 《吐鲁番出土文书（图录本）》第3册，文物出版社，1996，第404~405页。参见唐长孺《跋吐鲁番所出唐代西州差兵文书》，武汉大学历史系魏晋南北朝隋唐史研究室编《魏晋南北朝隋唐史资料》第三辑，1981；王永兴、李志生《吐鲁番出土〈氾德达告身〉校释》，北京大学中国中古史研究中心编《敦煌吐鲁番文献研究论集》第2辑，北京大学出版社，1983，第502~524页；〔日〕中村裕一《唐代官文书研究》，第41页；〔日〕中村裕一《唐代公文书研究》，第236~238页。

② 《吐鲁番出土文书（图录本）》第3册，第406~408页。参见唐长孺《跋吐鲁番所出唐代西州差兵文书》；王永兴、李志生《吐鲁番出土〈氾德达告身〉校释》；〔日〕中村裕一《唐代官文书研究》，第157页；〔日〕中村裕一《唐代公文书研究》，第227~229页。

写，三是官府提供纸笔、自己书写。第三种情况当不存在，因为对应的"官纸及笔为写"，指的就是官府提供纸笔。前两种情况都是自供纸笔，无论是自己书写还是吏部或兵部的胥吏统一书写，都不存在交纳告身钱的问题。

唐五代文献中的告身钱，都是指"朱胶纸轴钱"或"笔墨朱胶"钱。《册府元龟·铨选部》载唐宣宗大中六年（公元 852）七月考功奏，"自今以后，较考敕下，其得殊考及上考人，省司便据人数一时与修写考牒，请准吏部告身及礼部春关牒，每人各出钱收赎"①。考课成绩优秀者其考牒由省司即吏部考功司修写，并要求官员出钱收赎，其所准之例即吏部告身及礼部春关牒，说明吏部告身是由尚书吏部司所写并要求官员交纳告身钱的。又如《新五代史·刘岳传》载，"故事，吏部文武官告身，皆输朱胶纸轴钱然后给，其品高者则赐之，贫者不能输钱，往往但得敕牒而无告身"②。《册府元龟》在记载此事时，有一段原注："旧例，吏部出告身，纳出朱胶纸轴钱。分给朝臣或亲旧者，随即给付。而官贫不办者，但领敕牒而已。丧乱之后，因以为常"③。说明通过吏部铨选授官者按照规定都要交纳告身钱，即所谓"朱胶纸轴钱"，不交钱的是特例。

综上，如果纸笔都是自己提供，自然不交纳笔墨朱胶钱。与此对应，"官纸及笔为写"所强调的，就是要交纳告身钱。如果"官纸及笔为写"只是为了解决受官者不会书写的问题而不须交纳告身钱，就是对他们的一种照顾，那又何必要申请"自写"呢？毕竟"自写"要自己出朱胶纸轴，也是一笔不小的费用。

由于今存唐人告身都是抄件，已经无法知道唐代告身的具体状态了。但据《安禄山事迹》载，"天宝九载（750）八月二日，又加（安禄山）河北道采访处置等使。注曰：命寿王琩书告身，并装金平脱函、瑞锦褾、钿轴，令内常侍郭全羽送焉"④。这里明确记载了甚得皇帝恩宠的安禄山所获告身的具体书写和装裱情况。其他各级官衔的告身，虽然用材不如安禄山

---

① （宋）王钦若等：《册府元龟》卷六三六《铨选部·考课二》，第 7631 页。
② 《新五代史》卷五五《刘岳传》，中华书局，1987，第 631~632 页。
③ （宋）王钦若等：《册府元龟》卷六一《帝王部·立制度二》，第 683 页。
④ （唐）姚汝能撰，曾贻芬点校《安禄山事迹》，上海古籍出版社，1983，第 8 页。此条承任士英先生于 2008 年 6 月中国人民大学"《天圣令》研究——唐宋礼法与社会"学术研讨会上讨论拙稿时告知，特此说明并致谢意。

告身那样的用金银、瑞锦，但告身用纸都很讲究，而且一件告身书写后，当有装裱、用卷轴，并有函。天宝十三载（公元 754）三月二十八日敕，"旨授官取蜀郡大麻纸一张写告身"①。旨授官就是奏抄授官，所授是普通的六品以下官员，其告身用蜀郡大麻纸。元和八年（公元 813）八月吏部奏：

> 请差定文武官告纸、轴之色物。五品已上，用大花异纹绫纸，紫罗里，檀木轴；六品以下朝官，装写（用）大花绫纸，及小花绫里，檀木轴。命妇邑号，许用五色笺，小花诸杂色锦褾，红牙碧牙轴。其他独窠绫褾，金银花笺。红牙、发镂轴钿等，除恩赐外，请并禁断。
>
> 敕旨："依奏"。②

宋人叶梦得《石林燕语》说：

> 唐中书制诏有四：封拜册书用简，以竹为之；画旨而施行者曰发日敕，用黄麻纸；承旨而行者曰敕牒，用黄藤纸；敕书皆用绢黄纸，始贞观间。或云，取其不蠹也。纸以麻为上，藤次之，用此为轻重之辨。学士制不自中书出，故独用白麻纸而已，因谓之白麻。今制不复以纸（为）辨，号为白麻者，亦池州楮纸耳。曰发日敕，盖今手诏之类；而敕牒乃尚书省牒，其纸皆一等也。③

叶梦得生活在两宋之际，其熟悉的是元丰改制以后的宋代制度，谓敕牒乃尚书省牒，其对唐制的理解有很大偏差，发日敕不同于手诏即是明证。故其所言唐代告身用纸的情况并不能完全采信。不过，告身的用纸和装裱非常讲究，当花去一笔不小的制作费用。因为告身由"官纸及笔为写"，需要交纳告身钱。而自写就是自备纸笔、自行抄写（是否也有由吏部或兵部的胥吏统一书写的情况，待考），就不用交纳告身钱。如果想要免交这笔费用，那就需要一些特殊的条件。在京官员中有认识的人，或缌麻以上亲中有任京官者，就是申请"自写"的前提。当然，这些相当于担保人的代劳

---

① （宋）王溥：《唐会要》卷七五《选部下》杂处置，第 1362 页。中华书局排印本此处标点有误，作"十三载三月二十八日敕旨，授官取蜀郡大麻纸一张写告身"。

② （宋）王溥：《唐会要》卷七五《选部下》杂处置，第 1364 页。

③ （宋）叶梦得撰，宇文绍奕考异《石林燕语》卷三，中华书局，1984，第 37 页。

者，是要本人去找的。

人们愿意"自写"告身的原因，除了免纳告身钱之外，还有一种可能，即官府统一抄写和送付，费时较长。如果想提前领到告身，就需要自写，并且要有人担保送付。此种可能性的存在，基于以下情况，即提前领取告身，有时是有实际意义的，尤其是造籍的关键时间。《天圣令·赋役令》宋6条：

> 诸户役，因任官应免者，验告身灼然实者，注免。其见充杂任、授流内官者，皆准此。自余者不合。①

李锦绣引《通典·食货六·赋役下》将其复原的唐14条为：

> 诸任官应免课役者，皆待蠲符至，然后注免。符虽未至，验告身灼然实者，亦免。其杂任被解应附者，皆依本司解时日月据征。②

大津透先生对其中"任官"一词所指的范围进行了讨论，他认为一般情况下的任官指流内官，但从这里"任官"与"杂任"对应及要验告身的规定看，又可推测"任官"实际上还包括流外官，毕竟流外官也有"流外告身"③。笔者认为，这里的"任官"，其实还包括勋官、卫官。据本文讨论的《天圣令·杂令》唐13条令文，勋官和卫官无疑都是有告身的，而且他们也享有不同程度的免课役的特权。

至于为何要规定必须"有京官识及缌麻以上亲任京官为写者"才允许自写呢？目前的史料并不足以解释其原因，或可作如下推测：告身作为官文书，是在授官制敕或御画奏抄的基础上，按照一定的格式进行抄写。制敕和御画奏抄从门下省转发至尚书省后，作为抄写告身的依据，并不能由普通民众接触，即使是官员也不能带出官府，只能到吏部或兵部去抄写告身。所以勋官、卫官等告身，只能由认识的京官为写。而且，如果要提前领取，还要代为抄写人提供一定的担保，保证送付到被授官人手中。

令文C部分"其勋官、三卫、校尉以下，附朝集使立案分付，边远人附便使及驿送"，是对A部分规定的官纸及笔为写的告身如何付送的规定。

---

① 《天一阁藏明钞本天圣令校证》（下册），第265页。
② 《天一阁藏明钞本天圣令校证》（下册），第464页。
③ 〔日〕大津透：《日唐律令制の財政構造》，東京：岩波書店，2006，第165页。

其中 A 部分规定的第四种情况即遥授官中，又包括三种人：诸蕃首领、归化人、边远人。令文中对诸蕃首领和归化人的告身付送，未做出规定。原因是此二者尽管也不是通过铨选授官，但他们被授任后的告身都用不着付送。诸蕃首领和归化人，都是在有人入朝时授官的，即使有一些并不入朝，其首领也当入朝，可以由其带回告身。

如上所述，告身是颁发给任官者个人的文书。由吏部或兵部抄写的告身，是通过什么途径颁发至受官者个人手中的呢？根据上引《天圣令·杂令》唐 13 条的规定，说勋官、三卫及校尉以下卫官的告身，是要通过朝集使来送付的。朝集使带回州府后，再立案分付，即通过县乡里或军队系统给付至受官者。而对于边远人受官的告身，则要通过便使以及驿递系统来送付。《唐会要·选部下》载玄宗开元八年（公元 720）九月敕：

> 应南选人……其每至选时，皆须先定所拟官，使司团奏后，所司但覆同，即凭进画。应给签、告，所司为写，限使奏敕到六十日写了，差专使送付黔桂等州，州司各送本州府分付。[①]

说明对于开元年间参加南选而受官者，其告身和签符（有关签符的文书性质和应用场合等，详见后论）都是要差专使送付至黔、桂等州都督府，然后由黔、桂等都督州的州司再分送至管内州府，最后，告身由管内各州府分付给受官者本人，签符则要分付给相关官司。据上文推论，《天圣令》所附唐令中的"边远人"，当与南选有关。不过，南选授官的告身是差专使送付的，而"边远人遥授官"的告身则是"附便使及驿送"，说明二者还不完全是一码事。晚唐五代时期，诸道设在京师的进奏院在中央和地方的文书传递中起到了重要作用，送付告身亦为其重要职能之一[②]。如后唐明宗长兴三年（公元 932）七月邠州奏："丹山县令张浩为新平县令，昨进奏院递到正授告身。"[③]

其他官员的告身如何送付，目前还没有找到相关史料的明确记载。参照记载五代时期有关给付告身相关规定的记载，可以推知到吏部参加铨选的人，都是要在吏部领取告身的。而五品以上官员的任命，则当由宰相或皇帝亲自颁给告身。在外地者，则要派专使送付。据《安禄山事迹》载，

① （宋）王溥：《唐会要》卷七五《选部下》南选，第 1369 页。
② 参见王静《朝廷和方镇的联络枢纽：试谈中晚唐的进奏院》，载邓小南主编《政绩考察与信息渠道——以宋代为重心》，北京大学出版社，2008，第 235～273 页。
③ （宋）王钦若等：《册府元龟》卷一八〇《帝王部·失政》，第 2163 页。

"天宝九载八月二日，又加（安禄山）河北道采访处置等使。注曰：命寿王瑁书告身，并装金平脱函、瑞锦褾、钿轴，令内常侍郭全羽送焉"①。又如宪宗元和元年（公元806）西川刘辟被俘至阙下，"帝御兴安楼，命中使降楼诘其反状。辟曰：'臣不敢反，五院子弟为恶，臣不能制。'帝又令诘之曰：'朕遣中使送旌节、告身，何不受？'辟引罪无辞，命献太清宫太庙太社，即日并戮于子城之西南隅"②。又，"牛僧孺为东都留守，判尚书省事。开成三年九月，授尚书左仆射，仍令右军副使王元直赍告身宣赐。旧例，自留守除，内官无送诰身使。帝以僧孺顷在淮南，六表让官，故特遣中人宣密旨，便令赴阙"③。

《天圣令·杂令》唐13条是作为"右并不行"的唐令而抄录的，说明宋代并不遵行这个原则。其不行于宋代的原因是多方面的。一是由于勋官、卫官制度在唐宋间发生了重要的变化。二是宋代官员告身统一都由官纸及笔为写，并不存在自写的问题。唐代告身书写的材料并不统一，故有自写之说。胡三省在《资治通鉴》注中引陆游曰："江邻几《嘉祐杂志》言唐告身初用纸，肃宗朝有用绢，贞元后始用绫。余在成都见周世宗除刘仁瞻侍中告乃用纸，在金彦亨尚书之子处。"④ 即使在唐前期告身都用纸，但所用纸张和装褾的标准也未见有统一的规定。《唐会要》载天宝"十三载三月二十八日敕，旨授官取蜀郡大麻纸一张写告身"⑤，也并不是针对不同级别官员的详明规定。北宋则在太祖时期就制定了所有告身用纸和褾、轴的统一标准。乾德四年四月诏，"重定官告院所用内、外文武官告身绫纸、褾、轴"⑥。针对不同级别官员作出了明确而详细的规定。三是从五代开始官员的任命文书发生了变化。与唐制不同的是，宋代官员的任命中，敕牒与告身并行。敕牒是所有官员的任命都要行用的一个文书环节，即官告、敕牒都要给付到受官者手中⑦。

① （唐）姚汝能撰，曾贻芬点校《安禄山事迹》，第8页。
② （宋）王钦若等：《册府元龟》卷一二《帝王部·告功》，第136页。
③ （宋）王钦若等：《册府元龟》卷四六一《台省部·宠异》，第5495页。
④ 《资治通鉴》卷二七五《后唐纪四》明宗天成元年，第8995页。
⑤ （宋）王溥：《唐会要》卷七五《选部下》杂处置，第1362页。
⑥ （清）徐松辑《宋会要辑稿·职官十一·官告院》，中华书局，1957，职官一一之六〇，第2652页。
⑦ 参见刘后滨《唐宋间选官文书及其裁决机制的变化》，《历史研究》2008年第3期，第124～128页。

在五代时期，使府判官和州县官告身和敕牒的颁给，经历过多次调整。从由吏部出给告、敕，到由皇帝宣赐，后来又改为由宰相当面给付。后唐明宗天成元年（公元926）七月中书门下奏：

> 近奉宣旨："使府判官、州县官告身、敕牒，今后据通数进纳，仍令祗候宣赐者。"旧例朝廷命官，除将相外，并不宣赐官告。因伪朝条流，凡准宣授官，即特恩颁赐。今使府判官，皆许本道奏请，或闻多在京师，至于令录，悉是放敕后，本官自于吏部出给告、敕，中书不更管系。今若为点检所授官吏器能，欲令亲承圣泽，臣等商量，自两使判官、州县令录在京除授者，即望令于内殿谢官，便辞赴任，不更进纳官告。其判司、主簿以下，极是卑秩，不合更许朝对。敕下后望准旧例处分。①

这个奏请得到了皇帝的批准，两使（节度、观察使）判官、县令、录事参军在京除授者，接受任命后到内殿向皇帝谢恩，其告身则由吏部出给；州县官中的判司、主簿以下低品官，则连上朝时的接见程序（朝对）也省略了，直接到吏部领取告身然后赴任。但是，四年以后，又作出了调整。天成四年（公元929）十二月己酉敕：

> 应诸道州府令录等官告、敕牒，元是中书进纳入内，令阁门宣赐。其判司、主簿官告，旧是所司发遣，受恩命后，赴本任。地里远近，各有程限。比候进纳，恐有停滞沉缓。纸褾轴价钱，近已官破。今后所除州县官告身、敕牒，宜令中书门下指挥，不要进纳，并委宰臣当面给付。贵无留滞，兼免住京破费。②

这里规定除授州县官的告身和敕牒，是由宰相当面给付的。这与中书门下宰相机构职权的政务化有关。《宋史·王安石传》载：

> （王安石）俄直集贤院。先是，馆阁之命屡下，安石屡辞；士大夫谓其无意于世，恨不识其面，朝廷每欲畀以美官，惟患其不就也。明

---

① （宋）王溥：《五代会要》卷一四《吏部》，中华书局，2006，第234页。上海古籍版与此略有不同。"今若为点检所授官吏器能，欲令亲承圣泽"句，据《全唐文》卷九七〇《请停赐庶僚官告及朝对奏》补，见（清）董诰等编《全唐文》，中华书局，1983，第10065页。又可参见《旧五代史》卷三六《唐书·明宗纪》，中华书局，1976，第501~502页。

② （宋）王钦若等：《册府元龟》卷六三二《铨选部·条制四》，第7585页。

年，同修起居注，辞之累日。阁门吏赍敕就付之，拒不受；吏随而拜
之，则避于厕；吏置敕于案而去，又追还之；上章至八九，乃受。遂
知制诰，纠察在京刑狱，自是不复辞官矣。①

　　赵冬梅引用这个事例说明，向在京官员送达诏敕告身等文书，是阁门
使的日常职掌之一。②

　　告身需要给付至新任命官员本人。如果官员犯罪被免官或官当，则要
追毁告身。如《唐律疏议·名例律》"官当"条规定，"本犯应合官当者，
追毁告身"③；"免所居官"条规定，"即因冒荣迁任者，并追所冒告身"。
疏议对此条的解释是，"假有父祖名常，冒任太常之职，秩满之后，迁任高
官，事发论刑，先免所居高品，前得冒荣告身仍须追夺"④。通过《唐律疏
议》的解释，可知一个官员升迁后，其前任官的告身依然由本人保留。经
过多次任职的官员，家中有多任告身。所以吐鲁番的泛德达墓中有两份告
身。贞元年间河东监军王定远身边带有 20 余通告身⑤。后唐明宗天成元年
（公元926）八月甲午诏中也提到，"其所奏判官、州县官，并须将历任告
身随奏至京"⑥。因此才会出现"夺一任告身"或"夺多任告身"⑦的区
分。即使是免官或官当，也只是追夺其现任官的告身。只有其历任官称中
有冒犯父、祖名讳的，则属于冒荣告身，需要追夺。

　　唐代追毁告身的相关规定还有不少。如，隐瞒工商之家的身份且因此免
官三年之后还不改正者，需要追毁告身。如果继续保留告身，则等同于"不
应为官而诈求得官者"治罪。《唐律疏议·诈伪律》"诈假官假与人官"条疏
议曰引《选举令》："官人身及同居大功以上亲，自执工商，家专其业者，不
得仕。其旧经职任，因此解黜，后能修改，必有事业者，三年以后听仕。其
三年外仍不修改者，追毁告身，即依庶人例"。疏议接着解释说，"其三年外
仍不修改，若方便不输告身，依旧为官者，亦同'不应为官'之坐"⑧。

---

① 《宋史》卷三二七《王安石传》，中华书局，1977，第 10542 页。
② 参见赵冬梅《文武之间：北宋武选官研究》，北京大学出版社，2010，第 264 页。
③ （唐）长孙无忌等撰，刘俊文点校《唐律疏议》卷二《名例律》，中华书局，1983，第 46 页。
④ （唐）长孙无忌等撰，刘俊文点校《唐律疏议》卷三《名例律》，第 57～58 页。
⑤ 《资治通鉴》卷二三五《唐纪五十一》德宗贞元十一年七月，第 7569 页。
⑥ 《旧五代史》卷三七《唐书·明宗纪》，第 508 页。
⑦ （宋）王钦若等：《册府元龟》卷一五四《帝王部·明罚三》，第 1865～1866 页。
⑧ （唐）长孙无忌等撰，刘俊文点校《唐律疏议》卷二五《诈伪律》，第 462 页。参见〔日〕
　 池田温《唐令拾遗补》，东京：东京大学出版会，1997，第 1073 页。

如上所论，附葬的告身皆非告身的原件，而是重抄的。告身原件当由家人保留，可作为袭荫的证据等。所以才会出现选人用已亡家人告身骗取出身之事。后唐庄宗同光二年（公元924）"十二月壬午敕：《周易》博士冀轸贬磁州司户，《礼记》博士宋澶贬石州司户，《春秋》博士陈处中责授国子监丞，误保选人故也。选人吴延皓取亡叔告身，改旧名行事，付河南府处死"①。又有除授官职时，用已故家人的告身进行冒充以骗取资历的。如《册府元龟》载后唐明宗长兴三年（公元932）七月邠州奏：

> 丹山县令张浩为新平县令，昨进奏院递到正授告身，欲给之时，再问行止，乃称丹山县令名衔，是亡兄承禋，浩即曾有三处摄牒，恐碍格条，不敢给授，其告身却进纳。中书引验，其前告身名承禋。

> 敕旨："并令焚毁，赦浩冒名之罪。"

奏文之后，有一段编修者的议论：

> 凡中书除官，堂吏必依格条，追前任名衔。而将承禋为浩，伪滥显然。盖藏其奸，有此除授。而又特赦冒名，不罪堂吏，则贿赂囊橐之弊，无时能革。时有田审回者，论冒名得官人遂城县令魏钦绪事，下御史台推勘，钦绪弃市。今赦承禋而罪钦绪，法令如此，可谓大衰矣。②

对于冒用已故家人告身骗取资历的情况，这条材料是一个非常具体的事例。尽管其事例都见于五代时期，仍可推知唐代官员亡故后由家属保留告身之情状。

本章小结

官员选任职权的划分及其运行机制，很大程度上体现在官员的授任文书上。存世的唐宋时期官文书资料中，以官告为中心的选官文书最为集中。其中作为官员任官凭证的告身，是颁发至受官者个人的终端文书，从告身的抄写与给付程序中，可以窥见唐代日常选官政务中一个涉及面广泛的事

---

① （宋）王钦若等：《册府元龟》卷一五四《帝王部·明罚三》，第1864页。
② （宋）王钦若等：《册府元龟》卷一八〇《帝王部·失政》，第2163页。

务。《天圣令·杂令》唐 13 条有关告身抄写和给付的规定，为我们认识唐代选官政务提供了新的线索。

根据《天圣令》所附唐令的规定，"官纸及笔为写"告身的只有四种身份，即勋官、三卫、诸军校尉以下的主帅及诸蕃首领、归化人、边远人遥授官等。法令规定授予以上四种身份的官员其告身要由"官纸及笔为写"，说明其时官员自写告身的情况比较普遍，自写除了可以找名人书写以崇重其事，当还可以免交告身钱。而规定以上四种身份官员"官纸及笔为写"的意义，在于需要交纳告身钱，纳钱领取。他们的共同特点是，都不需经过吏部或兵部的铨选而获得官职，或为酬赏勋劳，或为照顾官贵子弟获得出身，或为给予诸蕃首领、归化人、边远人等特殊荣誉，其政治地位和身份性质都不同于铨选任命的职事官。至于参加尚书吏部和兵部铨选而获得官职的人，其告身如何抄写和给付，是否需要交纳告身钱，或者在不同时期相关规定发生了变化，诸如此类的问题，学界已有较为充分研究。①初步观察的结果是，按照制度规定，参加铨选而授官者其告身也是要由官府统一抄写并在领取时缴纳告身钱的，只是由于观念的影响和人情的干扰，许多官员申请自写，然后到吏部或兵部钤署告身印。人们愿意"自写"告身的原因，除了免纳告身钱之外，还有一种可能，即官府统一抄写和送付，费时较长。如果想提前领到告身，就需要自写，并且要有人担保送付。

按照《天圣令·杂令》所附唐令的规定，勋官、三卫及校尉以下卫官的告身，通过诸府州进京汇报工作的朝集使送付。朝集使带回州府后，再立案分付，即通过县乡里或军队系统给付至受官者。而对于边远人受官的告身，则要通过便使以及驿递系统来送付。在唐代，其他到尚书吏部和兵部参加铨选的官员，其告身如何送付，目前还没有找到相关史料的明确记载。参照记载五代时期有关给付告身相关规定的记载，可以推知到吏部参加铨选的人，都是要在吏部领取告身的。而五品以上官员的任命，则当由宰相或皇帝亲自颁给告身，在外地者，则要派专使送付。到五代和北宋时期，除授州县官的告身和敕牒，都是由宰相当面给付的。在北宋，向在京官员送达诏敕告身等文书，是阁门使的日常职掌之一。

① 前引赖亮郡《唐宋告身制度的变迁——从元丰五年〈告身式〉谈起》一文对唐宋间告身钱问题已有详尽考析，可参看。

第六章　省符的颁给与选官政务的地方对接

如前所述，告身是尚书吏部或兵部签署的颁给各种身份官员的任官凭证，自告身的签署、抄写至告身颁发到受官者手中，是唐代国家政务的一个重要内容。不过，告身是颁发到官员本人的"付身文书"①，还不能说是严格意义上的政务文书。唐代选官政务中形成的政务文书，从中央与地方政务关系的角度看，最主要的是各种以尚书省名义颁发的"符"，即省符。不同身份官员的告身通过不同渠道送付到受官者手中，其送付程序本身是国家政务的内容，而省符的颁给流程更是体现了从中央到地方的政务运行机制。结合吐鲁番出土文书中的告身及相关文书，可以对官员授任环节及省符的颁给程序有更进一步的认识。下文所引用的吐鲁番出土文书，前人已经从唐代"王言之制"及兵役制度、差役制度等方面进行了研究，本书引用的角度侧重于文书行政的环节，借此复原唐代选官政务的运行程序，并厘清唐代与官员任命相关的公文类别。由于包括告身在内的任官文书是唐代政务文书中留存最多的一类，关于任官文书的研究在唐代政务文书研究和政务运行机制的研究中就有了特别的意义。

一　官员选任与地方政务的关系

自从隋朝将一切有品级官员的选任权收归尚书吏部以后，官员的选任

---

① "付身文书"之说，在北宋时期已经出现，多见于《庆元条法事类》。参见王杨梅《徐谓礼告身的类型与文书形式——浙江武义新出土南宋文书研究》，《浙江社会科学》2013年第11期。

就成为中央政务的一个主要内容。但是，并不能说选官与地方政务无关。官员本人及亲属的户籍登记及身份确认，以及领取俸给、请受田宅（包括公廨田和职分田）、蠲免赋役等权利的落实，许多都要通过各级地方官府。此外，到地方赴任的官员，其上任、政务交割以及考课等环节，也都发生在地方官府。所以说，选官权虽集中在中央，但与官员选任相关的政务却是从中央贯穿到地方的。

唐代地方政务，总体上可以按照尚书省吏、户、礼、兵、刑、工六部的分工而划分为六大部分，实际上其涉及内容非常广泛，包罗万象。所以，对唐代地方政务运行机制的研究，必须从一些具体官府事务入手，通过分析法令上的制度规定与政务文书体现的运行程序，以及二者之间的异同，才能获得切实的了解和认知。官员选任是唐代国家政务的重要组成部分。广义上说，与官员选任相关的政务文书，包括各种省符和告身，本书概称之为任官文书。

告身的签署和抄写，都是在尚书吏部或兵部完成的，而且要在吏部或兵部加盖告身专用印。其事属于中央政务的范畴。那么，告身的付送、颁给是否涉及地方政务呢？根据唐代的籍帐制度，除了皇族及官奴婢、僧尼道士女冠等特殊人群之外，每个人都是生活在州县乡里的社会结构之中，都要登记在以州为单位造的户籍和以县为单位造的计帐之中①。即使是僧尼道士女冠，也是要在州县登记造籍的，而且僧籍等与一般百姓户籍具有很大一致性②。而一般的官员之家，亦应在州县籍帐中登记，并注明是课口或不课口，课户或不课户，作为减免赋役的依据，也是参加科举、铨选的身份证明。官员之家在州县籍帐中具体如何登记，尤其是在朝廷和地方任职的职事官是否需要在州县籍帐中登记，是一个需要进一步研究的问题。但是，州县所造籍帐中包含了许多具有军府官职和勋官身份者，却是事实③。这从一个方面说明，唐代有许多领取告身的、具有"官"身份的人是生活在乡里的，尤其是大量的勋官和卫官。籍帐编造过程中，各种"官"的身份注记的依据，应该是包括告身在内的各种任官

① 参见〔日〕池田温著，龚泽铣译《中国古代籍帐研究》，中华书局，2007，第88~120页。
② 参见孟宪实《唐令中关于僧籍内容的复原问题》，《唐研究》第十四卷，北京大学出版社，2008，第69~84页。
③ 〔日〕池田温根据敦煌、吐鲁番出土籍帐文书制作成"籍帐所见授官·勋记注一览表"，列举了27人在籍帐中所注记的官和勋，见《中国古代籍帐研究》，第115~116页。

文书。

官员选任的权力集中在朝廷的尚书吏部和兵部，但是，选官政务有许多环节是需要地方州县官府来对接完成的。包括告身及其他任官文书的颁给及相关事务，因此构成了地方政务的一个重要内容。上文已初步分析了告身颁发到生活在乡里的受官者手中的途径和程序，也涉及告身作为一种身份证明在州县编造籍帐过程中所起的作用。除了告身之外，官员选任过程中的各种省符，其颁给对象及具体途径如何，反映了地方行政层级的什么特点？则更是与地方政务相关的具体问题。为了说明唐代官员选任与地方政务运行的关系，在一切政务都依托文书来运作的制度背景下，有必要先澄清与官员选任相关的公文类别。

二　选官政务中的各种"省符"

告身的签署是吏部（包括吏部司和司勋司）或兵部授官过程的最后一个环节，此前是铨选的其他程序。从公文运行的角度看，告身作为吏部或兵部签发的符，必须依托于任命官员的制、敕、奏抄，以及转发制、敕、奏抄的各类省符，包括敕符、攒符等。此外，唐代文献中还有所谓"签符"，也与官员的授任过程相关①。

唐代任命官员的制敕文书，大量留存于曾任起草制敕的中书舍人、翰林学士之职者的文集之中，《文苑英华》和《全唐文》等总集中亦多有保存，不必备举。唐前期的制敕文书经过三省官员签署后，需要尚书省的相关曹司制为省符，下颁至相关的州府。兹以吐鲁番出土的一份制授告身为例，来说明告身成立过程中的文书环节。武周延载元年（公元694）氾德达轻车都尉告身（编号68TAM100：1/68TAM100：2/68TAM100：3）②：

---

① 参见吴丽娱《唐高宗永隆元年文书中"签符"、"样人"问题再探》，《敦煌学辑刊》1991年第1期，第46~56页。

② 《吐鲁番出土文书》图录本（三），文物出版社，1996，第406~408页。相关研究见上章所引唐长孺《唐西州差兵文书跋》，武汉大学历史系魏晋南北朝隋唐史研究室编《敦煌吐鲁番文书初探》，武汉大学出版社，1983。王永兴、李志生《吐鲁番出土〈氾德达告身〉校释》，北京大学中国中古史研究中心编《敦煌吐鲁番文献研究论集》第2辑，北京大学出版社，1983。〔日〕中村裕一《唐代官文书研究》，京都：中文出版社，1991。及《唐代公文书研究》，东京：汲古书院，1996等。笔者对文书标点进行了调整。

1 准垂拱二年十一月三日　敕，金牙军拔于阗、安□、□

2 勒、碎叶等四镇，每镇酬勋一转。破都历岭等阵，

3 共酬勋叁转。总柒转。

4 　　　　　　西州氾德达 高昌县

5 　　　　　　□可轻车都尉

6 鸾台 ［　　　　　］ 都 尉张贵卿等壹佰肆拾肆

7 人，并武艺可称，戎班早预，东逾兔堞，北指

8 龙庭，既着美于摧凶，俾覃恩于赐 服 ， 可 依

9 前件□□□ 行 。

10 　　　　　延载元年九月廿九日

11 　　　　　银青光禄大夫守内史上柱国臣豆庐 被推

12 　　　朝请大夫守凤阁侍郎同凤阁鸾台平章事 杜 景 俭 宣

13 　　　给事郎守凤阁舍人内供奉臣孙行 ［

14 朝请大夫 ［

15 朝请大夫守鸾台侍郎同凤阁鸾台平章事臣

16 朝请大夫给事中 ［　　　］ 臣等言

17 制书 如 □□□奉

18 制付外施行，谨言。

19 　　　　　延载元年十月十六□

20 　　　　制 可

21 　　　　　十月十八日酉时都事 下直

22 　　　　　左司郎中 下直

23 文昌左 相 □

24 文昌右相 阙

25 天官尚 ［

26 中大夫守天官侍郎颍川县开国男 ［

27 朝议郎知天官侍郎事 ［

28 朝议郎知天官侍 郎 ［

29 朝议大夫检校文昌左丞轻 ［

30　告轻车 都 尉 氾德达奉被

31　制书如 右 符 到奉行

32　　主事　　德

33　司勋员外郎承 嘉 　　令史王仁

34　　　　　　　　　书令史范羽

35　　　　　　　延载元年十月廿　日下

这是一份较为完整的制授告身文书,其中三省的官名是武周时期改易过的新制,原件中的武周新字改录为通行字。氾德达被授予轻车都尉,是因为他作为金牙道行军中的一员,参加了垂拱二年(公元686)攻拔于阗、安西、疏勒、碎叶等四镇的战争,每镇酬勋一转,又参加了攻破都历岭等战阵,共酬勋叁转,总共获得酬勋柒转。唐代的勋官分为十二等勋级,最高一等为十二转之上柱国,轻车都尉正是七转,比从四品[①]。氾德达在垂拱二年的战阵中就获得了勋赏,后来又参加其他战阵获得酬勋三转,其在延载元年(公元694)获得轻车都尉的勋告,当是八年间累积勋赏的最高级勋官。说明其时兑现勋赏的时间是相当滞后的。至于他在永淳元年(公元682)所授飞骑尉为什么没有被承认而成为此次授勋的起点,唐长孺先生认为"可能在先已被削夺"[②]。

从文书形态来看,第6~20行是经中书(内史)和门下(鸾台)两省官员签署的"制书"。在制书成立之前,当有兵部或吏部司勋司根据军府汇报材料确定的功等和勋级,以及按照授勋级别分类团甲的上奏文书,相同级别的人为一甲,排在第一名的为甲头。本件告身中"都尉张贵卿"就是兵部团甲上奏文件中的甲头,这一甲共有144人。经过团甲上奏,然后以皇帝制书的形式进行授任。第6~35行是尚书省吏部的司勋司根据制书而制成的"省符"。尚书诸司的"符"要照抄制书,所以文书中第30~31行指明为"告轻车都尉氾德达奉被制书如右,符到奉行"。第1~5行是制书和省符之外告身的专有内容。如果同一制书任命的人数不止一人,在抄写

---

① 〔日〕广池千九郎训点《大唐六典》卷二《尚书吏部》司勋郎中员外郎之职条,第43~44页。

② 唐长孺:《唐西州差兵文书跋》,《敦煌吐鲁番文书初探》,武汉大学出版社,1983,第443页。

告身的时候，就要在制书的内容之前写明告身的授予人、所在州县、授任官职等，如果是勋官，还是写明授勋的依据。这就是敦煌文书（编号P.2819）所存制授告身式中第48行小字注文所说的"若制授人数多者，并于制书之前名，历名件授"①。如这份告身所依托的制书就任命了144人，制书只有一通，据此转写的告身却需要144份，而转发制书的省符（敕符），当根据这些勋官分隶州、府的数量而抄写若干份，一个州府一份。当然，由于没有确切的资料证明，这样的说法还只能是一种推测。

又，唐天宝十载（公元751）制授张无价游击将军官告（编号73TAM506：05/1之一、73TAM506：05/1之二）②，是一通武散官的告身。游击将军为从五品下阶的武散官。这是墓主人张无价去世后随葬于墓葬中的告身抄写本，而非兵部颁发告身的原件，所以没有"尚书兵部告身之印"。文书的第1～4行：

1 行官昭武校尉行左领军卫敦煌郡龙勒府右果毅都尉员外置同

2 正员上柱国赐紫金鱼袋张无价

3 　　　　右可游击将军守左威卫同谷郡夏集府折

4 　　　　冲都尉员外置同正员，余如故。

这是制书之前的列名。其后以"门下"开头的制书中显示告身的甲头为许光景，但未列出团甲的总人数。张无价的告身成立过程中，自然也有尚书兵部转发制书的省符。

由尚书吏部或兵部转发授官的制书和敕书，其行用的文书成为"敕符"。光宅元年（公元684）十月二十日敕：

　　　诸内外官禄料赐会，二事已上，皆据上日给。新授官未上，所司及承敕使差充使者，禄料并考第，一事已上，并不在与限。如别敕应差使者，京官以敕出日，外官以敕符到日为上日。若新授外仍直诸司

---

① 参见刘俊文《敦煌吐鲁番唐代法制文书考释》，中华书局，1989，第224页。断句准〔日〕仁井田陞《唐令拾遗补》，东京：东京大学出版会，1997，第1265页。刘俊文录为"若制授人数多者，并于制书之前，名历名件授"。

② 《吐鲁番出土文书》图录版（四），文物出版社，1996，第392～394页。参见孙继民《唐西州张无价及其相关文书》，武汉大学历史系魏晋南北朝隋唐史研究室编《魏晋南北朝隋唐史资料》第九、十期，武汉大学学报编辑部，1988，第83～91页；〔日〕中村裕一《唐代官文书研究》，第181～183页；〔日〕中村裕一《唐代公文书研究》，第232～234页。

者，上日同京官。即旧人应替，先别敕定名，充使未回，两应给而无正课料者，以当处官料充。职田据新人上日为断，不别给旧人。因使应别给者，经一季虽未了，不在给限。其制敕授官，虽敕符先到，未上者，旧人无犯，不在停限。①

该条敕文是关于内外官员禄料、职田等按上任日给授、官员正式上任日期的计算办法，以及新授官和旧任者交替时期禄料职田的给授办法等方面的规定。其中对于新授官充使如何给付禄料、计算考第，又有更详细的说明：新授官未上任时，被所司或敕使差遣充当使者的，禄料并考第都不能开始给付和计算。但是如果是皇帝"别敕应差使者"，又新授的是京官，以敕出日为上日，外官以敕符到日为上日。如果虽有新授官，但是仍在京诸司上直的，就跟京官一样，以敕出日为上日，就可以给禄料和计算考第了。敕符到了府州，被授任的官员未必就一定能够真正上任，所以才会有"其制敕授官，虽敕符先到，未上者，旧人无犯，不在停限"的规定。其中针对的是新授官和旧任之间职田的给授。一般情况下是"职田据新人上日为断，不别给旧人"，而别敕应差使的外官，"以敕符到日为上日"，也就是说，敕符到了府州之日，就视同新官的上日。如此一来，即使新官没有真正上任，只要敕符到了，旧任就不给职田。这样显然对还在坚守岗位的旧任不公平。所以，敕文最后一句做出补充性规定，如果旧任不是因为犯罪而被罢黜，在新官未到任之前，其职田不在停限。这个补充规定的前提是"其制敕授官，虽敕符先到，未上者"，也就是针对的制授官和敕授官。说明制敕授官是需要有"敕符"来转发制书或敕书的。

由尚书吏部或兵部转发授官的御画奏抄，其行用的文书成为"攒符"②。《通典》载天宝八载（公元749）六月敕，"旨授官宜立攒符，下诸郡府"③。《唐会要》亦记此敕，作"（天宝）八载六月十六日敕，旨授官宜待攒符"④。旨授官就是奏抄授官，《通典·选举典》记唐代选授之法，谓

---

①（宋）王溥：《唐会要》卷九〇《内外官禄》，中华书局，1990，第 1648 ~ 1649 页。

② 参见吴丽娱《唐高宗永隆元年文书中"签符"、"样人"问题再探》，《敦煌学辑刊》1991 年第 1 期，第 46 ~ 56 页。

③（唐）杜佑撰，王文锦等点校《通典》卷一五《选举三·历代制下》，中华书局，1988，第 365 页。

④（宋）王溥：《唐会要》卷七五《选部下》杂处置，第 1361 页。

"自六品以下旨授。……凡旨授官，悉由于尚书，文官属吏部，武官属兵部，谓之铨选"①。而所谓"攒符"，是指转发御画奏抄的省符。前引《通典·选举典》记唐代铨选流程有所谓三注三唱，"三唱而不服，听冬集。服者以类相从，攒之为甲，先简仆射，乃上门下省，给事中读之，黄门侍郎省之，侍中审之。不审者，皆得驳下。既审，然后上闻，主者受旨而奉行焉。各给以符，而印其上，谓之告身，其文曰尚书吏部告身之印"。所谓"攒之为甲"，就是按照授官的类别编成一组名单，列在一份奏抄中，提交门下三官读、省、审。奏抄经奏上皇帝御画"闻"之后，尚书吏部要用符来转发，这个符就是攒符。攒符是下到郡、府（天宝年间改州为郡，即州、府）的。

救符和攒符之外，还有"签符"。前引吴丽娱文专论"签符"，认为其乃尚书吏部掌管选人勒甲的档案部门甲库下达到官员所在或将任职州府的作为官员上任凭据的公文。其所引据的史料颇为充分，此不赘述。仅略举二例以明其义。

《旧唐书·杨虞卿传》载，"太和二年，南曹令史李寊等六人，伪出告身、签符，卖凿空伪官，令赴任者六十五人，取受钱一万六千七百三十贯。虞卿按得伪状，捕寊等移御史台鞫劾"②。这65名伪官之所以能够赴任，就是因为负责甲库的吏部南曹令史为他们伪造了告身和签符。这也就是《新唐书·选举志》所说"有伪主符、告而矫为官者"③的情况。

《吐鲁番出土文书》中的《唐永隆元年军团牒为记注所属卫士征镇样人及勋官签符诸色事》（节略移录如下）④：

（一）73TAM191：119（a）

1　　　　　　　　　　　] 安西镇　样人张弟弟。

2　　　　　　　　　　　] 样人　翟隆贞

3　　　　　　　　　　] 上护军，签符见到。

4　　　　　　　　] 年卅五上护军，签符见到。

---

① （唐）杜佑撰，王文锦等点校《通典》卷一五《选举三·历代制下》，第359页。
② 《旧唐书》卷一七六《杨虞卿传》，第4563页。又（宋）王钦若等：《册府元龟》卷六三八《铨选部·谬滥》，第7656页。文字略有不同。
③ 《新唐书》卷四五《选举志下》，中华书局，1975，第1175页。
④ 《吐鲁番出土文书》图录本（三），文物出版社，1996，第279、284页。

5   王胜藏年卅一

6   刘尸举年廿六

7 白欢进年卅一 送波斯王，样人康文义   进上轻车，签符到府。

8   赵力相年卅五 送波斯王，样人康昙住。

9 解养生年卅五 安西镇，样人白祐海。养生 上轻车，签符到。

（一三）73TAM191：17（a）

1 样人、勋官、签符等诸色，具注如前，谨牒。

2   永隆元年十月   日队副孙 贞

3   队正田

4   旅帅赵久远

5   校尉司空令达

6   旅帅王则团队①王文则

7   队正汜文感

8   队副卫海珎

9   队正韩真住

10   校尉曲丘团队正高丑奴

11   旅帅裴通远

12   队副白相

13   付司伏生示

14   廿五日

15   十月廿五日录事张文表受

16   司马□   付兵

17   检案□ 示

18   廿五日

    这份文书应为折冲府的卫士名簿。唐令规定，"凡卫士各立名簿，具三年以来征防若差遣，仍定优劣为三等。每年正月十日送本府印讫，仍录一通送本卫。若有差行上番，折冲府据簿而发之"②。在这份西州某折冲府的卫士名簿中，凡是有勋官身份者，皆注记有"签符见到""签符到府"或

---

① 原注："队"字下当脱一"正"字，参见同件第十行"校尉曲丘团队正高丑奴"条。

② 〔日〕广池千九郎训点《大唐六典》卷五《尚书兵部》兵部郎中员外郎之职条，第119页。又参见〔日〕仁井田陞《唐令拾遗补·军防令第十六》，第1150页。

"签符到"等字样。从中可知,"签符"应为由吏部南曹颁发到折冲府的任命勋官的相当于档案副本性质的文书,每个勋官都有一份。又吐鲁番出土《唐天宝元、二年间(742、743)前典魏孝立牒为某人授勋及鞫签事》①,提到勋官应有鞫签,所指应是鞫符和签符。这是勋官的授任必须通过签符证明的又一例证。新获吐鲁番出土文献中的《唐调露二年(680)七月东都尚书省吏部符为申州县阙员事》②,是东都尚书省下发的关于统计天下诸州外官阙员办法和状样的符。文书的1~10行,为符文中所附状样,其第8行"〔某〕官某乙"后有小字注记,作"签符久到,身不〔   〕某州(后缺)",史睿的理解是"签符久到,身不到某州",即签符到了州、府,但新接受任命的官员本人却没有到任③。这条材料进一步说明,官员上任是需要签符作为凭证的。

《通典》所引唐《赋役令》规定,"诸任官应免课役者,皆待鞫符至,然后注免。符虽未至,验告身灼然实者,亦免。其杂任被解应附者,皆依本司解时日月据征"④。"鞫符"是承载鞫免信息的符。除户部司职掌有"鞫免"外,州府户曹(司户)的职掌中都有"鞫符"一项,"户曹、司户参军掌户籍、计帐、道路、逆旅、田畴、六畜、过所、鞫符之事"⑤。"鞫符"是由户部司据相关应受鞫者的身份信息制作,然后通过尚书都省以符的文书形式下发,州府户曹(司户)承接办理。从目前所见的县司职掌中并未见到"鞫符"一项,鞫符可能只下发到州府一级,"免役情况,由州府掌握"⑥。

敦煌出土的 P.2607bv《唐天宝八载敦煌郡诸军府应加阶级状》⑦,为效

① 《吐鲁番出土文书》图录版(四),第214页。陈国灿指出,该件文书"尾署'年正月日前典魏孝立牒',天宝元年改州为郡,天宝三年改年为载,此处作'年正月',只能在元年后、三年前,故置于二年正月。定名为《唐天宝二年(743)正月前典魏孝立牒为某人授勋及鞫签事》"。见陈国灿《吐鲁番出土唐代文献编年》,台北新文丰出版公司,2002,第287页。
② 荣新江、李肖、孟宪实主编《新获吐鲁番出土文献》,中华书局,2008,第81~83页。
③ 参见史睿《唐调露二年东都尚书省吏部符考释》,载《敦煌吐鲁番研究》第10卷,上海古籍出版社,2007,第115~130页。
④ (唐)杜佑撰,王文锦等点校《通典》卷6《食货六》,第109页。
⑤ (唐)李林甫等撰,陈仲夫点校《唐六典》卷30《三府都护州县官吏》,第749页。
⑥ 参见徐畅《鞫符与唐宋间官人免课役的运作程序》,《文史》2013年第2辑,第210~211页。顾成瑞《唐代鞫免事务管理探微——基于对〈新安文献志〉所录唐户部鞫牒的考释》,《中国经济史研究》2015年第3期。
⑦ 《法藏敦煌西域文献》第17册,上海古籍出版社,2001,第250~251页。

谷府申报的应加品阶勋级人员的名单，其第 6 行为"陪戎副尉守别将员外置同正员侯汉子"，行后小字注文为"天五十月十六日授，甲头张栩，签不到，奉天六二月廿九日郡符勘告放攒，天七五月四日到"。注记文字的意思是说：侯汉子的上件官是天宝五载（公元 746）十月十六日所授，根据是敦煌郡收到的攒符以及侯汉子本人的告身，攒符和告身上都注有甲头。但是，颁给效谷府的关于侯汉子任官的签符却没有到府，这就使得侯汉子的任命无法生效。所以，效谷府要向敦煌郡申请勘验，敦煌郡于天宝六载二月廿九日下发郡符，同意勘验告身后可以发放攒符，以确认侯汉子的任官资格。这个攒符当是郡司保留攒符的副件。到天宝七载五月四日，效谷府收到了这份攒符的副件。史睿没有严格区分签符和攒符，有时将签符视作攒符①，恐误。

　　签符的具体文书形态及应用场合，限于史料缺乏，目前尚无法厘清。根据现有材料推测，签符由甲库颁发，其中并不包含制敕或奏抄，不同于转发制敕或御画奏抄的敕符和攒符。至于签符是否完全与告身配套，是否针对包括职事官中的流内官和流外官、散官、勋官和封爵在内的所有应领取告身的身份，则有待进一步的研究。

　　以上在前人研究基础上，结合吐鲁番出土文书，对唐代官员授任相关文书进行了分析。从文书行政的环节来看，官员的授任文书包括制敕、奏抄，转发制敕、奏抄的敕符、攒符，以及"签符"和告身。其中敕符、攒符、签符、蠲符，都是由尚书省的相关部司颁发的。尚书省下于州、府的符，都可以称为"省符"。

三　各种"省符"的送付途径及对象

　　官员授任的相关文书中，与地方有关的主要是告身和各种省符。如上所述，告身是颁发给任官者个人的文书。由吏部或兵部抄写的告身，其颁发途径及其在州府编造籍帐等政务中的作用等，已见前述。本节论述选官政务中各种省符颁下的对象及途径。

　　据上文所论，告身所依托的制敕文书，是要以尚书省符（敕符）的形

---

① 参见史睿《唐调露二年东都尚书省吏部符考释》。

式下颁至府州的，其受文者当为府州官府。至于府州是否还要以"符"的形式转发授官的制敕文书至县级官府，目前的材料还不足以明确回答。又据上引《通典》载天宝八载（公元749）六月敕，"旨授官宜立攒符，下诸郡府"，则攒符亦是下发至州府。至于签符，如吴丽娱所论，因其涉及的授官对象不同，与敕符和攒符略有不同。授任一般州县官员的签符也是颁发到州府的。贞元八年（公元792）二月户部奏：

> 内外官应直京内百司、及禁中军并国亲勒留人等。户部侍郎卢征奏：伏以前件直司、诸勒留官等，若勒出便带职事，及敕留京官，即合以勒出为上日，外官比敕到为上日。如本司未经奏闻，即合同赴任官例。准贞元六年二月二十四日敕："待甲出后，省符到任日，支给俸料者。"甲出未带勒留官签符，先下州府交替，理例未免喧争。伏请起今以后，并须挟名勒留，敕到任方为上日，支给料钱。其附甲官有结甲，依前勒留直诸司者，待附甲后，签到州为上日，支给课料。冀塞幸求，庶绝讼诉。①

其中的"省符"，应是包括敕符、攒符和签符的，而所谓"先下州府交替""签到州为上日"，都说明签符也只是颁发至州府一级。而对于军队系统来说，针对折冲府卫士任命勋官的签符，据上引《吐鲁番出土文书》中的《唐永隆元年军团牒为记注所属卫士征镇样人及勋官签符诸色事》，则是要下发至所在折冲府的。

吐鲁番出土唐上元二年（公元675）府曹孝通牒为文峻赐勋事（65TAM346：2）②：

1. 加勋 [
2. 三年补左右，[请] □今年 [
3. 官两转，其勋既未入手，[请][给][牒] [
4. 敕镇满十年，赐勋两转，付录事司检文峻等并
5. 经十年已上。检　　敕虽未获，据省给告身
6. 并衔　　敕授文峻等，补经廿年已上有实。

① （宋）王溥：《唐会要》卷七五《选部下》附甲，第1372页。
② 《吐鲁番出土文书》图录版（三），第262页。

7. 实给牒，任为公验者。今以状牒，牒至 [

8. 验。故牒。

9. 勘同 福　上元二年八月十五日府　曹孝通 牒

10. 参军判兵曹李让

此件文书为西州都督府勘验文峻申请加勋之事的批文。文峻其人已经镇满10年以上，按照敕文的规定，应该可以加勋两转。然而，"其勋既未入手"，也就是说在户籍上没有落实其应加勋官身份，各种相关待遇也无法享受。于是，他向西州都督府提出申请，希望能够落实应加勋官的待遇，请都督府给牒作为公验。西州都督府的兵曹负责此事，具体由兵曹府名叫曹孝通者经办。曹孝通先查对了政策，即此前的敕文中有"镇满十年，赐勋两转"的规定。接着他通过录事司查检文峻等人的在镇时间，结果显示"并经十年已上"。曹孝通没有查检到给文俊等人授勋的敕文，"检敕虽未获"，但是他有"省给告身"以为据。所谓"省给告身"，就是由尚书省吏部司勋司颁发的勋告。告身之中自然是包含有授勋的制敕文书内容，这就是告身的"衔敕"。文俊此前已经是勋官，此次申请的是加勋之事。曹孝通依据的告身，当为文俊出示的以前所授勋告。也有可能是与其同一敕文授勋者提供的告身。那样的话，文俊就必须是甲头，其名字才能出现在别人的告身上。无论如何，文俊前次授予勋官，距此时已经20年以上了，这就是"据省给告身并衔敕授文峻等，补经廿年已上有实"。证据表明，文俊最初获得勋官身份至今已经20年以上，而且在镇也已经满10年以上。根据这些，曹孝通决定给他出具一份证明，"给牒，任为公验者"。这份作为公验的牒文，最后是由曹孝通所在曹司的负责人参军判兵曹李让判署的。此外，此件文书的定名似可改为"唐上元二年（公元675）府曹孝通牒为文峻加勋事"。

根据以上分析可知，至少在府州一级是应该留存尚书省授官（包括授勋）的制敕文书的，这当然是通过尚书省相关部司用省符转发的制敕文书，实际上就是"敕符"。所以曹孝通才要去"检敕"，而且这个敕是单独的文件，不是告身之中所"衔敕"。文俊当加勋而未加，自然没有新加勋的告身，都督府里也没有找到相关的敕书。按理推测，应该不是都督府把敕书丢失了，可能是朝廷没有来得及对这批人进行加勋，根本就没有相关敕书。如此，则文俊乃是根据往常的规定擅自申请加勋，西州都督府的办事人员也就走走程序而批准了。这个推测的一个依据是，上元前后，正是唐廷对勋官告身的管理比较松弛的时期。上元元年（公元674）武则天所上《建言十二事》中，有一条就是"上元前勋官已给告身者无追核"①。

文俊申请加勋并查检相关敕文要到西州都督府，说明县级官府并不留存此类制敕文书的。这也许可以说是县级官府没有完备的档案保管制度。又，上引武周延载元年（公元694）氾德达轻车都尉告身中，其制书之前的列名为"西州氾德达"，后有小字注"高昌县"；唐永淳元年（公元682）氾德达飞骑尉告身中，其制书之前的列名为"募人西州氾德达"。此种注记方式，某种程度上亦可说明转发授官制敕文书的省符，是以府州为下颁对象的，而府州并不需要转发至县级官府。

不过，与百姓赋税徭役等密切相关的制敕文书，其内容是需要到乡村中张榜公示的。白居易《杜陵叟》诗中写到，"白麻纸上书德音，京畿尽放今年税。昨日里胥方到门，手持敕牒牓乡村"②。表明唐代"王言之制"中的敕牒，某些情况下是需要牓示乡村的③。这与复原唐《赋役令》第50条的规定是一致的。令文作："诸租、调及庸、地租、杂税，皆明写应输物数及应出之户，印署，牓县门及村坊，使众庶同知。"④

综上所述，地方官和勋官等官员的任命，依托于一系列的公文书，构成了唐代地方政务运行中的重要内容。其中，不至尚书吏部参加铨选的选人，主要以勋官、卫官为主，其告身的颁给途径主要是通过朝集使等各种使职送付，然后由州府给付到本人。唐前期，尚书省相关部司所颁下的转发授官制敕文书、御画奏抄的敕符、攒符，以及作为任官凭证的签符等，都只是颁发到州、府一级。这说明州、府在地方政务运行中的中心地位。州、府曹司机构的设置，大体与尚书六部相对应，便是这种中心地位的体

---

① 《新唐书》卷七六《则天皇后传》，第3477页。
② 顾学颉校点《白居易集》，中华书局，1979，第79页。
③ 今本《全唐诗》中，"手持敕牒牓乡村"作"手持尺牒牓乡村"。见（清）彭定求等编《全唐诗》第十三册，中华书局，1960，第4704页。据朱金城的考证，"敕"字在明万历三十四年马元调刊本《白氏长庆集》作"尺"，而宋绍兴本《白氏文集》、日本那波道圆翻宋本《白氏长庆集》、康熙四十三年汪立名一隅草堂刊本《白香山诗集》、清武进费氏覆宋本《白氏讽谏》、失名何焯校一隅草堂刊本《白香山诗集》、卢文弨《群书拾补》校《白氏文集》、康熙四十六年扬州书局刊本《全唐诗》均是作"敕"。见朱金城笺注《白居易集笺校》，上海古籍出版社，1988，第224~225页。
④ 天一阁博物馆、中国社会科学院历史研究所天圣令整理课题组《天一阁藏明钞本天圣令校证》，中华书局，2006，第478页。

现。尽管从朝廷的角度看，刺史、县令都是"亲民之官"，但州、府主要是管"官"，而不像县级机构那样亲民。从国家政务运行的角度看，唐代县级机构的自主性却较弱，对州、府行政的依附性很强。即如对地方官员的管理来说，包括没有行政职权的勋官在内，其管理权限，包括告身的给付、省符的存留与核查等，都集中在州、府一级，县级机构并没有管理"官"的权力。而军队系统中授任勋官所颁发的签符则要下发到折冲府，说明其管理"官"的权力比地方州县系统更为集中和更加深入到基层。

唐代中后期，州、府之上还有道。但是，从国家的角度看，国家行政的重心在州、府而不在道和县，道和县都不作为国家政务运行的中心环节。道从根本上说还是监察区划而非行政区划，具有中央派出机构的性质。而县级机构只是配合州、府行政运作的基层单位，没有与州、府曹司或尚书六部对应的机构设置，其政务运行机制也与州、府大不相同。如果从社会的角度看，则县域的主体地位较强。所以行政区划的变动中，县级区划可以相对稳定，而州、府级区划则随着国家行政布局的调整而常常发生较大的调整。

研究唐代地方政务运行机制的材料非常稀少而分散，《唐六典》卷三十《三府、都督、都护、州县官吏》中收录的相关唐令也非常有限，且不完整。从唐代国家政务中最重要的选官政务入手，借助《天圣令》及出土吐鲁番文书等材料，可以部分还原唐代官员授任过程中体现的地方政务运行机制，并进而探讨唐代地方行政层级的特点。在这个题目下，还有一些重要的内容需要研究，如籍帐编造与告身的应用、告身钱的缴纳等。

本章小结

本章围绕唐代选官政务相关文书的类别及其在官员选任过程中所处的不同环节，探讨选官政务的运行机制，关注的是选官作为国家政务所呈现的裁决机制问题。包括告身在内的官员选任相关文书的颁发、给付程序中，提示出从尚书吏部（兵部）到地方州县官府围绕官员的授任而产生的相关政务及其运行机制。从公文运行的角度看，告身作为官人授任的终端文书，由尚书吏部或兵部签发制作，其必须依托于任命官员的制、敕、奏抄，以及转发制、敕、奏抄的各类"省符"，包括敕符、攒符、签符、齍符等。通过这些官府文书的颁给程序，可知官员选任的最终完成，有许多环节是需要地方州县官府来运作的。告身及其他任官文书的颁给及相关事务，构成了地方政务的一个重要内容。告身的送付程序和途径，根据所授官职的不同而有所不同。敕符、攒符、签符等是尚书吏部下属不同部门下发到府、州一级的文书，作为地方官府管理官人相关事务的档案和凭证。这些文书都不下发至县而只保存在府、州，从一个侧面说明了府、州在地方政务运行中的中心地位，他们的职权主要是管"官"，而不像县级机构那样亲民。而军队系统中授任勋官所颁发的签符，则要下发到折冲府，说明军队管理"官"的权力比地方州县系统更为集中和更加深入到基层。

第七章　吏部甲库与任官文书的存档[*]

　　随着隋朝实行地方佐官中央任免，由尚书吏部和兵部主持全部九品以上官员考课选任的铨选制的建立，围绕官员选任产生了大量的政务文书。这些文书是选官政务得以正常开展的基础，需要作为档案资料保存管理。唐代的甲库制度因此得到完善，甲库管理在尚书吏部的政务运行中处于非常重要的位置。

　　甲库是唐代开始设立的一种专门的档案保管机构，同时也是唐代试图解决铨选过程中选人与官阙矛盾的措施之一。记录官员考课情况的考状、铨选过程中选人自填的解状以及铨试注官过程中产生的一系列文书，都要保存在甲库中。此外，官员各种身份获得如授勋、赐爵等方面的文书，也由甲库保管。这一系列官员人事档案资料，统称为甲历，在铨选过程中起到了重要的作用。尤其在"循资格"原则实行之后，甲历还作为铨选注官的一种简便标准推行，唐代人事管理制度化水平大为提高。"安史之乱"爆发，京师沦陷，甲库中的档案材料绝大部分被付之一炬，这样就给局势平稳之后的铨选造成了极大的困扰。由于甲历的大量缺失，在再次进行官员选拔时，就缺少足够的身份和资历方面的直接证据，以至出现"选人数千，补授无所，喧诉于朝"[①] 的混乱局面，甚至还有人涂改或伪造甲历来获得官职，引起了官员人事管理的极度混乱。因此，对甲库制度的整顿便成为平定战乱之后唐王朝比较重要的一项任务。

---

　　[*]　本章第一作者为高智伟，本书作者在其硕士学位论文《甲库制度与唐代铨选》（中国人民大学，2004）基础上，加以较大篇幅的增删改写而成。

　　①　《旧唐书》卷一〇八《韦见素传》，第3278页。

一　甲历与甲库

唐代中央政府在尚书吏部、中书省及门下省中各设有甲库。与官员选任相关的各种文书要一式三份存在三个甲库中，如柳宗元所说，"近制凡得仕于王者，岁登名于吏部，吏部则必参其等列，分而合之，率三十人以为曹，谓之甲。名书为三，其一藏之有司，其二藏之中书泊门下"①。官员选任相关文书存档后，被称为甲历。《唐六典》卷八《门下省》记载，"凡制敕文簿，授官甲历，皆贮之于库，监其检覆，以出入焉"②。《唐会要》亦载"永徽五年十二月四日夜，司勋大火，甲历并烬矣"③。自从铨选制成立后，吏部自然就需要保存官员选任相关文书，也就有了甲历。但是，成立专门机构对甲历进行管理，则可能有一个过程。甲库的成立时间，便称为唐代制度史中一个受关注的问题。

关于唐代甲库制度研究并不充分，少数几篇论文也多为介绍甲库基本情况的叙述性文字，如鲁丁《唐代甲库制度》，窦晓光《唐代甲库档案工作考述》，芮国强《唐代甲库制度》，倪道善《唐代甲库考略》，周景华、李生《唐朝甲库与甲历档案》等④。葛承雍《唐代甲库考察》一文，主要从组织管理的角度论述了甲库的设立，并引用了《唐律疏议》有关条例论述文书在甲库中的种种保管细节⑤，但对甲库与官员选任的关系，以及"安史之乱"后对甲库的整顿情况等论之不深或少有涉及。

为了论明唐代甲历与甲库的基本情况，需要在以往研究基础上首先厘清几个基本概念，或者说关键词语。

第一个概念是甲及与之相关的"甲头"。《辞源》中引宋人庞元英《文昌杂录》所谓"乃知甲者，敕甲之谓也"的说法⑥，将甲解释为文书档案的外封。不确。在铨选过程中，尚书吏部提交门下过官之时也有"以类相

① （清）董诰等：《全唐文》卷五七七柳宗元《送宁国范明府诗序》，第 5834 页。
② 〔日〕广池千九郎训点《大唐六典》卷八《门下省》，第 179 页。
③ （宋）王溥：《唐会要》卷五八《尚书省诸司中》，第 1008 页。
④ 以上文章分别载《文史杂志》1989 年第 2 期；《历史档案》1987 年第 27 期；《湖北档案》1993 年第 3 期；《档案学通讯》1987 年第 5 期；《兰台世界》2005 年第 3 期。
⑤ 葛承雍：《唐代甲库考察》，《人文杂志》1987 年第 1 期。
⑥ （宋）庞元英：《文昌杂录》卷三，中华书局，1958，第 31 页。

从，攒之为甲"① 的说法。《唐会要》记载，"开元二年（714）二月敕，诸色出身人铨试讫，应常选者，当年当色各为一甲，团奏给告牒，过百人以上分，不满五人附入甲"②。这样，甲就可以看作是一种分组单位，似乎以百人为一甲。吐鲁番出土武周延载元年（公元 694）氾德达轻车都尉告身（编号 68TAM100：1/68TAM100：2/68TAM100：3）③：

1 准垂拱二年十一月三日　敕，金牙军拔于阗、安□、□

2 勒、碎叶等四镇，每镇酬勋一转。破都历岭等阵，

3 共酬勋叁转。总柒转。

4　　　　西州氾德达 高昌县

5　　　　　　□可轻车都尉

6 鸾台 [　　　　] 都 尉张贵卿等壹佰肆拾肆

7 人，并武艺可称，戎班早预，东逾兔堞，北指

8 龙庭，既着美于摧凶，俾覃恩于赐 服 ，可依

9 前件□□□ 行 。

10　　　　延载元年九月廿九日

（下略）

这是一份授勋官的告身，第 6 行以下是制书，1～5 行是制作告身时的列名。从制书开头所列"都尉张贵卿等一百四十四人"的情况看，制书批准之前兵部或吏部司勋司根据军府汇报材料确定的功等和勋级，以及按照授勋级别分类团甲的上奏文书中，相同级别的人为一甲，排在第一名的为甲头。本件告身中"都尉张贵卿"就是司勋团甲上奏文件中的甲头，这一甲共有 144 人。经过团甲上奏，然后以皇帝制书的形式进行授任。则授予

---

① （唐）杜佑撰，王文锦等点校《通典》卷一五《选举三》，第 360 页。

② （宋）王溥：《唐会要》卷七五《选部下》附甲，第 1371～1372 页。

③ 唐长孺：《吐鲁番出土文书》图录本（三），文物出版社，1996，第 406～408 页。参见唐长孺《唐西州差兵文书跋》，武汉大学历史系魏晋南北朝隋唐史研究室编著《敦煌吐鲁番文书初探》，武汉大学出版社，1983，第 439～454 页；王永兴、李志生：《吐鲁番出土〈氾德达告身〉校释》，北京大学中国中古史研究中心《敦煌吐鲁番文献研究论集》第二辑，北京大学出版社，1983，第 502～524 页；〔日〕中村裕一《唐代官文书研究》，中文出版社，1991，第 157 页；〔日〕中村裕一《唐代公文书研究》，东京：汲古书院，1996，第 227～229 页。笔者对文书标点进行了调整。

勋官的上奏文书团甲时一甲超过了一百人。前引柳宗元的说法，又与此不同，"率三十人以为曹，谓之甲"，则是在他所处的时期一甲又以 30 人为基本单位。可见，甲作为一种分组的数量单位，其所包含的人数在不同时期、不同情况下是有变化的。

关于"甲头"之说，见敦煌出土 P. 2607bv《唐天宝八载敦煌郡诸军府应加阶级状》①，此件文书为效谷府申报的应加品阶勋级人员的名单，其第 6 行为"陪戎副尉守别将员外置同正员侯汉子"，行后小字注文为"天五十月十六日授，甲头张栩，签不到，奉天六二月廿九日郡符勘告放攒，天七五月四日到"。注记文字的意思是说：侯汉子的上件官是天宝五载（公元 746）十月十六日所授，根据是敦煌郡收到的攒符以及侯汉子本人的告身，攒符和告身上都注有"甲头"张栩。

第二个概念是甲历。既称甲历，应是按照团甲分组的情况，以甲为单位归档的档案资料。唐代文献中最早出现的甲历，见于前引《唐会要》卷五十八《尚书省诸司中》所载"永徽五年十二月二十四日夜，司勋大火，甲历并烬矣"。此处的甲历，当是吏部司勋司存档的授予勋官的文书档案。《唐会要》载元和八年（公元 813）五月吏部侍郎杨於陵奏：

> 臣伏以铨选之司，国家重务。根本所系，在于簿书。承前诸色甲敕等，缘岁月滋深，文字凋缺，假冒踰滥，难于辨明。因循废阙，为弊恐甚。若据见在卷数，一时修写，计其功直，烦费甚多。窃以大历以前，岁序稍远，选人甲历，磨勘渐稀。其贞元二十一年以后，敕旨尚新，未至讹谬。纵须伦理，请待他时。臣今商量，从大历十年至贞元二十年，都三十年，其间出身及仕官之人，要检覆者，多在此限之内。且据数修写，冀得精详。今冬选曹，便获深益。其大历十年向前甲敕，请待此一件修毕，续条贯补缉。臣内省庸薄，又忝选司，庶效涓埃，以裨朝典。谨具量补年月及应须差选官吏，并所给用纸笔杂功费用，分析如前。
>
> 敕旨："依奏。"②

《旧唐书·杨於陵传》记为"於陵又以甲历年深朽断，吏缘为奸，奏

---

① 《法藏敦煌西域文献》第 17 册，上海古籍出版社，2001，第 250~251 页。

② （宋）王溥：《唐会要》卷八二《甲库》，第 1514~1515 页。

换大历七年至贞元二十年甲库历，令本司郎官监换"①。《新唐书·杨於陵传》记为"又请修甲历，南曹置别簿相检实，吏不能为奸"②。据此可以确知，甲历就是按甲分类归档的文书档案。至于甲历所包含的文书类别，据《旧唐书·职官二》所记吏部南曹职责为"每岁选人，有解状、簿书、资历、考课，必由之以核其实，乃上三铨"③，可知其大致内容。又《唐六典》记吏部南选：

> 应选之人，各令所管勘责，具言出身、由历、选数，作簿书，预申省。所司具勘曹名考第，造历子，印署，与选使勘会，将就彼铨注。讫，然后进甲以闻。④

所记更为详细，且增加了选数，当是开元十八年（公元 730）实施循资格以后的要求。吐鲁番出土文书中，即有选人申请参选的解状类文书。大谷 1041《唐天宝元年（公元 742）八月交河郡某人功状》⑤：

1　]八月廿一日
2　军功出身
3　合今任经考三　一开廿八年考中中，一开廿九年考中中，一今校
4　一　从去年考后以来，被差摄判冑曹司，知甲仗、杂物给
5　]□勾覆廿

此件文书注明了官员的出身、连续三年的考课成绩以及主要功绩，当是官员对照当年颁布的选格，总结自身任官情况，而向交河郡提交的参选申请。按照铨选制的流程，交河郡勘验之后认为合乎当年选格，则签署意见制为解状，送至尚书吏部。

与甲历相关的，还有敕甲。《新五代史·刘岳传》载，"故事，吏部文

---

① 《旧唐书》卷一六四《杨於陵传》，第 4293 页。
② 《新唐书》卷一六三《杨於陵传》，中华书局，1975，第 5032 页。
③ 《旧唐书》卷四三《职官二》，第 1820 页。
④ 〔日〕广池千九郎训点《大唐六典》卷二《尚书吏部》吏部郎中员外郎之职条，第 36 页。
⑤ 〔日〕小田义久主编《大谷文书集成》第 1 卷，京都：法藏馆，1983，图版 94，释文第 9 页。小田义久定名为《交河郡考课文书》，本书采用史睿的定名。对此件文书的理解，并参见史睿《唐前期铨选制度的演进》，《历史研究》2007 年第 2 期。

武官告身，皆输朱胶纸轴钱然后给，其品高者则赐之，贫者不能输钱，往往但得敕牒而无告身。五代之乱，因以为常，官卑者无复给告身，中书但录其制辞，编为敕甲"①。将同一甲得官之人的授官制辞抄录下来整理在一起，就成为了敕甲。

在厘清了甲（甲头）和甲历等概念之后，可以对甲库的设置与管理情况进行分析。甲库的正式设立，当与专任一员吏部员外郎判南曹有关。前文已经论及，随着应选人的急剧增加，铨选制的逐渐完善，唐高宗总章二年（公元669）裴行俭、李敬玄主持了铨选规程的建设和改革，《唐会要》卷五十八《尚书省诸司中》吏部员外郎条记"南曹起于总章二年，司列少常伯（吏部侍郎）李敬玄奏置"。李敬玄又委托新增置的吏部员外郎张仁祎，"始造姓历，改修状样、铨历等程式"②。二者所指当为同一事，即任命一员吏部员外郎专门负责选人文书和资格的审查。应是在这次规范官员选任文书的背景下，保存选人人事档案的甲库应运而生。

二　甲库的设置与管理

《册府元龟》载大和九年（公元835）敕文中提到，"中书、门下、吏部，各有甲库，籍天下诸色出身，以防逾滥"③。是甲库分别设置在中书省、门下省和尚书吏部。各种途径获得出身的人，其人事档案都存放在甲库之中，作为任官时的依据。获得出身和铨选注官过程中产生和需要的各种人事档案都存放在甲库中，但甲库是否只存放人事档案呢？《唐会要》载开元十九年（公元731）五月十一日敕：

> 尚书省内诸制敕库，及兵部、吏部、考功、刑部簿书景迹并甲库，每司定员外郎、主事各一人，中书门下制敕甲库，各定主书、录事以下各一人专知，周年一替，中间不得改移。④

① 《新五代史》卷五五《刘岳传》，中华书局，1974，第631~632页。
② （宋）王溥：《唐会要》卷七四《选部上》吏曹条例，第1347页。又《新唐书》卷四五《选举志下》所载略同，第1175页。
③ （宋）王钦若等：《册府元龟》卷六三一《铨选部·条制三》，第7571页。
④ （宋）王溥：《唐会要》卷八二《甲库》，第1513页。

制敕库与甲库似为两个机构，尚书省诸司皆有制敕库，以保存以皇帝名义批复的各种政务文书，甲库则专门保存官员选任相关文书，分别设置在尚书吏部和中书省、门下省。不过，尚书兵部在唐前期似乎设置甲库，因为兵部负责武官铨选，亦应有档案文书的管理任务，所以敕文中有兵部。《唐六典》记兵部有甲库令史12人①，反而未记吏部甲库令史人数。随着选官权的进一步集中，官员选任档案文书的管理可能在某个时期集中到尚书吏部，到唐后期就将尚书兵部的甲库并到尚书吏部了。引文中的"中书门下制敕甲库"，当指中书省和门下省的制敕库和甲库。开元十一年（公元733）改政事堂为中书门下以后，中书省和门下省的甲库应该还各自设置。此处还可有另一种理解，即作为宰相裁决政务之所的中书门下，设立了制敕库和甲库。因为随着中书门下和宰相日渐走向政务裁决的前台，选官政务向中书门下汇集，设立甲库当在情理之中。

《唐会要》载贞元十年（公元794）三月八日司封奏，"当司与司勋、考功敕甲库，同一专知官，先无库印。今请铸造，仍以封勋考甲库印六字为印文。从之"②。此则吏部的司勋、司封和考功司都分别设置甲库，三司甲库同一专知官。从隶属关系来说，他不属于吏部司的甲库，至于是有三个库还是共用一库，则难以详断。雷闻认为，到唐后期"（尚书省）各部内的某些机构也加以省并，如吏部的三子司：司封、司勋、考功本各有甲库，到贞元十年三月因由同一官专知，遂置印曰'封勋考甲库印'"③。吏部的三个子司单独铸造了甲库印，说明甲库的独立性有所加强。至于其是否还属于"三库"中的吏部甲库，似难断言。

上引开元十九年（公元731）敕文中提到了专知甲库的官员，吏部甲库由吏部员外郎和主事负责，中书门下甲库则由中书主书、门下录事以下各一人专知，"周年一替，中间不得改移"。据唐德宗建中二年（公元781）中书门下奏，"中书、门下及吏部制敕甲库等，准式，中书舍人、给事中、吏部员外郎，并合专判"④。可知，建中年间甲库的专知（专判）官为中书

---

① 〔日〕广池千九郎训点《大唐六典》卷五《尚书兵部》官职目录，第111页。

② （宋）王溥：《唐会要》卷八二《甲库》，第1514页。

③ 雷闻：《隋和唐前期的尚书省》，见吴宗国主编《盛唐政治制度研究》第三章，上海辞书出版社，2003，第105页。

④ （宋）王溥：《唐会要》卷八二《甲库》，第1513页。王勋成引此史料认为"吏部员外郎"当为"吏部郎中"之误，不确。见氏著《唐代铨选与文学》。

舍人、给事中和吏部员外郎。但是，专知（专判）官只是在分工上专门负责，而不是实际的专任档案管理人员，不是专任的"甲库官"。随着档案管理在选官政务中重要性的提高，分管官员的级别也在不断提高。中书舍人和给事中取代中书主书和门下录事，已见端倪。而后到了唐文宗大和年间，又由吏部郎中取代了吏部员外郎。大和九年（公元835）十二月敕：

> 中书、门下、吏部，各有甲库历，名为三库，以防逾滥。如闻近日诸处奏官，不经所司检寻，未免奸伪。起今已后，诸司、诸使、诸道应奏六品以下诸色人，称旧有官及出身，请改转并请授官，可与商量者，除进士登科、众所闻知外，宜令先下吏部、中书、门下三库，委给事中、中书舍人、吏部格式郎中各与本甲库官同检勘，具有无申报。中书门下审无异同者，然后依资进拟。如诸司、诸使、诸道奏论不实，以无为有，临时各重加惩罚。①

敕文中规定对"诸司、诸使、诸道应奏六品以下诸色人"要对档案材料检勘，负责检勘者已经是给事中、中书舍人和吏部格式郎中。

甲库的专职管理人员是甲库令史。据《唐六典》，门下省设有甲库令史7人，兵部有甲库令史12人，并没有提到吏部甲库令史人数②。尚书吏部没有记甲库令史，可能由于判南曹的吏部员外郎及其下属的令史本职就是负责甲库的。《新唐书》记吏部的甲库令史为13人，而且全部设置在吏部司内。③由于甲库档案还涉及官吏的迁转、考课、授勋之类的重要事件，是非常重要的资料，所以甲库官员的责任比较重大。《唐会要》载唐文宗大和五年（公元831）六月敕：

> 应选人及冬集人于案④，门下省检勘毕后，比来更差南曹令史收领，却纳门下甲库。在于公事，颇甚劳扰。自今以后，请敕吏部过选院，本令史便自分付甲库，以备他年检勘。仍请门下省勒甲库令史，

---

① （宋）王溥：《唐会要》卷八二《甲库》，第1515页。
② 《新唐书》卷四七《百官志二》记载门下省甲库令史13人，当为不同时期的设置情况，第1207页。
③ 分见〔日〕广池千九郎训点《大唐六典》卷八《门下省》，第173页。《新唐书》卷四六《百官一·吏部》，第1187页。
④ 于案，据（宋）王溥《唐会要》卷七五《选部下》杂处置引此敕，当作"子案"，第1366页。

每过选时，常加检点收拾，明立文案，据官吏等递相分付，不得妄有破除。南曹申请之时，如有称失落欠少，本令史及专知官，请准检报揩抹违越条例处分。①

此条敕文中也没有提到尚书吏部的令史，而称"南曹令史"。在铨选注官过程中，从门下省到尚书吏部的南曹，要严格按照规定移交相关文书材料，日后吏部南曹如果出现档案有"失落欠少"的情况，南曹令史和专知官要受到处分。

甲库令史是中央官署中众多令史中的一种，其地位较低，"自汉以来，令史皆有品秩，至隋开皇初，始降为流外行署"②，属于流外官。他们在迁转方面会受到比较多的限制，很少有机会进入流内官的范围内③。为了防止甲库令史在铨选过程中弄虚作假，伪造篡改选人文书，以收取选人的钱物，每年铨选之时，"吏曹舍宇悉布棘，以防令史为与选人交通"④。而且，"诸司甲库，皆是胥吏掌知，为弊颇久"，唐德宗贞元十三年（公元797）正月，迁为给事中的关播建议"并以士人为之，至今称当"⑤。以士人负责甲库的事例，见于唐人墓志的记载。卒于元和三年（公元808）享年50的陇西人李少安，"方举孝廉，偶为所亲者荐授冀州阜城县尉，既非所好，终不屑就。王黔中础之持节廉问也，表为推官，转支使，历左武卫胄曹参军，大理评事……府除，至京师，转三原县尉，管中书甲库，考绩四居上第，迁长安主簿"⑥。其称"举孝廉"，为应明经举及第，是典型的士人而非胥吏。又，《唐故独孤府君墓志铭》记载，卒于咸通元年（公元860）享年57岁的独孤骧，"举明经，初补鄂州文学，再调授同州冯翊县尉，除司农寺主簿，充右街使判官，又授光禄寺丞，知兵部甲库。久之去职，迁太子舍人，充海辟观察支使，拜检校秘书省著作郎兼侍御史。无几奏加章服，授五品阶"⑦。

---

① （宋）王溥：《唐会要》卷八二《甲库》，第1515页。标点据文意做了改动。

② 〔日〕广池千九郎训点《大唐六典》卷八《门下省》，第180页。

③ 参见任士英《唐代流外官管理制度》，《中国史研究》1995年第1期。另参见任士英《唐代流外官制研究》，分载于史念海主编《唐史论丛》第5、6辑，三秦出版社，1990、1995。

④ （唐）刘肃撰，许德楠、李锦霞点校《大唐新语》卷一〇《厘革》，第149页。

⑤ （宋）王溥：《唐会要》卷八二《甲库》，第1514页。

⑥ （清）董诰等：《全唐文》卷五〇四权德舆《长安主簿李君墓志铭》，第5126页。

⑦ 周绍良、赵超主编《唐代墓志汇编续集》咸通〇〇二，上海古籍出版社，2001，第1031页。

甲库令史除了日常管理甲历文书之外，还有修补破损甲历之任务。唐文宗大和三年（公元829）十一月癸未朔敕：

> 应中书门下、尚书省二十四司制敕及敕甲等，近日检报，多称断裂，无凭勘覆。以此之故，逾滥大行。应从前制敕、（敕）甲等有所断裂者，宜各委本司并重黏背。其中书门下仍取本押舍人、给事中及甲库官、本司令吏（史），尚书省委本司郎中、甲库官、本行令史同署名。印所断裂缝扶尾，后云某甲勘、卷若干。缝断裂亦同印署。新旧背缝并具年月卷第印署。如库官令史考满日，须据实交点。已后检报称有断裂，甲库官及本行令史节级处分。①

这是关于制敕和敕甲修复的具体规定，包括技术性的细节问题。

三　甲库在官员选任中的作用

前述吏部铨选过程中的"南曹检勘"与"废置详断"，是官员选任的资格审查，其工作之展开乃需依托于甲库。判南曹的吏部员外郎依据甲库中保存的上次铨选中所产生的选人文书档案，来检勘此次参选的资格，驳放不合格的选人，在一定程度上能保证选人的质量及防止伪滥的发生。

南曹所需要核对的不仅有选人提供的解状，还要有资历和考课的文件（对前资官而言）。核对的依据就是在甲库中保存的上次铨选过程中所产生的文书档案，若有不相符者或是文件丢失不全者，即被驳放。但是，因为种种原因造成文件丢失的情况还是存在的，需要有补救的办法。武周圣历元年（公元698）二月敕，"文武选人检甲历不获者，宜牒中书、门下为检，如又不获，若在曹有官前后相衔可明者，亦听为叙"②。如果选人的资料在吏部甲库中没有找到，还需要调出中书和门下两省所保存的档案查找，实在找不到的话，其曾经任职经历能有其他官员做证明，还是可以免遭驳放的。这固然可以作为一种变通措施，但由此也可以看出甲历

---

① （宋）王钦若等：《册府元龟》卷六五《帝王部·发号令四》，第723页；又（清）董诰等：《全唐文》卷七四文宗《处分断裂制敕敕》，第773页，与此同。
② （宋）王溥：《唐会要》卷七五《选部下》附甲，第1371页。

在铨选中有着至关重要的作用。

为了避免有的选人被错误的驳放，就需要"判废置"发挥作用，所谓"废置与夺之"。判废置的吏部员外郎，对被南曹驳检勘之后驳放情况进行复核，以判定其最终留放。前引唐文宗大和五年（公元831）六月敕：

> 南曹检勘，废置详断。选人傥有屈事，足以往覆辨明。近年以来，不问有理无理，多经中书门下接诉，致令有司失职，莫知所守。选人逾分，唯望哀矜。若无条约，恐更滋甚。起今以后，其被驳选人若已依期限，经废置详断不成，自谓有屈，任经中书门下陈状。状到吏部后，铨曹及废置之吏，更为详断，审其事理，可收即收。如数至三人已上，废置郎官请牒都省罚直。如至十人已上，具事状申中书门下处分。如未经废置详断，公然越诉，或有已经详断不错，辄更有投论者，选人量殿两选，当日具格文榜示。冀无冤滥，亦免幸求。①

这是有关"废止详断"的明确规定，对于理解甲历和甲库在官员选任过程中的作用有很好的帮助，故不必烦琐，再详引之。由于选人档案文书的不断积累，材料审查在铨选中的重要性日渐提高，判南曹的审查工作量过于艰巨，难免有所疏漏，所以要设立"废置详断"的环节，对资料审查再次把关。可是，在实际铨选过程中，有的选人不问有理无理，往往在"废置详断"之后，依然到中书门下去申诉，希望能够得到同情而获得参选资格。如此一来，所谓"废置详断"的复核环节就形同虚设了，反正还有更高一级的申诉机关。大和五年的诏令，就是要扭转这种选人到中书门下无理取闹，以及由此带来的判废置形同虚设的状况，规定南曹驳放的选人，在规定期限内经过判废置的详断而被淘汰的，如果真的觉得有冤屈，可以到中书门下去"陈状"。中书门下要将其所陈状发还尚书吏部，由"铨曹"（当即吏部南曹，或为吏部司）和判废置的官员重新审核。如果确实有错失疏漏，"审其事理，可收即收"。但是，由中书门下接受的陈状打回吏部重审，如果真的有错失，那说明此前的判废置工作不到位，所以规定，"如数至三人已上，废置郎官请牒都省罚直。如至十人已上，具事状申中书门下处分"。"罚直"应为到尚书都省直宿，即值夜班。要是提交中书门下处分，大概就要受到贬降处分了。

---

① （宋）王溥：《唐会要》卷七四《选部上》吏曹条例，第1352页。

这是对判废置官员的约束。同时，对选人的申诉行为也严格加以约束，"如未经废置详断，公然越诉，或有已经详断不错，辄更有投论者，选人量殿两选，当日具格文榜示"。殿两选就是增加两年待选的年限，并张榜公示。

或许由于这道敕文在具体操作中还有不够明晰之处，所以紧接着又有一道敕。大和五年六月敕：

> 应选人未试以前，南曹驳放后，经废置详断，及准堂判却收。比来南曹据给帖人数，续到续试，铨司更不考判，便同平留选人例注拟，稍涉侥幸。自今以后，应有此色，并请待正月十日准格详断限毕都引，试判不及格并杂犯，及续检勘库报并前选子案不同，并驳放，不任更陈状披诉，及重详断之限。①

因大和五年六月的这两道敕文都没有注明具体日期，其所强调的都是"废置详断"，从语气及内容上判断，将此敕置于前引敕之后。前敕说中书门下接受陈状之后，打回尚书吏部重审，如果确实有错失疏漏，"审其事理，可收即收"。当即此敕所谓"应选人未试之前，南曹驳放后，经废置详断，及准堂判却收"。既然敕文规定选人在废置详断之后还有一个申诉陈状的机会和渠道，尽管无理申诉可能遭到处罚，但在相关标准不是很明晰、且人情干扰难以排除的情况下，选人自然难以克服侥幸心理，过度使用这样的申诉机会，进而导致只要中书门下受理的陈状，打回吏部后，吏部南曹就大开绿灯，一律通过。此敕文中"比来南曹据给帖人数，续到续试，铨司更不考判，便同平留选人例注拟，稍涉侥幸"，说的就是这种情况。所以，在前敕之后，紧接着颁布了此敕，规定"自今以后，应有此色，并请待正月十日准格详断限毕都引"，不能陆陆续续到中书门下陈状，一个一个回到尚书吏部要求重新核对，而是要按照选格规定的"废置详断"结束，即"正月十日"以后，统一复核。就是说，第一轮"废置详断"被淘汰而到中书门下申诉陈状的，要集中起来参加统一的引见和复核，且只能在正常的"废置详断"结束之后。在这最后一轮的统一复查中，条件非常明晰，凡是"试判不及格并杂犯，及续检勘库报并前选子案不同，并驳放，不任更陈状披诉，及重详断之限"。不允许继续陈状申诉、申诉后也不能参加下

---

① （宋）王溥：《唐会要》卷七五《选部下》杂处置，第1366页。

一轮"详断"的，包括几种情况：一是铨选（或关试）试判不及格者，二是"杂犯"即犯有各种罪状者，三是重新在甲库查对相关资料与此前申报的铨状不符、说明申报材料造假者。凡是属此三种情况者，一律驳放，不进入复核程序。

至于选人在所申报参选材料中作假舞弊的情形，《新唐书·选举志》有生动形象的记载，"然是时仕者众，庸愚咸集，有伪主符告而矫为官者，有接承它名而参调者，有远人无亲而置保者。试之日，冒名代进，或旁坐假手，或借人外助，多非其实"①。例如，《封氏闻见记》载：

> 则天如意元年，李志远掌选，有姓方姓王者并被驳放，私与令史相知，减其点画，"方"改为"丁"，"王"改为"士"，拟授官后即加增文字。志远一见便觉曰：今年铨覆数万人，总知姓字，何处有"丁""士"乎？此必"方""王"也。令史并承伏。②

掌选的李志远能够知道每一位选人的姓名，除了其博闻强记之外，或许其凭借一时印象还不足以确定是否有选人舞弊，而需检勘甲库所存选人档案，方能落实。面对各种复杂的舞弊造假行为，仅依靠行政手段是不能解决问题的，于是统治者采取了一系列的措施试图解决这个矛盾，其中有一条就是建立和完善甲库制度，严格对选人档案的管理，以防止假冒诈伪者混进选人队伍从而增加选人的基数。③

四　"安史之乱"后甲库的整顿与选官秩序的重建

"安史之乱"爆发，玄宗仓促出奔，长安城一片混乱，大量官员档案资料遭到叛军的焚毁，造成"兵吏三铨，簿籍煨烬，南曹选人文符，悉多伪滥"④。这就给后来选补官员的工作带来了很大麻烦。为了收拢人心，至德二载（公元753），肃宗在凤翔行在之时，"欲广怀士心，至者一切补官，

---

① 《新唐书》卷四五《选举志下》，第1175页。
② （唐）封演撰，赵贞信校注《封氏闻见记校注》卷三《铨曹》，中华书局，2005，第21页。
③ 参见宁欣《唐代选官研究》，第23~27页。
④ 《旧唐书》卷一一二《韦见素传》，第3278页。

不加检覆"①。这是战乱期间的权宜之计，唐朝收复两京，唐肃宗还朝以后，自然无法一直照此权宜下去。由于基本档案资料的缺失，使得朝廷在选补官员时没有准确的档案证明，结果在局面稍稍稳定之时，便闹出了韦见素所说"选人数千，补授无所，喧诉于朝"的混乱。整顿甲库的任务严峻地被提出来了。

代宗宝应、广德年间（公元762～765），正在朝廷集中精锐军队对付安史残余势力之时，唐朝的西部边防又出现了混乱。由于朔方、陇右等地的军队都被调入中原平叛，导致西部边防空虚，吐蕃便趁此机会大举入寇，不仅占领了河西、陇右的许多州县，还一度攻占了长安城。他们在长安城中"剽掠府库市里，焚闾舍"，使得"长安中萧然一空"②。这样一来，甲库势必又遭到了破坏。

德宗建中四年（公元783）十月发生了泾源兵变，德宗仓皇出奔奉天。叛军占领了长安，并拥立原卢龙节度使朱泚为帝，他们在长安"争入府库，运金帛，极力而止"，城中的居民"亦入宫盗库物，通夕不已。其不能入者，剽夺于路。诸坊居民，各相率自夺"③。长安城再次遭受劫难，保存官员人事档案的"三库"也不能幸免。

在相继经历"安史之乱"、吐蕃入寇及泾源兵变等战乱冲击之后，甲库毁坏严重。到了贞元（公元785～805）年间，官员选补的工作就面临着极度的混乱。贞元四年八月吏部上疏提出：

> 伏以艰难以来，年月积久。两都士类，散在远方；三库敕甲，又经失坠。因此人多冒冒，吏或诈欺。分见官者，谓之擘名；承已死者，谓之接脚。乃至制敕旨甲，皆被改张毁裂。如此之色，其类颇多，比来因循，遂使滋长。④

由于档案文书的失坠，舞弊造假的情况空前多了起来。或者将还有档案的现任官员的文书分出一部分改名顶替，称为"擘名"；或者冒充已经死去的官员姓名，谓之"接脚"。还有的甚至将官员档案涂改、分割等。这导致选官过程中徇私舞弊、冒名顶替者比比皆是。正如韦贞伯所

① 《新唐书》卷一一八《韦见素传》，第4268页。
② 《资治通鉴》卷二二三《唐纪三十九》代宗广德元年，第7153页。
③ 《资治通鉴》卷二二八《唐纪唐纪四十四》德宗建中四年，第7384页。
④ （宋）王溥：《唐会要》卷七四《选部上》，第1340页。

指出的，"贞元七年冬，以京兆府逾滥解选，已授官总六十六人，或有不到京铨试，悬受官告。又按《选格》，铨状选人自书，试日书迹不同，即驳放，殿选。违格文者，不复验及，降资不尽，或与注官。伏以承前选曹乖谬，未有如此。遂使衣冠以贫乏待阙，奸滥以贿赂成名，非陛下求才审官之意"①。

更有甚者，弘文馆、崇文馆的学生亦有冒名顶替的情况出现。德宗贞元六年（公元 790）九月敕：

> 本置两馆学士，皆选勋贤胄子，盖欲令其讲艺，绍习家风。固非开此倖门，堕兹典教。且令式之内，具有条章。考试之时，理须精核。比闻此色，倖冒颇深。或假市门资，或变易昭穆。殊亏教化之本，但长浇漓之风。未补者务取阙员，已补者自然登第，用荫既已乖实，试艺又皆假人。诱进之方，岂当如此！自今以后，所司宜据式文考试，定其升黜，如有假代，并准法处分。②

《新唐书·选举志》中对此也有记载，"是时弘文、崇文生未补者，务取员阙以补，速于登第，而用荫乖实，至有假市门资、变易昭穆及假人试艺者"③。如此看来，不对甲库进行比较大的整顿，是无法使这种情况得以改观的。于是，整顿甲库便作为一项比较紧迫的任务摆在唐代统治者的面前。

对甲库的整顿，主要体现在三个方面：一是在甲库之外建立一份备份档案文书，以备存于甲库的档案失坠之后还有据可查；二是对甲库官员给予迁转改选方面的激励；二是对损毁甲历进行修复补救。

第一个方面的措施，见于唐德宗建中元年（公元 780）七月八日的吏部奏文。其文称，"比来冬集，申门下省，吏部有官甲，内库无本。今请依官甲例，更写一本进内收贮。纵三库断裂，即检内库本"。德宗"从之"，采纳了这个意见，建立起了保管甲历的"内库"。

第二个方面的措施，见于建中二年（公元 781）中书门下奏，"今请每

---

① （宋）王钦若等：《册府元龟》卷六三八《铨选部·谬滥》，第 7655 页；又，（清）董诰等：《全唐文》卷五二三韦贞伯《劾吏部铨选不实奏》，第 5314 页，与此同。
② （宋）王钦若等：《册府元龟》卷六四〇《贡举部·条制二》，第 7679 页；又，（清）董诰等：《全唐文》卷五二德宗《考选勋贤胄子禁假代诏》，第 565 页，与此同。
③ 《新唐书》卷四四《选举志上》，第 1165 页。

库采择一公清勤干，专押甲库"，这些新任命的甲库官员"其知经四周年，无负犯，仍望依资与改官"，奉敕"依"①。也就是说，在他的工作周期内，如果甲库工作没有什么差错，是可以成资，得到迁转改任其他官职的。贞元八年（公元792）十一月九日，吏部侍郎杜黄裳奏，"（甲库官）以前资官充专知，既无俸料，颇亦艰辛。请入库日便依资与官，仍许四周年不用阙"。"奉敕：前资官未有功劳，不合改转，既无俸料，又虑艰辛。入库之日，宜与同类官。"② 知甲库乃繁琐杂务，一般有升迁希望的士人，多不愿就任此等职务，在强调以士人知甲库的前提下，以前资官充专知大概是无可奈何的选择。经杜黄裳的奏请，前资官自进入甲库之日承担专知甲库工作起，就可以得到与其资历或官阶相当的职事官，领取相应的俸料，并且可以一任就是四年。这是一种相当不错的就业待遇。唐文宗大和三年（公元829）四月敕，"甲库官，旧例初入授同类官，考满去职，则与依资改转，此事参差，有优有屈。今宜同并诸色职事带正员官者，准宝历二年十一月九日敕处分，其改转亦同前件，如已在甲库授官者，即听且依旧敕处分"③。其用意在更进一步的提高甲库官员的待遇和升迁机会，使其能够安心于甲库管理工作。

第三个方面的措施，即对损毁甲历的修复，是唐后期整顿甲库的中心工作。经历了战乱的破坏，甲历大部分被毁，也有的甲历因为年代久远而造成文字残缺，这样非但起不到其应有的作用，还会使假冒之事越来越多。因此有官员呼吁，应尽最大努力将现存的甲历进行修复，使其能够发挥作用。唐宪宗元和八年（公元813）五月吏部侍郎杨於陵奏：

> 臣伏以铨选之司，国家重务，根本所系，在于簿书。承前诸色甲敕等，缘岁月滋深，文字凋缺，假冒逾滥，难于辨明，因循废阙，为弊恐甚。若据见在卷数，一时修写，计其功直，烦费甚多。窃以大历之前，岁序稍远，选人甲历，磨勘渐稀；其贞元二十一年以后，敕旨尚新，未至讹谬，纵须论理，请待他时。臣今商量，从大历十年至贞元二十年，都三十年，其间出身及仕宦之人要检覆者，多在此限之内。且据数修写，冀得精详，今冬选曹，便获深益。其大历十年向前甲敕，

---

① （宋）王溥：《唐会要》卷八二《甲库》，第 1513 页。
② （宋）王溥：《唐会要》卷八二《甲库》，第 1514 页。
③ （宋）王溥：《唐会要》卷八二《甲库》，第 1515 页。

请待此一条修毕，续条贯补缉。臣内省庸薄，又忝选司，庶效涓埃，以裨朝典。谨具量补年月及应须差选官吏，并所用纸笔杂功费用，分析如前。敕旨："依奏。"①

杨於陵建议首先要抓紧修复大历十年（公元775）至贞元二十年（公元804）这30年之间的档案，因这30年的档案是当前铨选需要查验的资料。而大历十年之前的甲历，已经在战乱中被毁，需要等大历十年以后30年的档案修复完成后，再考虑进行补缉。杨於陵将需要修复补缉的档案按年月进行了梳理，并安排了修复缉补的官吏，以及所需纸张笔墨及各种费用。这是"安史之乱"以后一次较大规模的集中修复。同时杨於陵还奏请"南曹置别簿相检实"，使得"吏不能为奸"②。

本章小结

甲库作为管理官员选任所需和所产生的档案文书（甲历）的机构，行使国家对各级官吏人事档案进行管理的职能。甲库制度形成于唐代并非偶然，而是与隋唐之际铨选制的建立密切相关，尤其是随着选人大量增加给吏部铨选带来极大的负担，需要在正式铨试之前对档案文书进行严密的审查，档案的保管任务随之提出。甲库的正式设立，当与专任一员吏部员外郎判南曹有关，应在唐高宗总章二年（公元669）裴行俭、李敬玄主持铨选规程的建设和改革之时。甲库分别设置在中书省、门下省和尚书吏部（唐前期尚书兵部当亦设有甲库），各种途径获得出身的人，以及罢任前资官和现任官员，其人事档案都存放在甲库之中，作为铨选任官的依据。甲库所保存的甲历，是官员选任过程中"南曹检勘"与"废置详断"环节所凭依的主要材料，随着《循资格》的建立和颁布，铨选注官日益倚赖铨试之前的材料审核，"南曹检勘"与"废置详断"在铨选中所居地位越来越重要，负责分管甲库的专知官级别也越来越高，从最初的中书主书、门下录事、吏部员外郎，调整为中书舍人、给事中和吏部郎中。"安史之乱"以后，京师长安受到多次剽掠，甲库遭

---

① （清）董诰等：《全唐文》卷五二三杨於陵《请修写铨选簿书奏》，第5312~5313页。
② 《新唐书》卷一六三《杨於陵传》，第5032页。

到严重损毁，给官员选任政务带来了极大的混乱。从唐德宗时期开始，整顿甲库与重建铨选秩序，就成为选官政务中的一项重要任务。这种整顿，主要有三个方面的举措，一是在甲库之外建立一份备份档案文书，以备存于甲库的档案失坠之后还有据可查；二是对甲库官员给予迁转改选方面的激励；三是对损毁甲历进行修复补救。

第八章 选官制度中的才学标准与考试原则

用人标准和选拔方式，关系到政治形态。隋和唐前期，是中国中古政治形态发生重大转变的时期。用人标准和选拔方式的转变，构成了这一时期政治形态转变的一个重要方面，也可以说是促成政治形态转变的一个内在因素。隋唐政治形态之所以区别于汉魏的一个重要特征，就是在国家选拔人才的各种途径中，都贯穿着才学标准和考试原则。

隋唐时期的考试制度、科举制度和铨选制度，是学界有着长期研究积累和大量成果的论域。与本书分析角度相关的早期研究中，当以陈寅恪和王亚南的论说最具代表性。陈寅恪认为，"经术是两晋、北朝以来山东士族传统之旧家学，词彩则高宗、武后之后崛兴阶级之新工具"，科举制尤其是进士科，导致一个新兴阶级的成立，并因此引起了数百年间的一大世变。[1]王亚南则从经济文化的现实进展情形论证科举制取代九品官人制的背景，并进而分析了唐代科举制度与官僚政治的关系。他特别指出，贯穿在学校教育和考试制度中的所谓"平等"，只是形式上的平等，唐代施行的是一种狭隘的科举规制。[2]不过，他们对科举制的论说各有其更大的关怀，在许多具体制度的层面上并未有深入论证。沿着此种理路展开的研究，构成了其后关于唐代科举制度研究的重要领域。如赵守俨论证科举制扩大了唐代政权的社会基础，加速了统治阶级内部各阶层和社会各阶层的升降和重新组

---

① 陈寅恪：《唐代政治史述论稿》，上海古籍出版社，1980，79～80 页。

② 王亚南：《支持官僚政治高度发展的第二大杠杆——科举制》，《中国官僚政治研究》，中国社会科学出版社，1993，第 100～111 页。原文刊于《时与文》1947 年第 2 卷第 14 期。

合，引起了门第和门第观念的变化。①毛汉光、卓遵宏、刘海峰等，都对科举制度与唐代政治的关系进行了研究。②这些研究基本上都是以科举制为中心的。本书重在探讨唐代选官政务的运行机制以及官员选任视角中的重要选官原则，侧重科举制体现的考试原则和才学标准在非科举出身途径以及在文官铨选中的实施。文中的基本论点大都是吴宗国先生在《唐代科举制度研究》③ 中已经提出的，但在研究角度上有一些调整，具体论证也有所补充和修改。

一 唐代的出身途径及"合入官者"的构成

科举取士制度的诞生，举与选的分离，标志着中国古代官僚政治进入一个新的阶段，官员的选任从出身到任官都纳入中央集权的政务运行体系之中，全体官员都是由朝廷选拔任用的处理国家政务的公职人员。隋炀帝在诏书中引用《周礼·地官司徒》称"便即设官分职，以为民极也"④，大体还是传统经学思维的继承，强调的是官员对民众的示范作用；唐太宗则强调"设官分职，以为民也"⑤，将官员的作用定位为为民办事。在唐代，伴随着科举制度的发展，科举制所代表的才学标准和考试原则，在所有获得参加铨选资格，即获得出身的各种途径中，都得到贯彻。即如在学校教育和门荫制度中，才学标准也不断提升，等级特权的照顾逐渐在淡化。

隋朝建国以来，选官原则中才学标准的不断提出和被强调，冲击着察举制度，呼唤着新的选官形式的产生。隋炀帝大业年间，在隋文帝开始的常贡之科的基础上，保留秀才、明经科的同时，新设立了进士科⑥。进士科

---

① 赵守俨：《略论唐代科举制度的历史作用》，《历史研究》1959 年第 8 期。收录于《赵守俨文存》，中华书局，1998。
② 毛汉光：《唐代士大夫的进士第》，台北《中央研究院成立五十周年纪念论文集》第二辑，1978；卓遵宏：《唐代进士与政治》，台北"国立编译馆"，1987；刘海峰：《唐代选举制度与官僚政治的关系》，《厦门大学学报》1989 年第 3 期。
③ 吴宗国：《唐代科举制度研究》，辽宁大学出版社，1992。
④ （宋）王钦若：《册府元龟》卷十三《帝王部·都邑》，第 153 页。
⑤ 《资治通鉴》卷一九二《唐纪八》高祖武德九年九月己酉，第 6023 页。
⑥ （唐）杜佑撰，王文锦等点校《通典》卷十四《选举二》历代制中谓"炀帝始建进士科"，第 343 页。《旧唐书》卷一一九《杨绾传》载杨绾上疏云"近炀帝始置进士之科，当时犹试策而已"，第 3430 页。

考试的科目，主要是面向一般文士的对时务策，突破了由贵族垄断的传统经学的限制。而考试内容限制的突破，有利于扩大应举者的范畴，使后备官员的选拔由荐举变为开科考试成为可能。由朝廷设立科目，面向全体士人开放，按照成绩优劣录取或淘汰，这是真正贯彻按才学标准的前提。朝廷设立科目、公开考试、公平竞争、择优录取，是科举制度的基本特征。其中考试是核心，公开是保证，科举制比以往任何选官方式都更强调考试的作用。从进士科设立开始，考试朝着排除其他因素干扰的方向发展。

但是，选官制度中的才学标准，并非在短时间能够被完全贯彻，门第也不会随着王朝的更替自动退出历史舞台。只有随着社会经济的发展，一般地主经济的走向成熟，全社会文化知识水平普遍提高，才有可能真正实现按才学选官的原则。才学取代门第，是一个漫长的历史过程，这个过程要到宋朝才基本完成，而整个唐代都大体处于这个进程的过渡状态之中，其间还经历了一些反复。不过，从总的发展趋势看，唐代的出身和选官制度中，才学日渐受到重视是显而易见的。

唐代的出身和入仕途径可以概括为科举、杂色入流和门荫入仕。《旧唐书·职官志》载：

> 有唐已来，出身入仕者，著令有秀才、明经、进士、明法、书、算；其次以流外入流。若以门资入仕，则先授亲、勋、翊卫，六番随文武简入选例。又有斋郎、品子、勋官及五等封爵、屯官之属，亦有番第，许同拣选。[①]

不论从何种途径获得出身，一旦获得，就有了做官的资格，成为所谓"合入官者"。杜佑统计唐盛时的"合入官者"，"自诸馆学生以降，凡十二万余员"。其中包括：

> 弘文崇文馆学生五十员，国子太学四门律书算凡二千二百一十员，州县学生六万七百一十员；两京崇玄馆学生二百员，诸州学不计；太史历生三十六员，天文生百五十员，太医童、针、咒诸生二百一十一员，太卜卜筮生三十员；千牛备身八十员，备身二百五十六员，进马十六员；斋郎八百六十二员；诸三卫、监门直长三万九千四百六十二

---

① 《旧唐书》卷四二《职官一》，第1804页。

员；诸屯主、副千九百八十四员；诸折冲府录事、府、史千七百八十二员，校尉三千五百六十四员，执仗、执乘每府六十四员；亲事、帐内一万员；集贤院御书手一百员，翰林、药童数百员；诸台省寺监军卫坊府之胥吏及上州市令、录事省司补授者，约六千余员。

此外，还有"文武贡士及应制、挽郎、辇脚、军功、使劳、征辟、奏荐、神童、陪位、诸以亲荫并艺术、百司杂直或恩赐出身，受职不为常员者，不可悉数。大率八九人争官一员"①。

这组重要的数字告诉了我们多方面的信息。在整个候补官员的队伍，即在固定的构成出身的 12 万余人中，州县学生和诸三卫、监门直长是人数最多的群体。州县学生本身还不是出身，但是他们构成了科举考试应试者的主体。而科举考试及第后才有出身，这就是列在"不可悉数"中的"文武贡士"。三卫和监门直长是中上级官员子孙进入仕途的跳板，属于门荫特权的照顾方式。12 万余"合入官者"中，有三卫和监门直长将近 4 万员，占三分之一；斋郎为 862 员，占千分之七；亲事、帐内有 1 万人，占百分之八多。三卫和监门直长都是官，但属于唐代官衔系列中的卫官，是一种构成出身的特殊职衔，斋郎虽不是门资却是与门荫有关的出身。从中可以看出，通过科举考试获得出身，只是唐人出仕任官的途径之一，科举出身者在整个候补官员的人数中占有少数。由于每年科举及第的人数并不确定，所以杜佑称之为"受职不为常员者"。大量的候补官员，是通过门荫特权、资历和年劳的积累、军功的酬赏等途径获得出身的。

从吏部选任官员的标准来说，则体现为叙阶之法。《唐六典》所述吏部郎中员外郎之职条云，"凡叙阶之法，有以封爵，有以亲戚，有以勋庸，有以资荫，有以秀孝，有以劳考，有除免而复叙者"②。封爵、亲戚和资荫，都属于门荫特权。勋庸是因军功所授的勋官，是对军功的酬赏。秀孝对魏晋以来秀才和孝廉的概称，其语义在唐代发生了变化，所指为包括贡举（常举和制举）和奏荐途径推荐的士人。劳考指技术学生和流外官、杂任等各色胥吏的年劳和资历。不仅秀孝的叙阶经过考试，即走科举一途，其他

---

① （唐）杜佑撰，王文锦等点校《通典》卷十五《选举》三》历代制下，第 362 页。
② （唐）李林甫奉敕撰，〔日〕广池千九郎训点《大唐六典》卷二吏部郎中员外郎之职条，第 31～32 页。

的各种途径，同样需要经过考试。不同途径的考试方式和才学标准的具体内容并不相同。以下主要分析门荫及相关出身途径中的才学标准和考试原则问题。

二　才学标准与考试原则在门荫出身途径中的贯彻

唐代官员结构中，门荫入仕者一直占有很大比重。隋朝建立后，废除了九品中正制，取消门阀士族世袭做官的特权，同时形成门荫制度，以保证当朝贵族和高官子弟世袭做官。唐代对门荫入仕有严密的规定，包括封爵、亲戚和资荫三种不同的标准。封爵是指"王公侯伯子男，皆子孙承嫡者传袭"，这是《封爵令》规定了的，"以次承袭，具在令文"①。亲戚指皇室的亲戚，包括皇亲缌麻以上及皇太后、皇后、皇太子妃的不同亲等。资荫指五品以上官员可以享受的荫及子孙的特权，三品以上荫及曾孙，五品以上荫子孙，二品勋官荫子。前引《唐六典》吏部郎中员外郎之职条中有关"叙阶之法"所引令文中，有着关于门荫具体标准的详细规定。凡有封爵者和皇室的亲戚，以及五品以上官子孙以荫入仕时，根据其父祖身份和官品的高低，叙以不同的品阶。而以门荫入仕的具体途径，主要有两个，即通过学馆和担任千牛、三卫等。此外，斋郎和品子也与门荫制度相关。

（1）馆学生徒。通过学馆，就是充当弘文馆、崇文馆或国子学、太学的学生，称为馆学生徒。馆学生徒步入仕途，都必须经过考试。或结业考试后直接出仕任官，或参加科举考试，科举及第后再出仕任官。官学被纳入科举制的轨道。官贵子弟入仕需要进行以才学为标准的考试，这是官僚制社会中的门荫出身与贵族制社会中的门第出身根本的不同。

但在唐初，中央的馆学入学资格有着森严的等级限制。如弘文馆、崇文馆学生的选补，其资格限在"皇宗缌麻以上亲，皇太后皇后大功以上亲，散官一品，中书、门下三品，同中书门下平章事，六尚书，功臣身食实封者，京官职事正三品，供奉官三品子孙，京官职事从三品、中书黄门侍郎

---

① 刘俊文：《唐律疏议笺解》卷二五《诈伪》非正嫡诈承袭条疏议曰，中华书局，1996，第1717页。

子"。但并非所有这些人都能够进入两馆，而需经过简选，入学的条件是"性识聪敏"①。国子学的入学资格是"文武官三品以上及国公子孙，从二品以上曾孙"，太学的入学资格是"文武官五品以上及郡县公子孙，从三品曾孙"，四门学的入学资格是"文武官七品以上及侯伯子男子"②。记载在《唐六典》中的以上规定，大体反映的是开元时期的制度，其入学资格的等级限制是非常严格的。不过，从发展趋势来看，国子诸学入学资格的限制是逐渐放宽的，玄宗开元二十一年（公元733），规定庶人子弟有文词史学者"听入四门学充俊士"③。学校进一步向平民子弟开放，是唐代国学发展的趋势。庶人子弟在学比重的提高，正是才学逐渐在取代门第等级。

唐前期，馆学生徒考试入仕比一般士人要直接，录取比例也大得多。其弘文、崇文馆学生，虽同明经、进士，然"以其资荫全高，试取粗通文义"④。正如玄宗在敕文中指出的那样，"宏文、崇文生，缘是贵胄子孙，多有不专经业便与及第"者⑤。这就在实际上造成了一种不平等，照顾等级身份的成分很重。但是，馆学生徒科举及第的比例在开元前后也发生了重大转变。开元以前，经由两监（西京和东都国子监）而科举及第者较多。杨玚在开元十七年（公元729）上疏中谈到，以前"监司（指负责学校教育的国子监）每年应举，尝有千数；简试取其尤精，上者不过二、三百人。省司（指主持科举考试的尚书省考功司）重试，但精明行修，即与擢第，不限其数"。这种面对馆学生徒、没有录取名额限制也就没有真正意义上淘汰机制的考试，是汉魏以来察举制考试惯性作用下的举措。杨玚接着说，而自数年以来，"省司定限，天下明经、进士及第，每年不过百人。两监惟得一二十人"⑥。随着馆学生徒也纳入严格淘汰机制的考试，由两监及第的比重开始下降。同时，随着武则天长安（公元701～704）年间以后学校的

---

① （唐）李林甫奉敕撰，〔日〕广池千九郎训点《大唐六典》卷八《门下省》弘文馆学生条，第193页。（唐）王溥：《唐会要》卷六四宏文馆条记"开元七年九月四日，依旧改（昭文馆）为宏文馆"，其后记"学生三十八人，补旧弘文馆、崇文馆学生例，皇缌麻以上亲（下与《唐六典》同）"，第1115页。颇疑以上两馆学生资格的规定为开元七年的定制。《旧唐书·玄宗纪》载"开元七年九月甲子，改昭文馆依旧为弘文馆"，第180页。

② （唐）李林甫奉敕撰，〔日〕广池千九郎训点《大唐六典》卷二一《国子监》，第397页。

③ （五代）王定保：《唐摭言》卷一《两监》原注，上海古籍出版社，1978，第6页。

④ （唐）李林甫奉敕撰，〔日〕广池千九郎训点《大唐六典》卷四礼部尚书侍郎之职条，第83～84页。

⑤ （唐）王溥：《唐会要》卷七七宏文崇文生举，第1402页。

⑥ （清）董诰等：《全唐文》卷二九八杨玚《谏限约明经进士疏》，第3027页。

废弛，那些被称为"乡贡"的、举选不由馆学而"怀牒自列于州县"① 者，在应举者中的比重逐渐加大，严重冲击着官学教育。以致到了天宝十二载（公元753），出于整顿学校的目的，唐玄宗下令罢乡贡，"敕天下举人不得言乡贡，皆须补国子及郡学生"，禁止士人自己向州县报名参加科举考试，应举者一律为在读的馆学生徒。人为的禁止并没有阻止乡贡地位的上升，到德宗贞元十年（公元794）以后，已是"进士殆绝于两监"②。

乡贡地位曲折上升的情况表明，体现在中央官学中的门荫制度逐渐在纳入科举考试的轨道，官学的特权色彩也逐渐被冲淡，才学取士的原则已经渗透到门荫制度之中。

由于学校教育纳入科举的轨道，官学地位的变化直接反映了科举制本身才学标准的加强。科举制实质上是一种自举，即只要符合一定的政治条件和身体条件都可以报名考试。但在唐初，由于馆学生徒在应举者中占有很大比重，进入馆学又有着严格的资格限制（即使馆学入学资格放宽以后，仍然只有少数人才能入学），而且馆学生徒应举没有完全纳入严格淘汰机制的考试中，造成应举者和及第者都以馆学生徒为主体。在此情况下，自举的原则并未能真正贯彻。只有当官学废弛，乡贡在科举中占主导地位之后，自举才有可能实现。

官学的废弛有一个很重要的原因，即学校教育的内容与科举考试内容的脱节。科举制的考试内容和录取标准随着官僚政治的发展和统治形势的变化而不断调整，但是教育体制却没有随着科举制的调整而进行适时的调整。从深层意义上看，这种现象也与一般地主出身的士人参与政权的社会要求以及学术的平民化趋势分不开。与乡贡地位上升的同时，乡贡取解、应举的限制也日渐减少，州县和地方豪强对乡贡的控制因此减弱。由于乡贡是士人自举，"举人辄自陈牒"③，没有等级身份的限制，以上变化表明才学逐渐战胜门第等级，帝国政权进一步向更广大的一般地主出身的士人开放。

（2）卫官。在直接以门荫入仕的"合入官者"之中，担任千牛、三卫

---

① 《新唐书》卷四四《选举志上》，第1161页。
② （五代）王定保：《唐摭言》卷一《两监》，第6页。
③ 《旧唐书》卷一一九《杨绾传》，第3431页。杨绾在反思"安史之乱"的背景下反对举人辄自陈牒，提出"今之取人，令投牒自举，非经国之体也"。杨绾的上疏反映了"安史之乱"以前科举向一般士人开放的程度。

等卫官是一个重要途径。卫官是除职、散、勋、爵外的又一个官衔序列，《旧唐书·职官志》所载官品令中，卫官单列一项。其官品高者如亲、勋、翊三卫校尉，为正六品上阶，低者如亲王府及折冲府的队副，为从九品下阶。作为门荫入仕者进身之阶的卫官，主要是左右千牛卫的千牛备身、备身左右和备身，太子左右内率府的太子千牛和太子备身，殿中省和太仆寺的进马，以及三卫。

卫官本身是官，担任卫官即已经是某种意义上的"入仕"，故可视为直接以门荫入仕。不过，唐代并非严格法令用语"释褐"一词，经常也用于从卫官经过铨选转为职事官，则说明担任卫官不是真正的入仕。[①]以卫官的身份参加铨选，被称为"黑衣选人"（相对于以斋郎参选者称为"黄衣选人"），他们是一种特殊的储官。

"黑衣选人"之说，见于唐人墓志中。《武周苏卿墓志》记其祖父苏宣，"隋东宫千牛、万年中正、盐亭太守；道光人杰，德迈时英。银榜仙宫，参黑衣之近侍；铜符列郡，曳丹襜而刺举"[②]。《唐李延祜墓志》记其祖父李素王，"隋左亲侍。灵凤将鸧，始鸣丹穴；触龙季子，爱备黑衣。何升其华，而坠其秀"[③]。《唐信安县主、元思忠墓志》记元思忠，"公门承黻冕，德茂珪璋，志节贞坚，风仪朗润，高材博识，好学多闻，式呈丹穴之姿，请备黑衣之数。观光调选，授集州司仓参军"[④]。《唐杨顗墓志》记"公即皇工部侍郎开府郑公崇敬之曾孙，皇吏部员外泰州刺史志诚之孙，皇兵部郎中昌宁伯之第五子也。承五公之丕绩，锺百代之番祉。爱自卜邻，克岐克秀；亦既篡仕，实颖实发。开元中，官缺射人，制征门子。公以绮纨之胄，始登黑衣之列，以门荫补左千牛备身。终秩，授尚辇直长。……满岁，改扶风郡功曹参军"[⑤]。以上是目前检索到的隋唐时人墓志中将担任卫官称为"黑衣"的四例。黑衣典故出自《战国策·赵策》触龙说赵太

---

① 参见黄正建《唐代的"起家"与"释褐"》，《中国史研究》2015 年第 1 期。又，孙正军《官还是民：唐代三卫补吏称"释褐"小考》，《复旦学报》2013 年第 2 期。
② 周绍良主编《唐代墓志汇编》（上）天授 044《大周故承议郎行德州蓨县令上骑都尉苏君墓志铭并序》，上海古籍出版社，1992，第 825 页。
③ 周绍良主编《唐代墓志汇编》（上）神龙 037《大唐故朝议郎行益州大都督府士曹参军事李君墓志铭并序》，第 1067 页。
④ 周绍良主编《唐代墓志汇编》（上）开元 056《大唐故信安县主、元府君墓志铭并序》，第 1193 页。
⑤ 胡戟、荣新江主编《大唐西市博物馆藏唐代墓志》，北京大学出版社，2012，第 573 页。

后，左师公曰："老臣贱息舒祺，最少，不肖，而臣衰，窃爱怜之，愿令得补黑衣之数，以卫王宫。没死以闻！"① 战国以来，黑衣即指王宫或皇室的侍卫之官。汉代的郎官相当于侍卫官，穿的是黑衣，或称皂衣。孙吴时期的禁卫军穿的也是黑衣，或称乌衣。《世说新语·雅量》刘孝标注引《丹阳记》载，"乌衣之起，吴时乌衣营处所也。江左初立，琅琊诸王所居"②。

被列为"黑衣之近侍"的千牛、备身和三卫等的选补，有着严密的资格限制。《唐六典》卷五兵部郎中员外郎条载：

> 凡千牛备身、备身左右及太子千牛，皆取三品以上职事官子孙、四品清官子，仪容端正、武艺可称者充。凡殿中省进马，取左右卫三卫高荫，简仪容可观者补充。分为三番上下，考第简试，同千牛例。仆寺进马亦如之。

> 凡左右卫亲卫勋卫翊卫及左右率府亲勋翊卫及诸卫之翊卫，通谓之三卫。择其资荫高者为亲卫（注曰：取三品已上子、二品已上孙为之），其次者为勋卫及率府之亲卫（注曰：四品子、三品孙、二品已上之曾孙为之），又次者为翊卫及率府之勋卫（注曰：四品孙、职事五品子孙、三品曾孙、若勋官三品有封者及国公之子为之），又次者为诸卫及率府之翊卫（注曰：五品已上并柱国若有封爵兼带职事官［按，此处疑有脱漏］为之），又次者为亲王府执仗执乘（注曰：散官五品以上子孙为之）。③

但是，千牛、备身和三卫等作为皇帝和太子的侍卫，又是一种进身之阶，而不同于职事官。他们根据品级的不同完成番上（轮番到京师服役）或纳资（交纳一定的钱而不服役）之后，还需要参加考试。如三卫参加兵部的校试，"有文堪时务则送吏部，无文则加其年阶，以本色迁授"④。其中一个很重要的叙迁去向为左右监门直长和太子监门直长。这两个官职一般由三卫有才用者补任。千牛备身、备身左右考满亦送兵部校试，有文者

---

① 《战国策》卷二十一《赵四》，中州古籍出版社，2007，第269页。
② 余嘉锡：《世说新语笺疏》（修订本），上海古籍出版社，1993，第356页。
③ （唐）李林甫奉敕撰，〔日〕广池千九郎训点《大唐六典》卷五兵部郎中员外郎之职条，第116～118页。
④ （唐）李林甫奉敕撰，〔日〕广池千九郎训点《大唐六典》卷五兵部郎中员外郎之职条，第118页。

送吏部①。三卫和监门直长的人数很多，上引杜佑《通典》统计的唐盛时"自诸馆学生以降，凡十二万余员"的"合入官者"中，三卫和监门直长将近4万员，占三分之一。由于三卫出身的荫及面很广，许多高官直接荫及曾孙。三品以上曾孙或五品以上孙，有的可能就是低级官员之子了。无论如何，三卫是高级官吏子孙以门荫出身的主要途径，也是所有门荫出身中所占比例最大的一途。三卫所占比例如此之大，正说明从唐开国到"安史之乱"一百余年间，贵族和高级官僚的地位并不稳定。王公贵族的范围和高级官员的设置数额基本固定，但担任过高级官员的人数却很多。而三卫人数众多的现象本身，是高官轮流做造成的结果，是唐前期政治势力发生快速升降变化的反映。

　　3. 斋郎、品子。与门荫相关的还有斋郎、品子。斋郎、品子作为一种出身，不属于五品以上高官的门资，但又是一种类似于资荫的政治特权。《新唐书·选举志》云：

> 凡斋郎，太庙以五品巳上子孙及六品职事并清官子为之，六考而满；郊社以六品职事官子为之，八考而满。皆读两经粗通，限年十五以上、二十以下，择仪状端正无疾者。②

　　斋郎简选的标准，除了父祖官品、年龄、体貌之外，就是"读两经初通"。吏部员外郎负责对斋郎的选拔进行考试，"凡预太庙斋郎帖试，如贡举之制"③。将儒家经典的基础知识作为中级官员子孙取得出身资格的条件，同样贯穿了一个才学标准的要求。在杜佑统计的盛唐时"合入官者"的12万人中，斋郎为862员，占千分之七。由于斋郎的出身条件主要是六品职事官之子，范围不是很大，竞争的人数不会太多。加上年龄限制在15~20岁之间，6~8年考满后，须解送礼部考试，如贡举之制④。考试合格后，就可以到吏部去参加铨选。对于六品职事官之子来说，充任斋郎是一条相当便捷的入仕途径。其中太庙斋郎参加铨选，释褐多为八、九品之州参军事、县丞等地方职务，有些人进而做到县令、

---

① 《新唐书》卷四五《选举志下》，第1174页。
② 《新唐书》卷四五《选举志下》，第1174页。
③ 《旧唐书》卷四三《职官志二》吏部员外郎之职条，第1820页。
④ 《新唐书》卷四八《百官三》两京郊社署条原注，第1242页。《唐六典》卷二吏部郎中员外郎、卷四礼部尚书侍郎条。

刺史等地方长官。如开元十九年（公元 731）病逝于前往任鄂州刺史途中的卢翊，"属则天皇后受图温洛，以门子预执边豆，因调选授杭州钱塘丞"①。天宝末年担任魏州魏县令的崔夷甫，"少以门荫为太庙斋郎。年未廿，调补泽州参军事（从九品上），转陕州河北县尉。丁艰去职。服阕，授千牛卫录事参军事"，后被安禄山奏摄魏州魏县令②。天宝十二载（公元 753）终于齐州丰齐县令任上的程俊，"补太庙斋郎，解褐恒州参军（正八品下）"③。

除了部分六品官之子可以通过担任斋郎获得出身之外，对于其他六品以下官员子弟来说，任官的特权体现为担任品子（即亲事、帐内）。品子是色役的一种④，通过服役或纳课满一定年限后，就可以取得参选资格。《唐六典》卷五兵部郎中员外郎之职条云：

> 凡王公已下皆有亲事、帐内〔注曰：六品七品子为亲事，八品九品子为帐内〕。限年十八已上，举诸州率万人已上充之〔注曰：亲王、嗣王、郡王、开府仪同三司及三品以上官带勋者，差以给之。并本贯纳其资课，皆从金部给付〕。皆限十周年，则听其简试。文理高者送吏部，其余留本司，全下者退还本色。⑤

亲事、帐内在杜佑统计的盛唐时"合入官者"的 12 万人中占 1 万人，占百分之八强，是一个不小的比例。《新唐书·选举志》备载唐之盛时入官之门户及具体人数，与《通典·选举典》所载大体相同，唯其多载"纳课品子万人"，则误。纳课品子万人，就是亲事、帐内一万人。品子或服役或纳课，亲事、帐内是色役，纳课者谓之纳课品子。太宗时曾规定，"文武职事三品以上给亲事、帐内，以六品七品子为亲事，以八品九品子为帐内，岁纳钱千五百，谓之品子课钱"⑥。

三卫、斋郎、品子等，作为出仕任官的途径，尽管出身的标准并不一致，但在具体照顾的面上却有交叉之处。贵族和高级官僚总是占少数，

---

① 周绍良主编《唐代墓志汇编》开元 379 号，上海古籍出版社，1992，第 1418 页。
② 周绍良主编《唐代墓志汇编》大历 072 号，第 1811~1812 页。
③ 周绍良主编《唐代墓志汇编》贞元 030 号，第 1859 页。
④ 参见王永兴《唐敦煌天宝差科簿研究——兼论唐代色役制和其他问题》，载《敦煌吐鲁番文献研究论集》，中华书局，1982。
⑤ 《大唐六典》卷五兵部郎中员外郎之职条，第 118 页。
⑥ 《文献通考》卷三五《选举考八》，浙江古籍出版社，1988，第 335 页。

在他们的子孙出仕任官得到保证的同时，三卫、斋郎、品子等，为广大中下级官吏之子的出仕任官给予了照顾。这种照顾，在唐代政治形态中具有特殊的意义。一方面是特权照顾的范围扩大，覆盖了所有九品以上的官员，有利于协调官僚集团的内部矛盾，也是官员选拔范围的扩大，有利于人才的选拔。另一方面，所有对特权的照顾都与考试相结合，甚至与科举相结合，才学标准也贯穿到特权照顾之中。只有具有一定才学的官贵子弟，才能在越来越多的具有任官特权的官贵子弟中获得出仕任官的优势。

门荫类出身之外的其他各种出身途径中，即所谓杂色入流，包括各种技术官和流外入流等，也都需要经过出身考试和入仕考试[1]。总之，尽管考试的侧重点和才学的内容在不同出身途径中并不相同，但考试原则和才学标准则已经贯彻到一切出身途径之中。

唐代社会发生着一些深刻的变化，为了加强国家的社会控制能力，提高各级官府的管理水平和效率，对官员文化水平的要求在不断提高。这种变化使门荫制度和各种选官特权受到冲击，考试原则和才学标准渗透到各种出身途径中的同时，科举在选官中的地位不断提高。尽管科举出身者在整体官员构成中的比例，终唐一代都占少数，但其不断增加的趋势却明显呈现出来。尤其是在高级官员的构成中，发生了根本性的变化。唐高宗以前，官贵子弟主要从门荫出身，一般地主子弟则或从流外入流，或应募从军以战功来获取官职和勋赏。无论是在整个官僚队伍中还是在高级官僚的构成中，科举出身者都不占主要地位。从唐高宗统治的后期开始，科举录取名额有所扩大。武则天大开制科，又极大地增加了科举入仕的人数。直到玄宗时期，高级官员中特别是宰相，科举出身者的比重不断有所上升。但这一时期门荫入仕者在政治上仍有相当大的力量，他们迫使科举出身的高级官僚在开元天宝之际的政治舞台上屈居下风。经过反思和调整，"安史之乱"以后，科举出身者在朝廷中的地位迅速回升，在贞元、元和之际，进士科成为宰相和高级官僚的主要来源。宪宗以后，门荫出身的宰相人数急剧减少，高官子弟凭借门荫而致高位的情形已成过去。尽管许多清要的职位甚至宰相基本还由一些少数的家族所把持，但他们基本都是通过科举进身的。同时，地方的中下级官吏

---

[1] 参见任士英《唐代流外官的管理制度》，《中国史研究》1995 年第 1 期。

中，科举出身者所占的比重也不断加大。这是一个根本性的变化，不论在唐代的职官制度和选官制度上，还是在整个中国帝制时代的职官制度史和选官制度史上，都具有划时代的意义。①

相对于其他出身途径来说，科举本身就是才学和考试的象征。科举出身，尤其是其中的进士科，在唐代稳定地成为高级官僚的主要来源。这标志着以才学为标准的选官原则首先在高级官僚的选拔中得到贯彻。只不过，这个变化出现在唐代的中后期，离盛唐已经有半个世纪了。

三 考试选官中的"器识"与"才艺"之争

唐代考试选官的过程中，"器识"与"才艺"之争是一个影响到选官制度发展方向的重要问题。"器识"与"才艺"是一对内涵丰富但语义并不确切的概念，在唐代和宋代不同政治文化的语境中其含义差别很大。在唐代，"器识"主要指一个人具有冢宰之才、在仕途上能够飞黄腾达的能力；"才艺"有时被写成"文艺"，指的是一个人的文学才能，尤其是以诗赋为代表的词章与修辞能力。《旧唐书·王勃传》记载：

> 初，吏部侍郎裴行俭典选，有知人之鉴，见（王）勔与苏味道，谓人曰："二子亦当掌铨衡之任。"李敬玄尤重杨炯、卢照邻、骆宾王与勃等四人，必当显贵。行俭曰："士之致远，先器识而后文艺。勃等虽有文才，而浮躁浅露，岂享爵禄之器耶！杨子沉静，应至令长，余得令终为幸。"果如其言。②

这是一个流传甚广的虚构故事，史籍中记载甚多。黄永年指出这个虚构故事除《旧唐书·王勃传》外，还见于新旧《唐书·裴行俭传》、《唐会要》卷七五《藻鉴》、《大唐新语》卷七《知微》以及张说所写《赠太尉裴公神道碑》③。黄永年认为，《旧唐书·裴行俭传》的纪事远较张说所写《神道碑》详密，"足证《旧书》裴传比《神道碑》更接近于行状原本，在

---

① 参见吴宗国《唐代科举制度研究》相关章节。
② 《旧唐书》卷一九○《文苑传上·王勃》，第5006页。
③ 碑文可见于（唐）张说撰，熊飞校注《张说集校注》，中华书局，2013，第719页。

行状原本失传以后可说是有关裴行俭的原始史料"①。这个结论是否准确姑置不论，张说在裴行俭有知人之鉴（人伦之鉴）神话塑造过程中所起的作用，似尚可重新评价。黄永年最重要的贡献是从文献学的角度，对这个虚构故事的文本异同及流传过程作出了非常翔实的考证分析。黄永年认为是今存最原始史料的《旧唐书·裴行俭传》的记载如下：

> 行俭尤晓阴阳、算术，兼有人伦之鉴。自掌选及为大总管，凡遇贤俊，无不甄采，每制敌摧凶，必先期捷日。时有后进杨炯、王勃、卢照邻、骆宾王并以文章见称，吏部侍郎李敬玄盛为延誉，引以示行俭，行俭曰："才名有之，爵禄盖寡。杨应至令长，余并鲜能令终。"是时，苏味道、王勮未知名，因调选，行俭一见，深礼异之。仍谓曰："有晚年子息，恨不见其成长。二公十数年当居衡石，愿记识此辈。"其后相继为吏部。皆如其言。②

唐人刘肃所撰《大唐新语》的记载中，裴行俭的话也是"先器识而后文艺"③。取《裴行俭传》与《旧唐书·王勃传》及《大唐新语》对照，可知"先器识而后文艺"中的"文艺"，指的就是文章之才艺。所以，到司马光编撰《资治通鉴》时，将这个虚构故事中裴行俭的话改为"士之致远者，当先器识而后才艺。勃等虽有文华，而浮躁浅露，岂享爵禄之器邪！杨子稍沈静，应至令长；余得令终幸矣"④。改"文艺"为"才艺"的背后，体现着唐宋间政治文化的差异。

宋人概念中的"器识"已经超越了功利意义上混迹仕途的能力。黄永年根据《宋史·刘挚传》所载刘挚教诫子孙及其与同列论人才之语，指出刘挚所说的"器识"，包括才识和气节品格等。⑤事实上，刘挚对器识的这种理解，代表了宋人的一种普遍看法。司马光改"文艺"为"才艺"，不仅是对士子的文章之才艺看不上，对包括混仕途的能力也未必看得上。

---

① 黄永年：《"士先器识而后文艺"正义》，载史念海主编《唐史论丛》第四辑，三秦出版社，1988，第96～108页。又，参见骆祥发《初唐四杰与"浮躁浅露"说》，《浙江师大学报》1991年第1期。
② 《旧唐书》卷八四《裴行俭传》，第2805页。
③ （唐）刘肃撰，许德楠、李鼎霞点校《大唐新语》卷七《知微》，中华书局，1984，第114页。
④ 《资治通鉴》卷二〇三《唐纪十九》高宗永淳元年四月辛未，第6407～6408页。
⑤ 参见前引黄永年《"士先器识而后文艺"正义》。

尽管裴行俭对初唐四杰的恶评是一个虚构的故事，但是出自裴行俭门生故吏及裴行俭之子裴光庭同僚张说的这些说法，表明在唐代高宗武则天至玄宗时代"器识"与"文艺"（才艺）的问题开始受到关注。裴行俭担任吏部侍郎期间，对官员选任的程式进行了全面的改革，使唐代的铨选制度臻于完善，并在完善程式的前提下选拔出了众多的优秀人才。严格程式与"知人之鉴"之间的关联，也许就在于通过文书档案的审查和资历筛选将大量选人淘汰之后，主持铨试的吏部长官能够在留下来的优秀选人中优中择优。无论如何，对初唐四杰"浮躁浅露"的批评也许是不公的，但是对裴行俭"有知人之鉴"的表彰却有较强的事实依据。

唐代选官制度中的考试，无论是科举考试、各种出身获得参选资格的考试，还是铨选中以书判为主的考试，在一开始虽未必实现了"标准化考试"，主持考试和录取的官员还具有较大的自由裁量权，但是，通过考试可以衡量的，必然是以人的"才艺"为主，是通过口头和文字可以表达的内容。至于一个人的德行、品格、胸襟、视野以及决断力、执行力等处理政务的实际能力，即不断丰富的"器识"的内容，是很难通过考试衡量出来的。裴行俭在严格铨选规程的基础上，才有可能注重对"得留"选人的"器识"加以考察评判。

在虚构的裴行俭话语中，有文艺（才艺）无器识者被目为"浮躁浅露"，唐人话语中常常径称之为"浮薄"。如陈寅恪所指出的，唐前期的"浮薄"之责主要是针对以文词进身的进士群体，"其由进士出身而以浮华放浪著称者，多为高宗、武后以来君主所提拔之新兴统治阶级也"[1]。而陆扬的研究则表明，到唐代中后期，"浮薄"及与之对应的"才艺"的含义发生了深刻变化。所谓"才艺"，从文章辞藻尤其是诗赋写作的文学才能（文艺），渐转变为通过代君主起草诏敕、为朝廷立言而体现出来的了然政情、洞启宸衷的治国之才。这种意义上的才艺，自然也包括了裴行俭故事中的"器识"，在唐前期的语境中是不涉及"浮薄"的。这表明，借由几代人的努力，通过科举尤其进士科进身的文学官僚，逐渐克服了其先辈身上所带有的浮华放浪、浮躁浅露之习气，而展现出特有的"清流"气质。按照陆扬的概括，这种气质背后的所谓清流文化，具有四大基本要素：进士词科及相关礼仪、以大明宫为中心的文化想象、以代朝廷立言为最高目

---

[1] 参见陈寅恪《唐代政治史述论稿》，上海古籍出版社，1982，第73页。

标的文学实践、以翰林学士等词臣为重要身份象征。①这个"清流"群体原本被认为是有器识的，只是到了晚唐的时代巨变中，由于他们坚守文武之分而排斥武将，才被朱温之辈斥之为"浮薄"。《旧唐书·裴枢传》记载：

> 哀帝初嗣位，柳璨用事，全忠尝奏用牙将张廷范为太常卿，诸相议，枢曰："廷范勋臣，幸有方镇节钺之命，何藉乐卿？恐非元帅梁王之旨。"乃持之不下。俄而全忠闻枢言，谓宾佐曰："吾常以裴十四器识真纯，不入浮薄之伍，观此议论，本态露矣。"切齿含怒。②

朱温认为裴枢难以逃脱"浮薄之伍"，其中的"浮薄"之义与唐代前期的进士浮薄已经相去甚远了。正如陆扬所指出的，这是自公元9世纪以来政治话语变化的结果，"浮薄"更多地指向对"品流"的过分注重，而不仅仅是指"文格浮薄"或凭恃文才而不拘礼法、凌轹他人。③

表面上看，唐代中后期的政治文化中，用"清流"的概念统合了器识与才艺之争。但是，"清流"群体在器识方面还是存在很大局限的，至少在宋人看来，他们还是难免浮薄之嫌。至于唐末五代那些武夫悍将们对所谓"清流"群体的"浮薄"之讥，有着特定的现实政治背景。尽管武将与"清流"之间的这种矛盾在唐五代文化与社会转型过程中是一个重要的节点，但是真正促使通过文学进身的官僚群体克服新旧背景下的"浮薄"之习，提高自身"器识"，成长为兼备文学与政事两方面才能的复合型官员的，并不仅仅是武将群体在肉体上的暴力冲击，以及文官群体在心理上的断然切割，更主要的应该还是以官员选任制度为核心的各方面制度环境的调整与改变。

本章小结

唐代选官制度中贯穿着显著的才学标准与考试原则，这不仅体现在

---

① 参见陆扬《唐代的清流文化——一个现象的概述》，原刊北京大学中国古代史研究中心编《田余庆先生九十华诞颂寿论文集》，中华书局，2014，第545~567页；修订补充后收录于《清流文化与唐帝国》，北京大学出版社，2016，第213~263页。
② 《旧唐书》卷一一三《裴遵庆传附裴枢传》，第3358页。
③ 陆扬：《清流文化与唐帝国》，北京大学出版社，2016，第233页。

作为出身途径之一且日益成为出身正途的科举考试之中，同样也体现在其他各种出身途径尤其是门荫诸途之中。科举出身者在获得参加铨选资格的"合入官者"之中，占有的比例很小，但是科举考试呈现的公开考试、择优录取原则，对于官员选任各个环节都具有强烈的示范作用。只有当所有的出身途径都纳入考试轨道之时，所谓"科举社会"才真正开始出现。

科举社会的基本特征包括以下几个方面：在制度上确立了应举者的自举原则和录取的才学标准、形成了一个因科举而产生的士人层、具有保持这个阶层占据社会主导地位的流动机制、科举考试的影响力及于基层的乡村社会并因此形成了不同地域特色的围绕科举的学术文化、形成了能力本位主义的价值取向。所有这些方面，虽然切入点有所不同，但都是围绕社会流动而展开的。也就是说，"科举社会"这个概念的核心是社会流动及其实现途径，在此基础上又可以涵盖社会流动带来的新的社会阶层和社会价值观念的形成。学界普遍认为，中国古代的"科举社会"是到宋代以后才形成的，因为到宋代开始，士人层得以形成，尤其到南宋时期地域学术与科举走向一体化；① 科举成为家庭的事业，乡村社会往往组织几代人，甚至全家族的力量共同参与科举。② 唐代的社会流动还是典型的官僚集团内部的流动，一些通过科举进入官僚集团的所谓"贫寒子弟"，其实都是中下层官僚的子弟；唐代虽然开始出现了"举人层"，但是还没有形成为一个稳定的具有动态维护机制的社会阶层。尽管如此，由于科举制度建立而带来的官员选任各个途径各个环节中考试原则与才学标准的贯彻与实施，为宋代"科举社会"的成立创造了前提条件，或者说，唐代已经进入了早期形态的"科举社会"。

随着考试选官原则的实施，官僚素质中的"器识"与"文艺"之争凸显出来。有文艺而无器识者，被认为是浮躁浅露的"浮薄"之徒，尤其是从进士科出身的文人群体，在唐代的政治斗争中常常被讥为浮华放浪，文格浮薄。随着选官制度的调整，以及进士科考试科目和录取标准的变化，出身于新兴阶级的文官群体逐渐与具有家世阀阅的旧族高门融合，形成了

---

① 参见郑若玲《科举考试的功能与科举社会的形成》，《厦门大学学报》2005 年第 2 期。又，近藤一成《宋代科举社会的形成——以明州庆元府为例》，《厦门大学学报》2005 年第 6 期；近藤一成《宋代中国科举社会研究》，汲古书院，2009。

② 吴铮强：《宋代科举与乡村社会》，浙江大学博士学位论文（导师包伟民），2006。

社会等级再编制的新机制①，高级官员主要入仕途径的进士科不再受到讥讽，文人群体倚恃文才而不拘礼法、凌轹他人的轻薄之习得以改正，因此形成了"清流"群体及相关政治文化概念。不过，中晚唐"清流"群体在"器识"方便仍然有所欠缺，其时的政治社会背景还不足以支撑一个宋代那样的士大夫政治格局。由唐到宋的政治文化和政治形态转变过程中，选官制度的调整发挥着至关重要的作用。

第九章 "不历州县不拟台省"选官原则的实施[*]

　　唐代选官制度中出现了许多承前启后的变革，其中对后世影响最大的，一是通过考试选拔官员，这一办法贯穿于选官制度的两个最重要环节——科举与铨选之中；二是在官员的迁转与朝廷重要官员的选拔过程中对地方工作经验的强调。这两点是官僚政治制度及其运行机制进一步完善的前提。"凡官，不历州县不拟台省"^①选官原则的提出与施行，即与后者密切相关。这一原则的实施和逐步落实，促进了内外官员的流动，提高和完善了中央决策阶层的行政素质，为宋代综合型官僚士大夫的形成奠定了基础。探寻这一原则的形成及逐步确立的过程及其在不同时期的不同侧重点，对于研究唐宋间官僚形态的转变具有重要意义。

　　"不历州县不拟台省"之原则涉及唐代选官制度中几个方面的问题。一是如何解决地方官的选任困难及克服与之相关的"内重外轻"现象，涉及地方官的素质问题；二是如何加强中央官和地方官的流动并解决地方官的出路，涉及官员升迁机会的公平问题；三是如何提高和完善中央决策阶层行政能力和综合素质，涉及中央官的地方历练尤其是进士出身者的行政历练问题。这些方面，以往的研究中虽都有涉及，但基本停留在对某些现象进行描述的层面上，对"不历州县不拟台省"选官原则本身及其在唐宋官僚形态变迁中的意义还缺少深入的探讨。如宁欣《唐代选官研究》一书对

---

　　*　本章第一作者为王湛、意如，系本书作者在王湛硕士学位论文《论地方历练与唐中后期选官——"不历州县不拟台省"原则的阶段考察》（中国人民大学，2005）及意如硕士学位论文《唐代"台省"概念考释》（中国人民大学，2011）的基础上增删修改而成。

　　①　《新唐书》卷四五《选举志下》，中华书局，1975，第1176页。

唐代选官制度进行了较为全面的考察，其中也注意到了"凡官，不历州县不拟台省"的规定，但是，还未对这个规定在唐代选官制度中的意义予以充分的重视①。刘诗平从州刺史与朝廷重要官员相互迁转的角度，通过大量的统计资料，分析了唐代前后期中央与地方官员的相互流动问题。其中也谈到张九龄对"不历州县不拟台省"原则的强调，并指出唐后期中央官员的地方行政经历受到重视，中外历练在执行上制度化、经常化与普遍化了。但是其重点在于考察内外官地位的变化，关于内外官的迁转也仅限于刺史这一级，故未能对官员流动涉及的深层问题及地方历练在中央官选任中的地位变化展开分析②。张荣芳则分析了京畿县令与中央官的相互迁转，指出中晚唐京畿县令内外迁转人次比初唐大为增加，又尤以中唐为最多；在其与中央官的迁转途径上，则以出入尚书省为主，中书、门下几无③。砺波护主要通过对壁记和制诰的分析，考证了县尉在唐代的重要性及其升迁途径，认为畿县尉是为人羡慕的官职，通过此职往往可以入为监察御史回到中央政府去。文章所举事例基本上发生于唐中后期，恰可说明畿县尉是唐中后期大多数人进入中央清要官职的优先途径④。孙国栋关于唐代文官迁转途径的研究，为了解唐代中央文官的迁转尤其是高级官员的迁转提供了详细的资料，抓住了文官迁转的一些重要现象⑤。石云涛则对奏请辟署制与铨选的互补关系进行了研究，认为这是唐代政治体制自我调整和完善的重要环节，并指出这一环节在人才历练方面的意义⑥。此外，邓小南关于唐代地方官考核制度的研究⑦，刘后滨对县令出身和选授特殊性的研究⑧，也都涉及地方官的治绩与素质等问题，关系到地方历练的内涵变化。

---

① 宁欣：《唐代选官研究》，台北文津出版社，1995，第38页。

② 刘诗平：《唐代前后期内外官地位的变化——以刺史迁转途径为中心》，荣新江主编《唐研究》第二卷，北京大学出版社，1996，第325~345页。

③ 张荣芳：《唐代京兆府领京畿县令之分析》，载黄约瑟、刘健明编《隋唐史论集》，香港大学亚洲研究中心，1993。

④ 〔日〕砺波护：《唐代的县尉》，载刘俊文主编，夏日新等译《日本学者研究中国史论著选译》第四卷，中华书局，1992。

⑤ 孙国栋：《唐代中央重要文官迁转途径研究》，香港龙门书店，1978。又，孙国栋《从梦游录看唐代文人迁官的最优途径》，《唐宋史论丛》，香港龙门书店，1980。

⑥ 石云涛：《唐代幕府制度研究》，中国社会科学出版社，2003。

⑦ 邓小南：《课绩与考察——唐代文官考核制度发展趋势初探》，荣新江主编《唐研究》第二卷，北京大学出版社，1996。

⑧ 刘后滨：《论唐代县令的选授》，《中国历史博物馆馆刊》1997年第2期。

上述研究虽然涉及唐代选官制度的许多方面，对官僚群体的流动尤其是内外官的流动也作出了许多深入的探讨。但是，官僚群体的流动问题，其意义不仅在于流动本身，它涉及升迁机会的公平，涉及中央官和地方官的素质以及决策的准确性，事关政府职能和官僚形态的转变。而且，要解决流动不畅的问题，也不是靠颁布政策就能做到的，还必须有整体的制度环境，必须有整个政治社会环境的变迁作为背景。流动问题的最终解决，则带来了士人文化政治素养的不断提高，文化知识和行政才能都受到尊重，在此基础上，宋代的综合型官僚和士大夫政治得以出现[1]。本章从官僚群体流动不畅带来的基本问题入手，着重分析唐代不同时期解决这些问题的具体办法，包括"不历州县不拟台省"原则的提出，以及落实这个原则的具体措施和制度环境，并论证唐宋间官僚形态因此发生的变化。

一 "不历州县不拟台省"选官原则的提出

汉代以来，察举制成为王朝选官的重要途径，地方才学之士通过察举入为郎，并通过试职积累从政经验，此后则出为令长，再经过累迁，或为郡国守相，或到中央任职。另外，不少郡国掾吏也通过上计、察举等途径被补为郎吏，他们已经有着不少行政经验。在这种制度下，中央与地方官员之间的流动是经常化和制度化的。魏晋以后迄于唐代，人们有着大量的议论，肯定汉代内外官相互流动的制度。从严耕望编订的两汉郡国守相、令长的迁入、迁出统计表中，就可获得清楚的认识[2]。

不过，随着魏晋之际世家大族在政治、经济、文化上的全面发展，这种经常性的流动也出现了新的变化。自西晋以来，内官重而外官轻的情况开始出现，士族贵游子弟大多不愿担任郡县亲民之职。出现这一问题的背景是世家大族对中央权力的争夺和京师地区各种资源的集中化。正如西晋始平王文学李重指出，"汉魏以来，内官之贵，于今最崇，而百官等级遂

---

① 参见吴宗国《石云涛著〈唐代幕府制度研究〉序》，载石云涛《唐代幕府制度研究》，中国社会科学出版社，2003。

② 严耕望：《中国地方行政制度史》甲部《秦汉地方行政制度》，台北《中研院史语所专刊》之四十五 A，1997 年 6 月影印四版，第 335～344 页。

多，迁补转徙如流，能否无以著，黜陟不得彰，此为理之大弊也。"① 针对这种情况，晋武帝于太康八年（公元 287）实施了"凡选举皆先治百姓，然后授用"② 的"甲午制"。"甲午制"针对的是高门权贵"清途"之弊，其核心内容就是士人皆须先任郡县之长吏（主要指县令），才能迁补内官，此后又有惠帝的"丙寅诏"，规定出为外官者，到期即可内补，为外官回流提供了条件。不过，"甲午制"仅仅几年时间就成为了一纸空文③。

　　虽然如此，"甲午制"所树立的内外官迁转的原则到了后世却又被重新提起。北魏孝明帝末年，吏部郎中辛雄上疏反对"停年格"时再次提出"三载黜陟，有称者补在京名官，如前代故事，不历郡县不得为内职"。辛雄强调的仍然是郡县守令的简择问题。在北朝士族制度下，选官中的清浊之辨是相当严格的，贵游子弟当然不愿充任职务繁重的地方郡县之职。辛雄于是建议把郡县分为三等，使其成为贵族子弟可以接受的"清途"，同时通过"不历郡县不得为内职"的政策，试图迫使大家积极任职地方官。可惜，"书奏，会肃宗崩"④，这个极富创意的建议并未得到推行。北齐时士人仍多不愿担任州县官，但经过朝廷的不断努力，情况逐渐发生变化。史载，"北齐制县为上、中、下三等，每等又有上、中、下之差，自上上县至下下县凡九等。然犹因循后魏，用人滥杂，至于士流耻居之。元文遥遂奏于武成帝，请革之，乃密令搜扬世胄子弟，恐其辞诉，总召集神武门，宣旨慰谕而遣。自此县令始以士人为之"⑤。魏晋南北朝时期逐渐凸显的士人重内职轻外官倾向的问题，尽管从一开始就受到重视并试图加以解决，但是由于造成这种情况的整体制度环境并未得到改变，在中央权力和资源越来越集中的情况下，反而呈现出愈演愈烈的趋势。由于占社会主导地位的统治阶层中的人们不愿就任外官，他们占据了朝廷要职之后，就一直在中央官的范围内迁转，这使得地方官很难迁入为中央官。中央官和地方官之

---

① （唐）杜佑撰，王文锦等点校《通典》卷一六《选举四》，第 387 页。参见《晋书》卷四六《李重传》，惜未载其议论的全文，中华书局，1974，第 1312 页。

② 《晋书》卷四三《王戎传》，第 1233 页。

③ 参见阎步克《察举制度变迁史稿》，辽宁大学出版社，1991，第 175～179 页。

④ 《魏书》卷七七《辛雄传》，中华书局，1974，第 1695～1696 页。参见（唐）杜佑撰，王文锦等点校《通典》卷一四《选举二》，第 339 页。

⑤ （唐）杜佑撰，王文锦等点校《通典》卷三三《职官一五》，第 919 页。需要注意的是，南北朝的士人与唐代中后期的士人是两个不同的概念。魏晋南北朝时期门阀士族子弟被迫就任外官，与唐代中后期通过科举获得出身的士人大都需要州县历练，有着不同的背景。

间的正常流动遇到了严重的滞碍。这种状况带来的最直接的后果，就是地方官的选任困难，或者说是符合帝国治理需要的合格的地方官难以选任，实际去地方任职的或素质不高，或是累贬之人。而地方官素质的高低，又直接影响到国家的治理水准，甚至关系到社会的稳定和王朝的兴衰。

唐朝政权建立之后，随着中央集权的加强，内外官流动滞碍的问题在贞观中期逐渐突显。一开始主要表现为重内官而轻视地方官的选任，这是导致内外官流动滞碍的一个重要原因。贞观十一年（公元 637）八月，侍御史马周上疏，"今朝廷独重内官，刺史县令，颇轻其选，刺史多是武夫勋人，或京官不称职，方始外出。边远之处，用人更轻。所以百姓未安，殆由于此"。马周认为朝廷不重视对地方官的选任，随便选派一些武夫勋人或京官不称职者到地方任刺史，造成地方治理不善的局面，而要提高地方官素质，就必须重视地方官的选任，必须使内外官之间流动起来，理想状态是像汉代那样，"郡守县令，皆妙选贤德，欲有擢升宰相，必先试以临人，或有从二千石入为丞相及司徒太尉者"。太宗也表示要重视地方官的选任，"刺史朕当自简。县令，诏京官五品已上，各举一人"①。到高宗时，又于开耀元年（公元 681）十一月二十三日下诏，"县令有声绩可称，先宜进考。员外郎、侍御史、京兆河南判司及自余清望官，先于县令内简择"②。这一措施无疑有利于提高县令的地位，但却似乎未能得到有效的施行。此后，地方官不称职、人选低劣的问题被一再提出。武周长安四年（公元 704）三月，宰相李峤建议"今望于台阁寺监，妙简贤良，分典大州"，武则天于是派出了凤阁侍郎韦嗣立、御史大夫杨再思等 20 人以本官检校刺史③。然而，这些办法并没有使地方人选素质低下，地方治理不良的问题得到根本的改善，主要原因在于统治者还没有认识到这是内外官流动滞碍所带来的问题。官员流动不畅会导致官僚群体升迁机会的不平等，进而破坏官僚帝国体制中选官制度所要求的公平原则，形成恶性循环。

中宗景龙二年（公元 708），兵部尚书韦嗣立的上疏是唐前期提高地方官地位的一个政策性总结，他指出，"京官有犯罪声望下者，方遣牧州；吏部选人，暮年无手笔者，方拟县令。此风久扇，上下同知，将此治人，何

---

① （唐）王溥：《唐会要》卷六八《刺史上》，第 1197 页。
② （宋）王钦若等：《册府元龟》卷六三五《铨选部·考课一》，第 7621 页。
③ （宋）王溥：《唐会要》卷六八《刺史上》，第 1198 页。另参见（唐）杜佑撰，王文锦等点校《通典》卷三三《职官一五》，第 909 页。

以致化？"他提出的解决方案是，"使有司改换简择，天下刺史县令，皆取才能有称望者充。自今已后，应有迁除诸曹侍郎、两省两台及五品以上清资望官，先于刺史内取。刺史无人，然后余官中求。其御史员外郎等诸清要六品以上官，先于县令中取。制中明言。如是则人争就刺史、县令矣"①。当年十月十六日的敕书因此规定，"内外之职，出入须均，更递往来，始闻政治。京官中有才干堪治人者，量与外官；外官中有清慎著称者，量与京职"②。韦嗣立的办法是希望通过给予刺史县令优先提拔的资格来促使有才能的人去担任地方官，而这道敕书则使得地方官有可能回到中央任职，有利于促进内外官的流动。这就是"不历州县不拟台省"政策的最初表述。但是一个规定要作为一项制度加以固定和贯彻实施，不是仅靠几纸诏令就可以解决的，而要经过长期的实践和逐步落实。从当时的情况看，这些办法收效甚微，究其原因，一则力度不大，规定尚未制度化，二则没有建立起切实可行的内外官流动机制。

在总结前人经验的基础上，开元三年（公元715）左拾遗张九龄上书提出了一个制度性规定的建议，这就是《新唐书·选举志》里概括的"凡官，不历州县不拟台省"。

张九龄的建议依然是从解决地方官选任困难和素质低下的角度切入的，这是唐初以来的惯常思路。但是张九龄也有两个认识上的突破，一是在寻找原因的时候，超越了以往把问题归结到政策上的套路，指出问题的关键是官员升迁机会的不公平，而不仅是政策上在内外官任命方面的重轻偏斜。他指出，"古者刺史入为三公，郎官出宰百里，莫不于其所重，劝其所行，臣窃怪近俗，偏轻此任。今朝廷卿士，入而不出，于其私情，遂自得计。何则？京华之地，衣冠所聚，子弟之间，身名所出，从容附会，不劳而成，一出外藩，有异于此。人情进取，岂忘于私？但立法制之，不敢违耳，原其本意，固私是欲。今大利在于京职，而不在于外郡，如此，则智能之士，欲利之心，日夜营营，宁有复出为刺史县令？而陛下国家之利，方赖智能

① （宋）王溥：《唐会要》卷六八《刺史上》，第1199页。
② （宋）王溥：《唐会要》卷六八《刺史上》，第1200页。按，刘诗平：《唐代前后期内外官地位的变化——以刺史迁转途径为中心》，《唐研究》第二卷，北京大学出版社，1996，第328页，误将此敕的时间系为"景云二年"，故云"中宗并没有采取任何具体措施来改变内外官员间的这种现状……只是到了睿宗、玄宗时，这种意见始有响应"。实际上，此敕公布当在中宗景龙二年，显然正是对于韦嗣立建议的响应。

之人，此辈既自固而不行，在外者又技痒而求入，如此，则智能之辈常无亲人之责，陛下又未格之以法，无乃甚不可乎？"二是在寻找解决方案的时候，突破了以往仅强调政策倾斜的办法，提出履官地方应是升任某些清要中央官的必需资历。他在上疏中说，"故臣愚以为欲理之本，莫若重刺史县令，此官诚重，智能者可行。正宜悬以科条，定其资历：凡不历都督刺史，有高第者，不得入为侍郎列卿；不历县令，有善政者，亦不得入为台郎、给、舍、郎；虽远处都督刺史，至于县令，以久差降，以为出入；亦不得十年频在京职，又不得十年尽任外官。如此设科，以救其失，则内外通理，万姓获宁。如积习为常，遂其私计，陛下独宵衣旰食，天下亦未之理也"①。说明张九龄已经认识到，只要升迁机会不平等，对地方官选任再重视也解决不了问题。而要做到机会平等，就不仅要在地方官任命的时候加以重视，更重要的是在任命之后的迁转过程中给予相应的照顾，为地方官升迁到朝廷要职提供制度上的保证。

张九龄的建议切中时弊，很快得到了玄宗的采纳。据《曲江集》记载，张九龄上书于开元三年五月二十日。六月就有诏规定，"县令每年选举人内准前条访择补置，在任有术，一任申使，状有两请，兼户口复业，带上考者，选日优与内官，其使状有一请兼带上考者，满日不限选数听集，优与处分。刺史第一等，量与京官，若要在州未可除改者，紫微、黄门简勘闻奏，当加优赏。京官不曾任州县官者不得拟为台省官"②。又有六月戊午敕曰："刺史宜兼于京官中简择历任有善政者补置。"③ 这就将内外官的流动纳入硬性的制度规定之中，按照张九龄的说法，就是"悬以科条，定其资历"，而不再是弹性的政策导向。

由此可以看出，"不历州县不拟台省"的最初目的是为了解决地方官素质不高及选任困难。但是，这个目的在唐中后期却发生了变化。随着中央集权程度的进一步深化，中央直接面对地方机构的增多，以及官吏选拔和考核权的集中，中央需要处理的地方政务大大增加。而此时的中央官大多是科举出身的文士，他们处理地方政务的经验和能力有限，因此在选官过程中，地方工作经验越来越受到重视，到此时，"不历州县不拟台省"的原则也转而成为强调中央

---

① （唐）张九龄：《曲江集》，上海古籍出版社，1992，第121页。
② （宋）王钦若等：《册府元龟》卷六三五《铨选部·考课一》，第7622页。
③ （宋）王钦若等：《册府元龟》卷六九《帝王部·审官》，第778页。按，（宋）王溥：《唐会要》卷六八《刺史上》将这条敕文系于开元八年六月二十八日，第1200页。

官行政历练、解决中央官素质缺失问题的重要规定,而要落实这个规定,又必须从各环节上促进官员的流动,保证他们具有相应的地方历练。

二 "不历州县不拟台省"选官原则在制度上的逐步落实

以上论述了唐代选官制度中有关中央清要官的选任必须具有地方历练这样一个原则提出的背景,也就是从政策性规定到制度性规定的演变过程。而制度性规定作出后,由于涉及的具体环节和操作性的问题很庞杂,就必须经历一个原则的细化和不断落实调整的过程。唐代中后期的选官实践中,正是经历着对这个原则的具体化和细密化过程,各方面相关的制度都逐渐调整,不断与这个原则配套。在这个过程中,发生了两个方面的显著变化。其一,州县官的概念扩展了,从最初所指的刺史县令,发展为包括州府上佐和录事参军在内的一系列职位。其二,不同时期,这一原则实施的着眼点不同,与之相应的要求有地方历练的职位也在不断变化着。经过调整,能够作为升任台省官资历的地方官范围有所扩大,升任不同职位台省官所要求的地方官经历更加明确,"不历州县不拟台省"的选官原则因此更加具有了可操作性。

1. 作为升任台省官资历的州县官概念的扩展

在张九龄的上书中,所提到的中央官职比较具体,其注重的是"侍郎、列卿、台郎、给、舍"这些清要职位,都督刺史与侍郎、列卿对应,县令与台郎、给、舍对应。《册府元龟》载开元三年六月诏所云"京官不曾任州县官者不得拟为台省官"中台省官与州县官的含义应与张九龄上书中所言相同,即分别指三省御史台的清要官、州县长官。而《新唐书·选举志》的概括,已经超出了开元初对州县和台省的定义,具有"没有州县历练就不能进入台省"的更广泛的意义。

开元八年(公元720)的一道敕文就将上佐这个职位纳入进来:"自今已后,诸司清望官阙,先于牧守内精择,都督刺史等要人,兼向京官中简授,其台郎已下除改,亦于上佐、县令中通取。"① 随后在代宗广德二年

---

① (宋)王钦若等:《册府元龟》卷六九《帝王部·审官》,第778页。(宋)王溥:《唐会要》卷六八《刺史上》文字略简。

（公元764），又增加了录事参军一职："其左右丞、侍郎、御史中丞等，取曾任刺史者，郎官亦取曾任县令者，并所选御史亦宜于录事参军、县令中简择，仍须资历稍深者。"①

这些政策说明，作为升任台郎、给、舍等台省官资历的不仅是县令，还包括州府上佐和录事参军。将这两个职位纳入"州县"的概念之中，是政策上的一个重要变化或者说细化，是对"不历州县不拟台省"的补充。关于上佐、录事参军重要性的提升及其原因，严耕望先生有比较充分的论述，他认为以少尹、别驾、长史、司马权知府州事的情况，代宗时代最多，此后其职权范围扩大，凡涉及两税、盐课、仓储、官俸及户部存储钱物之管理等事务，都由司录、录事参军处理监督，并列举了种种朝廷重视之措施来证明在唐中叶以后此职成为州府行政的核心②。广德二年二月的敕文特别提到"御史亦宜于录事参军、县令中简择"，就是在这个背景下产生的。代宗以后，上佐、录事参军、判司丞这些非长官的州县职位，就常常与刺史县令相提并论，并参与"州县——台省"的迁转序列中来，官员流动范围也随之扩大了。

此外，统治者还试图通过调整考课与铨选制度来提高州县官的地位。开元四年（公元716）十一月敕明确指出，人们不愿任县令的原因之一是课绩难以达到上考，因而升迁机会就少。所谓"抚字之道，在于县令，不许出使，多不得上考。每年选补，皆不就此官，若不优矜，何由奖劝？"解决方法是，"其县令在任，户口增益，界内丰稔，清勤著称，赋役均平者，先与上考，不在当州考额之限"③。这是从改革县令考课的条件和资序入手，规定县令可以突破一定的名额得上考，期望以此来消除内外官流动的滞碍。又有开元二十四年（公元736）二月五日敕："诸刺史县令，与朕共治，情寄尤切，等数宜加。诸州都督刺史、五府长史都护及县令，每有制加勋阶赐物，并同京官。"④ 这与太宗贞观十一年（公元637）正月十三日敕中"五品已上，非特恩，刺史无进阶之令"⑤ 的规定相比较，无疑是对

---

① （宋）王钦若等：《册府元龟》卷八八《帝王部·赦宥七》广德二年二月敕，第1050页。
② 参见严耕望《唐代府州上佐与录事参军》，（台北）《清华学报》1970年新八卷第一、二期合刊，第286页。
③ （宋）王溥：《唐会要》卷六九《县令》，第1216页。
④ （宋）王溥：《唐会要》卷八一《勋》，第1492页。
⑤ （宋）王钦若等：《册府元龟》卷六三五《铨选部·考课一》，第7620页。

州县长官地位的一次重要提升，这些措施都有利于加强人们对地方官的重视并对其任职采取积极态度。

2. 地方官与台省官迁转对应关系的进一步明确

开元时期，不断有政策要求优先选拔曾任地方官者去台省任职。除上述开元八年敕文外，开元十二年，又以黄门侍郎王丘、中书侍郎崔沔、吏部侍郎王易从等为诸州刺史，玄宗因敕宰臣曰："朕欲妙择牧宰，以崇教化；欲重其资望，以励衣冠。自今已后，三省侍郎有缺，先求曾任刺史者，郎官缺，先求曾任县令者。"① 其着眼点仍然在于州县官素质的提高，并且对应的职位为台省清要官。然而随着形势的变化，天宝时期再次提出任职州县的要求，就是重视吏治的执政者强调中央官要有基层工作经验了。

就在李林甫当政的天宝九载（公元750）三月，玄宗接连颁布了两道敕文。三月十二日敕：

> 亲民之官，莫过于县令。比来选司取人，必限书判。且文学政事，本是异科，求备一人，百中无一。况古来良宰，岂必文人！自今已后，郎官御史，先于县令中三考已上有政绩者取。仍永为常式。②

三月十三日敕：

> 吏部取人，必限书判，且文学政事，本自异科，求备一人，百中无一。况古来良宰，岂必文人！又限循资，尤难奖擢。自今以后，简县令，但才堪政理，方圆取人，不得限以书判及循资格注拟。诸畿望紧上中，每等为一甲，委中书门下察问，选择堪者，然后奏授。大理评事，其朝要子弟中有（原书写作"庸"）未历望畿县，便授此官。既不守文，又未经事。自今以后，有此色及朝要至亲，并不得注拟。③

这两道敕书的颁布只一日之差，文字亦颇多相近之处，但强调的内容有所不同，是否同一敕书的不同节文，一时殊难判定。后者的记载尤其值

---

① （宋）王钦若等：《册府元龟》卷六九《帝王部·审官》，第778页。据（宋）王溥：《唐会要》卷六八《刺史上》记载，此敕的具体时间是六月二十四日，而刘诗平前引文将此敕的时间误为正月，故将一个整体事件分隔开来。

② （宋）王溥：《唐会要》卷六九《县令》，第1217页。

③ （宋）王钦若等：《册府元龟》卷六三〇《铨选部·条制二》，第7554页。（宋）王溥：《唐会要》卷七五《选部下》杂处置略同，第1361页。

得重视，首先，强调县令的选任要注重理政能力，不得限以文学，这显然是吏治派的选官理念。其次，规定县令的选授可以不受"循资格"的限制，而由中书门下直接奏授，这就给予其不次升迁的可能，而这种待遇以前只有员外郎、御史等供奉官才能够获得①。再次，对大理评事的人选提出地方历练的要求，又与此前要求郎官、御史先于县令中选择的方向是一致的。无论是郎官、御史，还是大理评事，都是科举出身的文人看重的要职，强调其先任县令，自然是为了加强其地方历练。同时，也为地方官升任朝官开辟了道路。

为了让内外官真正流动起来，不仅要建立县令进入台省为郎官、御史的机制，还要建立郎官出为刺史、县令等地方官的机制。肃宗至德二年（公元757）十二月，"诏简择郎官有堪任太守县令者，委京清资五品已上及郎官御史荐闻"②。这里郎官出任地方官的去向不仅是县令，还出现了太守（即州刺史），说明朝廷为了鼓励台省官到地方任职，将其对应的迁转职务提升了。代宗宝应元年（公元762）九月又诏，"其内外文武官中，如有堪任刺史县令及出身、前资人中有堪任判司丞尉者，宜令京常参官各慎择所知，具状闻奏"③。那么，肃代时期的这些政策，在当时是否得到了切实的执行呢？《旧唐书·崔涣传》载："（崔涣）子纵，初以荫补协律郎，三迁为监察御史。诏择令长于台省，除蓝田令，宽明勤干，德化大行，县人为之立碑颂德。转京兆府司录，累迁金部员外郎。以父贬道州刺史，弃官就养。"④ 据《旧唐书·代宗纪》，崔涣贬道州刺史是在大历三年（公元768）八月⑤，其子崔纵在此之前已经累历迁转，而他根据所谓"诏择令长于台省"的要求，从监察御史转为蓝田令的时间很可能就在肃宗时期。可见，这一时期台省官出为刺史、县令的制度是有所落实的。同时，台省官出任地方官的对应关系也更加明晰，一般是郎中、员外郎对应不同级别的刺史，部分员外郎和监察御史对应不同级别的县令，有出身人及前资官对

---

① 据（宋）王钦若等《册府元龟》卷六三〇《铨选部·条制二》记载，开元四年（716）六月十九日敕"六品以下官，令所司补授。其员外郎、御史并徐供奉，宜进名敕授"，第7550页。

② （宋）王钦若等：《册府元龟》卷六九《帝王部·审官》，第778页。

③ （宋）王钦若等：《册府元龟》卷六八《帝王部·求贤二》，第765页。

④ 《旧唐书》卷一〇八《崔涣传》，中华书局，1975，第3281页。

⑤ 《旧唐书》卷一一《代宗纪》，第290页。参见郁贤皓《唐刺史考全编》卷一七〇，安徽大学出版社，2000，第2469页。

应州府判司和县之丞尉。代宗永泰二年（公元766）四月，更进一步明确了郎官出任刺史的迁转资序，即"郎中得任中州刺史，员外郎得任下州刺史。用崇岳牧之任，兼择台郎之能"①。

3. 以地方历练作为迁转前提的职位由台省清要官扩大到刺史和京畿县令

玄肃之际对台省官的地方历练的要求到宪宗时候又有所发展，提出了对刺史和京畿县令的地方历练的要求。之所以有这个变化，是因为刺史这个职位在经过中央对地方历练的不断强调后，与台省要官相互迁转频繁，逐渐成为升任中央要职的中转站②。同样受到重视的还有赤畿令，盖因"赤令既是常参官……次赤令既同京官"③，本就处于中央与地方的连接点，位置关键。因此元和二年（公元807）正月规定："江淮大县，每岁据阙，委三省、御史台、诸司长官、节度、观察使，各举堪任县令，不限选数，并许赴集，台省官及刺史、赤令有阙，先于县令中拣择。"④在这里，刺史、赤县令同台省官一样，也要求先从县令中挑选，是因为在任刺史赤令后，往往容易迁往台省要职，因此在这个层面上就控制其选任是很有必要的。此外，府尹在这个时候也发展成为一个关键职位，尤其是三京府，地位之重更甚于刺史。"唐代大僚，多历践中外，三府重镇，正是大僚回翔养望之地"，"地方府尹与中央丞郎出入互换，正是当时的常态"⑤。

为了保证这些职位上的合适人选，在强调地方历练的能力之外，还要保障任职的公平，否则就会阻碍这些职位上官员的流动，不利于政策的施行。所以，在宪宗时期规定刺史、赤令有阙，与台省官一样优先从县令中选拔的基础上，穆宗时又进一步严格限制权要子弟担任京畿州县官。长庆二年（公元822）九月诏，"要官密戚，并不许任京兆判司、畿令、两赤县丞、簿、尉等"。同年十月，中书门下又奏：

> 诸司要官密戚、周亲，见任府县官，伏以所立隄防，止缘权要，今诸司卿监、保傅、三少、詹事、祭酒、王傅、西班将较（校）等，

① （宋）王溥：《唐会要》卷六八《刺史上》，第1201页。
② 参见孙国栋《唐代中书舍人迁官途径考释——兼论唐代中央政府组织的变迁与职权的转移》，《唐宋史论丛》，香港龙门书店，1980，第37～80页。
③ （宋）王溥：《唐会要》卷六九《丞簿尉》，第1223页。
④ （宋）王钦若等：《册府元龟》卷六三一《铨选部·条制三》，第7562页。（宋）王溥：《唐会要》卷六九《县令》略同，第1218～1219页。
⑤ 参见孙国栋《从梦游录看唐代文人迁官的最优途径》，《唐宋史论丛》，第26页。

亦无威力，敢冒典章？一概防闲（闭），事诚太过。自今已后，应宰臣及左右仆射、御史大夫、中丞、给事、舍人、左右丞、诸司尚书侍郎、度支盐铁使在京城者并诸王、驸马，其周以上亲并女婿、亲外甥，请准广德二年三月十一日及贞元二年二月十三日敕，不得任京兆府判司、次赤及畿令、长安、万年丞簿尉。①

这些都说明，"京兆府判司"等职在当时已是迁转为中央清要官的重要跳板，如果由权要子弟垄断，则无疑破坏了升迁机会的公平性，也不利于内外官之间的连续流动。

4. 通过对进士出身者到地方任职的规定，从源头上解决中高级官员的地方历练问题

到了唐后期，随着州县与台省概念的扩展与明确，高级地方官如府尹、刺史、京畿县令等与台省官流动问题的逐步解决，以及包括地方官在内的中高级官员地方历练的一再强调，内外官之间不再是天壤之隔。如此，对地方工作经验的强调，逐渐转向进士出身者。其目的是为了解决中高级官员尤其是科举出身官员的素质缺失以及由此带来的决策偏斜问题。

科举出身者尤其是进士科出身者在贞元、元和以后逐渐成为中高级官员的稳定来源，到文宗、武宗时期，"不历州县不拟台省"原则更多地指向了他们，从获得出身后的第一任官职开始就把他们引导到地方任职，并且还要限制他们直接进入使职系统，成为节度使、观察使和各种使职的僚佐，要求他们必须担任州县理民之官。文宗、武宗时期，都不断有制敕对使府奏任州县官尤其是进士出身的州县官充职进行限制，以保证所谓的地方历练是真正的州县理民之职而非应对文簿的使府幕僚。武宗会昌二年（公元 842）四月制，"准太和九年）十二月十八日敕，进士初合格，并令授诸州府参军及紧县尉，未经两考，不许奏职。盖以科第之人，必弘理化，黎元之弊，欲使谙详。近者诸州长吏渐不遵承，虽注县官，多廉使职，苟从知己，不念蒸人，流例浸成，供费不少。况去年选格更改新条，许本郡奏官，便当府充职，一人从事，两请料钱，虚名吏曹正员，不亲本任公事，其进士宜至合选年，许诸道依资奏授试官充职，

---

① （宋）王钦若等：《册府元龟》卷六三一《铨选部·条制三》，第 7565 页。

如奏授州县官，即不在兼职之限"①。这就是说，所有的进士在获得出身后就必须直接进入州县官系统，而且不能走使府的快捷方式。太和九年（公元835）的规定或许与当权者对进士科的偏见有关，因为明经出身的郑覃于当年十一月入相，在文宗面前有贬抑进士之论，所以要求进士及第者经两考后才可以为方镇使府辟请充职②。进士出身者由于缺乏地方历练而导致行政经验不足的问题由来已久，早在玄宗时的文学吏治之争中，吏治派当权者在选举时有意识地把文学和政事加以分离，李林甫以才识吏干选拔人才，把进士科仅仅看成是一种选拔文学人才的科目，而没有把它视为出身的正途，因此，便让进士科沿着文学之科向前发展了③，这样就很可能导致进士出身人缺乏实际的行政历练，所以对进士任职地方的要求就一再被提出。无论执政者的主观意愿和目的如何，客观上却使得进士出身者能够在一定程度上得到地方历练。与进士出身者必须先到地方任职的规定出台大体同时，唐朝对州县官的考课标准也更加具体和严格，地方官的行政素质更加受到重视。在进士科稳定地成为高级官吏的主要来源的时候，进士出身人任职州县实际上就使未来的台省官具有了真正的地方行政历练。

5. 通过对两省要职进一步升迁的地方资历的规定，从文官迁转的最后环节上对地方历练加以保证

宣宗大中时，"不历州县不拟台省"的原则进一步明确和细化，主要着眼于明确规定没有担任过刺史、县令的谏议大夫、给事中、中书舍人等不得升迁。《册府元龟》卷六九载宣宗大中元年（公元847）正月敕节文：

> 古者，郎官出宰，公卿理郡，所以重亲人之官，急为政之本。自浇风兴扇，此道稍消，颉颃清途，便至显贵，理人之术，未尝经心，欲使究百姓艰危，通天下利病，不可得也。朕为政之始，思厚时风，轩墀近臣，盖备顾问，如其不知病苦，何以应朕访求？自今后，谏议大夫、给事中、中书舍人，未曾任刺史、县令，或在任有败累者，委

---

① （宋）王钦若等：《册府元龟》卷六三二《铨选部·条制四》，第7575页。（宋）王溥：《唐会要》卷七五《选部下》杂处置略同，第1367页。
② 参见石云涛《唐代幕府制度研究》，第258页。
③ 参见吴宗国《唐代科举制度研究》，第155页。

宰臣不得进拟①。

从敕文可以看出，这里主要是针对中书、门下两省的官员。尚书省和御史台的官员在此时已大多具有地方历练，而中书门下两省官员多以文士担任，且通常在清要职位上迁转，达至显贵，恰恰缺乏基层锻炼经验，既无"理人之术"，又不了解地方状况。而宣宗认为这两省官员又是"轩墀近臣"，是要随时作为顾问的，没有地方历练，又如何能分析天下之事并提出合理意见呢？

在这里，尤其值得重视的是中书舍人和给事中。中唐以后，中书令和侍中逐渐成为功臣或方镇的加官，而中书侍郎和门下侍郎则成为宰相，于是中书舍人和给事中已经不仅仅是普通的五品省官，而成了中书、门下二省的实际长官，正如《唐六典》吏部郎中员外郎条所说："诸司长官，谓三品已上长官。若敕唤诸司长官及赐者……中书门下五品已上官、御史中丞，并同长官例。"②此二职历来重要，宣宗时其地位更大为提升，几乎成为通往宰辅的必经之路。任此二职后，往往再经过尚书省的某部尚书后，即可迁为宰相③。其地位既重，对其任者要求亦高。

另一方面，这道敕文也说明武宗时开始的进士必须先去州县锻炼的规定没有被完全落实，大量的进士仍然在使府中任职。出现这种情况的原因，正如石云涛先生所云："幕职的署任与迁转虽与身份、资历有一定关系，但没有年限任期的限制。其迁转主要是根据需要因才擢授，这与州县官系统官吏的选拔要经过朝廷考课铨选不同。"④所以在宣宗时经历了一个反复，只得规定重要的职位如中书舍人等，没有地方历练不得升迁。如果规定中书舍人这类官员不任刺史县令不得进拟，就相当于限制了他们进一步升迁乃至任宰相的机会。我们可以从薛逢的遭遇清楚地看到这一点。史载：

（薛）逢会昌初进士擢第，释褐秘书省校书郎。崔铉罢相镇河中，

① （宋）王钦若等：《册府元龟》卷六九《帝王部·审官》，第781~782页。（宋）王溥：《唐会要》卷六九《刺史下》略同，第1210页。参见《旧唐书》卷一八下《宣宗纪》，第616页。按，刘诗平前引文误将此条置于大中十二年，第330页。
② 〔日〕广池千九郎训点《大唐六典》卷二《尚书吏部》吏部郎中员外郎之职条，第34页。
③ 参见孙国栋《从梦游录看唐代文人迁官的最优途径》，第24~27页。
④ 石云涛：《唐代幕府制度研究》，第284页。

辟为从事。铉复辅政,奏授万年尉,直弘文馆,累迁侍御史、尚书郎。逢文词俊拔,论议激切,自负经画之略,久之不达。应进士时,与彭城刘瑑尤相善,而瑑词艺不迨逢,逢每侮之。至大中末,瑑扬历禁署,逢愈不得意,自是相怨。俄而瑑知政事,或荐逢知制诰,瑑奏曰:"先朝立制,两省官给事中、舍人除拜,须先历州县。逢未尝治郡,宜先试之。"乃出为巴州刺史。①

这个例子很具典型性。可以看出,薛逢在会昌元年进士及第后②,先在中央担任校书郎,继而被辟为河中从事,但这正是次年四月制书所欲杜绝的现象。由于大中元年就已经强调"谏议大夫,给事中,中书舍人,未曾任刺史、县令,或在任有败累者,委宰臣不得进拟"。按照这一规定,任知制诰也应先有刺史县令的经历,而这正是薛逢所缺乏的,因为他此前所任的万年尉并未就实职,而是以此为本官直弘文馆,虽然刘瑑上奏乃出于个人恩怨,但也确实有着制度上的依据。

由此可知,会昌二年关于进士出身者必须先到州县任职以及限制进士出身的新任州县官去使府充职的规定,是从进入官僚队伍的源头上对地方历练加以保证。大中元年关于没有刺史、县令经历的人不得升任两省要员的规定,则是从官员迁转的最后环节上对地方历练加以保证。有了这一头一尾的严格把关,加上此前在各个中间环节上的配套措施和制度规定,"不历州县不拟台省"的原则无论在保证官员升迁机会的公平性还是保证中高级官员具有较为全面的综合素质方面,都基本得到了落实。只有建立起了这样一套官僚队伍的连续流动机制,经过一段时间的反复和实践之后,新的综合型官僚群体才可能产生。

三 官员叙迁中的"台省"概念及其变化

在"不历州县不拟台省"的选官原则下,州县官作为一种历练,其包含的范围不断发生着变化,与此同时,台省的概念也在变化。"台省"作为一个制度化的语汇,在唐人奏议、制敕文书和其他政务文书中多有运用。

---

① 《旧唐书》卷一九〇下《文苑下·薛逢传》,第 5079~5080 页。
② 薛逢进士及第的时间,据徐松《登科记考》卷二二,中华书局,1984,第 785 页。

如唐高宗仪凤二年（公元 677）《申理冤屈制》指出，民间"财物相侵、婚田交争"，"百姓虽事披论，官司不能正断。及于三司陈诉，不为究寻，向省告言，又却付州县"，官员互相推诿，以至"经历台省，往来州县，动淹年岁，曾无与夺，欲使元元，何所探告"。针对这种情况，制书中规定"见在京诉讼人，宜令朝散大夫、守御史中丞崔谧，朝散大夫、守给事中刘景先，朝请郎、守中书舍人裴敬彝等，于南衙门下外省，共理冤屈"，组成一个临时的诉讼机构，以期达到"所有诉讼，随状为其勘当，有理者速即奏闻，无理者示语发遣"的效果①。此道制书中的台省与州县并称，与后来官员叙迁原则中的"不历州县不拟台省"遥相呼应，是中央官与地方官并称时的一种泛称。《旧唐书·刘祥道传》载：

> 祥道性谨慎，既居宰相，深怀忧惧。数自陈老疾，请退就闲职。俄转司礼太常伯，罢知政事。麟德二年（665），将有事于泰山。有司议依旧礼，皆以太常卿为亚献，光禄卿为终献。祥道驳曰："昔在三代，六卿位重，故得佐祠。汉、魏以来，权归台省，九卿皆为常伯属官。今登封大礼，不以八座行事，而用九卿，无乃徇虚名而忘实事乎！"高宗从其议，竟以司徒徐王元礼为亚献，祥道为终献。②

刘祥道所说的"汉、魏以来，权归台省，九卿皆为常伯（尚书）属官"，着重于尚书省与寺监的关系。台省不包括寺监，这一点在各个时期都是比较明确的。

广义的"台省"包括中央机构中所有以台和省命名的机构，即尚书省、门下省、中书省、秘书省、殿中省、内侍省及御史台六省一台。这个意义上的台省，更多是从机构名称来说的。《唐六典》载唐令篇目，内有《职员令》六篇，分别为"二曰《三师三公台省职员》，三曰《寺监职员》，四曰《卫府职员》，五曰《东宫王府职员》，六曰《州县镇戍岳渎关津职员》，七曰《内外命妇职员》"③。作为国家法典的唐令，而有"台省"之名，可见"台省"在唐代已经成为一个具有较固定含义的政治概念或法律术语。惜唐《职员令》诸篇已散佚，不能见其全貌。但《唐六典》的编纂体例，

---

① （宋）宋敏求：《唐大诏令集》卷八二《申理冤屈制》，第 472 页。
② 《旧唐书》卷八一《刘祥道传》，第 2753 页。
③ 〔日〕广池千九郎训点《大唐六典》卷六《尚书刑部》刑部郎中员外郎之职条，第 137 页。

正是按照唐《职员令》的结构来安排全书的篇目，这一点从《唐六典》三十卷之目录即可知晓，详见下表。

表9-1 开元《职员令》篇目与《唐六典》卷次对照

《职员令》篇目	《唐六典》卷次
三师三公台省职员	三师三公尚书都省卷第一、尚书吏部卷第二、尚书户部卷第三、尚书礼部卷第四、尚书兵部卷第五、尚书刑部卷第六、尚书工部卷第七、门下省卷第八、中书省集贤院史馆匦使卷第九、秘书省卷第十、殿中省卷十一、内官宫官内侍省第十二、御史台第十三
寺监职员	太常寺第十四、光禄寺第十五、卫尉宗正寺第十六、太仆寺第十七、大理寺鸿胪寺第十八、司农寺第十九、太府寺第二十、国子监第二十一、少府军器监第二十二、将作都水监第二十三
卫府职员	诸卫卷第二十四、诸卫府卷第二十五
东宫王府职员	太子三师三少詹事府左右春坊内官卷第二十六、家令率更仆寺卷第二十七、太子左右卫及诸率府卷第二十八、诸王府公主邑司卷第二十九
州县镇戍岳渎关津职员	三府督护州县官吏卷第三十
内外命妇职员	略见卷二"司封郎中员外郎"之职

由表9-1可知，《职员令》中的台省包括尚书省、门下省、中书省、秘书省、殿中省、内侍省及御史台。六省一台并称的台省，是一个具有长期发展背景的复杂问题，其制度背景和政治文化意义，值得进一步探讨。不过，最晚到杜佑所处的中唐时代，秘书省、殿中省和内侍省已经不被看成是"台省"了。杜佑所撰成书于唐德宗贞元十七年（公元801）的《通典·职官》中，历代官制要略之后，先列三公、宰相，门下省和中书省与宰相列为一卷，次以尚书省和御史台，秘书省、殿中省和内侍省则已编入接下来的"诸卿"类目之中。这是唐代国家政务运行机制发展变化的反映，大体上还是三省制下的制度格局，三省和御史台作为国家政务运行的主体。"台省"概念变化的第一步，是将秘书省、殿中省和内侍省等以"省"为名的侍从机构从"台省"之中剔除出去。

在三省制的格局中，"台省"所指当为尚书省与御史台。这是唐代政治体制与官员叙迁中最为核心的台省概念，"不历州县不拟台省"原则中的台省，当做如此理解。唐代宗广德二年（公元764）敕云，"台省之官，事资履历。刺史县令，任在亲人。职务所更，是为理本。其左右丞、侍郎、御史中丞等，取曾任刺史者，郎官亦取曾任县令者，并所选御史亦宜于录事参军、县令中简择，仍须资历稍深者"①。其"台省"之官包括左右丞、侍郎、御史中丞等，"台省"所指即为尚书省和御史台。陆贽在贞元八年（公元 792）入相后，向唐德宗上《请许台省长官举荐属吏状》：

> 况于台省长官，皆是当朝华选，孰肯徇私妄举，以伤名取责者耶？所谓台省长官，即仆射、尚书、左右丞、侍郎及御史大夫、中丞是也。陛下比择辅相，多亦出于其中。今之宰臣，即往日台省长官也，今之台省长官，乃将来之宰相也，但是职各暂异，固非行业顿殊。②

在陆贽看来，"台省"长官包括"仆射、尚书、左右丞、侍郎及御史大夫、中丞"，台省所指为尚书省与御史台。在整个国家机构中，御史台与尚书省并称"台省"，作为一个区分于其他机构的单元，其意义在于二者构成了国家政务裁决过程最高端的有机整体。已有关于御史台在国家政务运行中地位与作用及其与尚书行政系统之间关系的研究，许多已经指明二者的密切关联。如李锦绣在唐代财政史的研究中，强调御史台以"专知"某事的形式对某些财务运行环节亲临检阅，对于理解御史台对尚书六部的"六察"功能颇有助益，其所揭示的御史台与尚书六部之间的政务关系，对于理解"台省"作为一个整体概念具有重要启发。③其他如胡沧泽《唐代御史制度研究》④、胡宝华《唐代监察制度研究》⑤ 等专书中，都对御史台与尚书行政体制的关联性提供了很多的思路。

唐代中后期随着中书门下体制的建立和使职行政体制的发展，国家政务运行机制发生了深刻的变化，以中书门下领导使职和使职化的部司寺监的政务运行机制取代了此前尚书省为行政中枢的体制。⑥ 但是中书门下和临时差遣的使职尚未在法令上获得相应的位置，还需要依托于此前律令体制下的官僚机构来呈现其在法律体系和礼仪制度中的位置。换言之，中书门

---

① （宋）王钦若等：《册府元龟》卷八八《帝王部·赦宥七》，第 1050 页。
② 《旧唐书》卷一三九《陆贽传》，第 3802 页。又见《陆贽集》卷一七《中书奏议》，中华书局，2006，第 545 页。
③ 参见李锦绣《唐代财政史稿》（上卷）第一分册，第一编第二章第二节所论"御史台在财政中的作用及其与其它财政机构的关系"，北京大学出版社，1995，第 312～323 页。
④ 胡沧泽：《唐代御史制度研究》，台北文津出版社，1993。
⑤ 胡宝华：《唐代监察制度研究》，商务印书馆，2005。
⑥ 参见刘后滨《唐后期使职行政体制的确立及其在唐宋制度变迁中的意义》，《中国人民大学学报》2005 年第 6 期。

下作为宰相裁决政务的机关,还无法进入礼仪制度和法令体系之中,中书门下体制又不同于以往尚书省为最高行政机关的体制,所以其所依托的尚书、中书、门下三省,就被视为一个整体。"台省"概念从尚书省和御史台变为尚书、中书、门下三省与御史台,这是唐代"台省"概念的第二步,是随着中书门下体制的建立而出现的变化。

白居易于元和元年(公元806)参加制举试前独自拟作的《策林》中有一道策问,作《大官乏人,由不慎选小官也》:

> 问:国家台衮之才,台省之器,胡然近日稍乏其人?将欲救之,其故安在?

> 臣伏见国家公卿、将相之具,选于丞郎、给舍;丞郎、给舍之才,选于御史、遗补、郎官;御史、遗补、郎官之器,选于秘著校正、畿赤簿尉。虽未尽是,十常六七焉。然则畿赤之吏,不独以府县之用求之;秘著之官,不独以校勘之用取之。其所责望者,乃丞郎之椎轮,公卿之滥觞也。则选用之际,宜得其人。臣窃见近日秘著校正,或以门地授;畿赤簿尉,唯以资序求。未商较其器能,不研核其才行。至使顷年已来,台官空、不知所取,省郎阙、不知所求。岂直之贤,诚亦废事!且以资序得者,仅能参于簿领,以门地进者,或未任于铅黄。臣恐台衮之才,台省之器,十年已后,稍乏其人。……①

白居易所说的"台衮之才"指的是公卿将相,"台省之器"则是指丞郎、给舍以及更低一个台阶的御史、遗补、郎官。丞郎、给舍包括尚书省左右丞、左右司郎中和六部二十四司的郎中,门下省给事中和中书省的中书舍人,为四品或五品官,御史、遗补、郎官,主要指六品以下的侍御史、监察御史、左右拾遗和左右补阙,以及尚书省诸司员外郎。在这个语境中,"台省"所指为三省与御史台。前引唐宣宗大中元年(公元847)正月赦文的节文中,提到"自今后,谏议大夫、给事中、中书舍人,未曾任刺史、县令,或在任有败累者,委宰臣不得进拟"②。如前所述,这是对中书省和门下省两省要职进一步升迁提出地方资历的规定,在"不历州县不拟台省"

---

① (唐)白居易撰,顾学颉校点《白居易集》卷六三,中华书局,1979,第1326页。
② (宋)王钦若等:《册府元龟》卷六九《帝王部·审官》,第782页。(宋)王溥:《唐会要》卷六九《刺史下》略同,第1210页。

的总体原则中，"台省"的概念实际上扩大到了中书和门下两省。由于两省侍郎无一例外地都加"同中书门下平章事"衔，需要在叙迁资历中强调州县历练的最高级别官员也就只有谏议大夫、给事中和中书舍人了。

宋人编撰《册府元龟》，内有《台省部》《卿监部》《内臣部》，其中在每部之首有"总序"一门，详载其部内包含职官的历代沿革之制。值得注意的是，《台省部·总序》所述"台省"之官只包括御史台、尚书省、门下省、中书省这三省一台。相应的，秘书、殿中二省列于《卿监部》之中，而内侍省列于《内臣部》之中①。这种编排体例的背后，体现的正是唐代中后期以来随着中书门下体制的发展而形成的"台省"概念。

四 "不历州县不拟台省"原则与唐宋官僚形态的变迁

"凡官，不历州县不拟台省"的原则，规定以地方基层工作经验为官员升迁的必要资历，所要解决的是中国古代选官制度中一个具有划时代意义的转折性问题。在南北朝以前的政治体制中，中央和地方行政关系，主要采取地方汇报、中央到年终进行审查的机制，加上地方长官自辟僚属，大家族很大程度上垄断地方政务，中央所要处理的地方事务不是很多。而且，士族子弟凭借门第和阀阅，往往能够平流进取，坐至公卿。在这种情况下，无论是从中央官处理全国政务的要求来说，还是从地方官希望升迁的要求来说，内重外轻的问题虽然也存在，但并不如唐代那么明显，对中央官员有关地方工作经验的要求尚未突出显现。隋朝新的中央集权体制建立后，首先随着官吏选任和考核权的集中，中央要处理的地方政务大量增加。随着门阀士族的衰落和大一统的重建，地方官的实权和地位有所衰落，中央成为占绝对优势的权力中心，高官要官都集中在朝廷，内重外轻的格局因此定型。唐朝自高宗武则天以后，地方上不断出现的新问题和新事务，更促成使职差遣的普遍化，中央和地方行政关系因此发生了深刻的变化，大量的地方政务要申报到中央来处理。这就对中央官处理实际政务（而且主

---

① （宋）王钦若等：《册府元龟》卷四五七《台省部·总序》，第 5409～5423 页；卷六二〇《卿监部·总序》，第 7448～7455 页；卷六六五《内臣部·总序》，第 7952～7956 页。

要是来自地方的政务）的能力提出了迫切的要求。而这一时期中央各部门的主要官员，越来越多地来自科举出身的一直在中央做官的文士。他们往往是文化修养和政治敏锐性有余，而实际行政工作能力不足。唐代自武则天以后至玄宗时期，政治生活中不断出现的文学与吏治（吏干）之争①，以及后来对进士"浮薄"②的批评，反映的就是通过科举考试尤其是进士科出身的官员身上所呈现的这种现实矛盾。至此，内重外轻及由此带来的地方官的升迁问题，以及由于中央官缺乏地方工作经验而带来的决策偏斜问题，都被提出来了。开元三年在官员选任政务原则中确立"凡官，不历州县不拟台省"的规定，无疑具有强烈的现实针对性。

要在选官实践中落实这个原则，需要以下几个前提：一是在思想上要对国家形态的转变有进一步认识，承认皇帝已经走向处理国家政务的前台，宰相不再是"坐而论道"的咨询者而是"参掌庶务"的政务官，皇帝和宰相都需要深度介入国家政务的裁决，其所倚靠的朝廷要职必须具有应对地方治理问题的能力；二是在政治体制上要有相应的保障和落实的途径，要在中央和地方行政体制、考课制度、铨选制度等各个方面形成有利于这个原则的制度环境；三是科举出身的文士必须改变自身形象，克服"进士浮薄"的弱点，提高社会声誉，完善自身素质。

这些方面的变化，在唐朝中后期的历史发展中都逐渐呈现出来。"安史之乱"以后，使职行政体制确立，各个行政系统中的使职，都具有从中央直贯地方的特点，许多使职还在地方设立派出机构或分支机构。在使职行政系统任职，既可以参与地方实际政务的处理，又能够比较便利地被提拔到中央做官。尽管唐后期不断强调获得进士出身后不得立即到使府任职，但实际上越来越多的文士从使府幕僚起家。这就为中央官和地方官的流动，为科举出身的官员积累地方基层工作经验（尽管这种经历还不能完全等同于州县历练），提供了制度性的前提。另一方面，方镇使府召辟文人入幕的普遍化，也在这一过程中发挥作用。此外，一些地方节度使和观察使在中

---

① 参见汪篯《唐玄宗时期吏治与文学之争》，《汪篯隋唐史论稿》，中国社会科学出版社，1981，第 196~208 页。

② 如《旧唐书》卷一六《穆宗纪》载长庆元年四月丁丑诏"国家设文学之科，本求才实，苟容侥幸，则异至公。访闻近日浮薄之徒，扇为朋党，谓之关节，干扰主司，每岁策名，无不先定"，第 488 页。《旧唐书》卷一一九《杨绾传》载杨绾上疏条奏贡举之弊曰"贡士不称行实，胄子何尝讲习，独礼部每岁擢甲乙之第，谓弘奖擢，不其谬欤？只足长浮薄之风，启侥幸之路矣"，第 3434 页。

央和方镇之间频繁转换职务，也使大量供职于方镇的文士获得升迁为中央官的机会。上述变化，为"不历州县不拟台省"这一选官原则的最终确立与实现，提供了基本途径。也正是在士人文化政治素养不断提高，文化知识和行政才能都受到尊重的基础上，宋代的综合型官僚和士大夫政治才可能出现①。

到宋代，统治集团更加明确意识到履历经验尤其是地方历练对于提高官员综合素质的重要性。宋代选官制度中讲求资格，强调履历，看重的是官员的个人经验和处理各类实际问题的能力。宋代中央的中高级官员和地方长官，大都具有长期的地方工作经验，他们依资序自州县幕职官至知县、通判、知州逐级升进。他们在地方积累起来的关于选举、理财、礼仪祭祀、军政边防、司法刑狱、工程建设等各方面的经历，使其在升任中高级职务的时候，事实上成为了能够适应各方面工作的通用型人才②。而他们大多数人进入仕途的前提是科举及第，这又使其具有了较完备的文化素养和较高的知识水准。在此基础上，宋代的复合型官僚群体得以形成，中国帝制时代的士大夫政治进入到一个新的阶段。

本章小结

在长期以来重内官轻外任风气的影响下，地方官的选任变得异常困难。一方面是选官权完全集中到中央，一切有品级的地方官都要由朝廷选任；另一方面是没人愿意到地方去任职，哪怕级别低一些也要留在中央。即使是级别相当于中央六部首长或稍低一些的州刺史一职，也很难派任合适的人选，所谓"每除牧伯，皆再三披诉"，那些被任命的人总是会找到关系得以留在朝中。于是只好派一些素质不高或者是受到处分的人去地方任职，如唐中宗时韦嗣立在上疏中指出的"京官有犯罪声望下者，方遣牧州；吏部选人，暮年无手笔者，方拟县令"③。这是问题的一端。问题的另一端是，已经在地方任职的官员长期得不到升任中央官的机会。中央的职位总是有限的，而抢夺这些职位的人每年都不断增加，有皇亲国戚、高官子弟，有功臣武将，

---

① 参见吴宗国《石云涛著〈唐代幕府制度研究〉序》。
② 参见邓小南《宋代文官选任制度诸层面》，河北教育出版社，1993，第240～241页。
③ （宋）王溥：《唐会要》卷六八《刺史上》，第1199页。

后来还有越来越多的从中央官学毕业及从科举出身的文人士子。

上述两个问题结合到一起，中央官和地方官之间流动的障碍就可想而知了。如果这种障碍不断扩大的话，对王朝的统治来说，其后果就有可能是灾难和毁灭。因为，它首先导致地方官素质的低下，地方官责任感的降低，地方治理水平的严重下降。由于整个官僚队伍对州县官职采取一致的抵触，整个选官秩序也将产生混乱。其次它也在事实上逐渐导致中央官素质的下降，中央负责决策的官员不了解地方的实际情况，甚至导致最高决策的偏斜和失误。其实，直到唐前期，对官员流动不畅问题的认识，主要着眼于政策上的重内轻外。但是重内轻外的政策和风气只是导致地方官素质低下和难以选任的表面原因，仅仅通过依靠政策来扭转风气，而不是从制度上解决内外官流动滞碍问题入手，地方官素质低下的问题就是一个解不开的死结。

内外官流动滞碍，实质上导致了官僚群体升迁机会的不平等，破坏了官僚帝国体制中选官制度所要求的公平原则。开元三年提出"不历州县不拟台省"原则的张九龄，在上书中明确指出了问题的症结就在于这种不公平。京职的大利和地方的不利，这是难以改变的事实。光靠政策性的鼓励以提高官员的觉悟，还是解决不了问题。而要解决这种不公平现象，就必须在制度上完善官僚体制的自我更新机制，在中央收夺了地方的选官权之后，探索出建设合格的地方官队伍的新路子。这是一个历史性的任务。

"不历州县不拟台省"原则在开元时期提出后，唐代中后期不断地加以具体化和细密化，各方面相关的制度都逐渐调整，不断与这个原则配套。如唐后期关于进士出身者必须先到州县任职的规定，是从进入官僚队伍的源头上对地方历练加以保证。关于没有刺史、县令经历的人不得升任中书、门下两省要员的规定，则是从官员迁转的最后环节上对地方历练加以保证。有了这一头一尾的严格把关，加上此前在各个中间环节上的配套措施和制度规定，"不历州县不拟台省"的原则无论在保证官员升迁机会的公平性还是保证中高级官员具有较为全面的综合素质方面，都基本得到了落实。此外，地方节度、观察使等使府大量召辟文人入幕，在一定程度上缓解了选官权过于集中带来的弊端，并且也为科举出身的士人加强地方行政历练，提高行政能力创造了条件。随着唐宋间一整套官僚队伍连续流动机制的建立，在士人文化政治素养不断提高，官员的文化知识和行政才能都受到尊重的前提下，"不历州县不拟台省"的选官原则在选官实践中得到落实。

附　录

1. 评吴宗国著《唐代科举制度研究》（辽宁大学出版社，1992）

吴宗国教授长期以来进行唐代科举制度的研究，本书（以下简称《研究》）是作者这方面研究成果的总结。全书分 15 章 43 节。

第一章，科举制度的产生，考察了从察举制到科举制的发展过程，科举制度产生的背景，以及科举制与察举制的区别。其中对隋代选官用人原则变化的分析，具有宏阔视野和历史高度。尽管对科举产生演进还有一些具体环节不很清楚，但从总体趋势上对科举制产生给予了较为清楚地解释，并有助于把握隋代社会承前启后的历史地位。

第二章到第六章，从入仕途径、考试科目、科目选、学校与科举等方面，论述了从学校教育、人才选拔到铨选入仕这个有机过程中的基本制度。这是全书的基础，对科举、选官中一些认识不够深入的问题，如科目选与制科的区别，科目选创设的时间与背景、学校教育的兴衰与科举的关系等，进行了专题性的考证分析，弥补了这一方面研究中的一些薄弱环节。尤其本书把学校、科举、铨选作为一个有机的整体进行研究，扩大了科举研究的范围。当然，本书重点在科举，论述学校和铨选还是为了更好地认识科举。不过，书中对学校教育与科举之间相关的问题还是涉及较多的，而对于科举与铨选相关的一些问题，如作为联结贡举与铨选重要环节的关试、科举及第后授散及散官当番待选等，仍有进一步探讨之必要。而且，由于科举涉及面广，正如作者在后记中所说，其他没有触及的问题还有很多。有的问题虽已提出，由于受史料的限制，尤其是隋和唐前期有关科举的史料较少，只能先作一般性的说明或存疑。

本书的重点并不在基本制度的考订，第七、第八两章进而讨论进士科考试科目和录取标准的变化，以及科举在官吏选拔中地位的变化，这是最能反映作者研究成果、体现其研究方法的部分，即注重制度的实际运作，在变化中把握制度，尽可能切近历史的真实。在这种方法的指导下，《研究》通过许多详尽而具体的考证，澄清了一些长期以来学界存在的模糊认识。如一般认为，唐代科举中进士科以诗赋取士。书中指出这只是天宝（公元742~756）前后短时间内的现象，天宝以前和贞元（公元785~805）以后，进士科都以策文作为录取的主要标准，而衡量策文好坏的标准，在唐初主要是词华，贞元以后主要看内容。又如，进士科在唐代一度被视为"士林华选"，受这种说法的影响，一般认为唐代科举中一直是进士科地位最高、最重要。《研究》提出，唐前期明经科具有正统地位，明经不仅科等要高于进士，即及第后叙阶的品级要高于进士，而且明经科录取的人数多于进士，从中也选拔出了一批具有卓越才能的政治家。从开元（公元713~741）到"安史之乱"（公元755~763）以后，明经科的地位才逐渐下降，但录取人数一直没有减少，每年多于进士几倍，而且唐朝后期还有增加的趋势。

从第二章至第八章，又可当作是本书整体的前半部分，即主要探讨基本制度及其运作变化过程的部分。其中各个看起来没有密切关系的章节，其实贯穿着作者积多年研究心得总结出来的对科举选官制度认识的一条主线：根据统治形式的变化，调整考试制度，提高官员素质。唐代的取士和选官制度中，作为一种趋势，才学日渐受到重视是显而易见的。这是社会发展对选官制度提出的要求，而科举正是作为"国家纯粹按才学标准选拔文士担任官吏的考试制度"①。但这个功能目标的实现，必须有相应的社会条件，需要有一个长期的历史过程。据笔者体会，《研究》正是从科举制度的以下不同方面，揭示出了这个趋势及其发展过程中的曲折。

第一，馆学入学资格限制的放宽及馆学生徒与乡贡在科举中地位的变化，反映出才学逐渐取代等级身份成为科举选官的主要标准。唐代官学大部分时间被纳入科举的轨道，大凡馆学生徒步入仕途，都须与乡贡一道经过考试，这是官贵子弟与庶民子弟在入仕问题上的平等形式；但中央馆学入学资格的森严等级限制，馆学生徒入仕的直接与录取的极大比例，又都

---

① 吴宗国：《唐代科举制度研究》第一章，辽宁大学出版社，1992，第9页。

造成了一种实质上的不平等。① 因此，选官中才学与等级身份的较量，势必要造成对这种不平等的冲击。《研究》论学校和科举时指出，从唐代开始，国子诸学入学资格的限制就逐渐放宽，贞观（公元 627～649）以后学校大门进一步向平民子弟开放，这是唐代官学发展的趋势。但是，书中根据《资治通鉴》将《新唐书·选举制》关于国子、太学、四门学生徒的一组数字系于贞观十四年（公元 640）的记载，认为四门学中 800 人为庶人子弟，占国子三学生徒总数的百分之八十三，是贞观时期的情况。这个时间恐怕有误。贞观时馆学生徒总数不应是 2260 员，据《唐会要·学校》、《旧唐书·儒学传序》及《唐摭言·两监》的记载，应是 3260 员。从《研究》揭示的唐代一般地主的发展及官学对庶民开放要有一个历史过程看，上述情况当出现在开元以后，应于开元二十一年（公元 733）敕文规定庶人子弟有文词史学者"听入四门学充俊士"② 有关。《研究》论乡贡时又指出，武则天长安（公元 701～704）以后，学校废弛，乡贡方大行，尽管玄宗时曾整顿学校甚至一度下诏罢乡贡，但乡贡的地位却日渐重要，贞元十年以后，进士殆绝于两监。同时，随着乡贡地位的上升，其取解、应举的限制日渐减少。由于乡贡没有等级身份的限制，这种变化说明帝国政权进一步向广大的一般地主出身的士人开放。

第二，进士科考试科目和录取标准的变化，反映出人才素质的不断完善和提高。《研究》指出，唐初进士只有试策一门，高宗末年始加贴小经并试杂文，直到中宗复位才最后确立"先贴经，然后试杂文及策"③ 的三场试格局。加试贴经是为了使应试者熟读经史，提高文化知识水平；试杂文则是为了提高文字水平。自贞观至开元中期的百余年间，录取时都以策文的词华为主要标准，对人才的要求还停留在改变武人占据政权主导地位，提高官员基本文化水平的层次。开元中期以后，这种情况继续发展，随着选官中政事与文学的分离，进士科被作为选拔文学专门人才的科目，杂文在录取时的地位有所上升，在天宝年间确立为以诗赋为主。这是科举取士在开元天宝之际的重大失误，其后果影响到一代政治家的素质。"安史之乱"之后，这种局面逐步扭转。到贞元中后期，随着唐王朝统治走向中兴，策文再次成为进士录取的主要标准，而且明确以内容衡量策文的好坏，对

---

① 参见王亚南《中国官僚政治研究》第九章，中国社会科学出版社，1981，第 104～105 页。
② （唐）王定保：《唐摭言》卷一《两监》原注，上海古籍出版社，1978，第 6 页。
③ 〔日〕广池千九郎训点《大唐六典》卷四《礼部尚书侍郎》，第 83 页。

策的范围又涉及儒家统治理论、历代王朝统治的经验教训以及现实社会状况。进士科也因此选拔出一大批具有经世治国才能的高级政治人才。

第三，科举在选官中地位的变化，反映出门荫的衰落，而以才学为标准的科举，逐渐成为入仕的主流。科举是唐代几种入仕途径的一种。虽然科举出身者在整体官员中构成的比例，终唐一代都占少数，但在最高机构官员中的比重和地位却有根本性的变化。《研究》指出，高宗统治前期以前，官贵子弟主要从门荫出身，一般地主子弟或从流外入流，或应募从军以战功来获取官职和勋赏。高宗后期，科举录取名额有所扩大，武则天大开制科，又增加了科举入仕的人数，直到玄宗时期，高级官员中特别是宰相科举出身者的比重不断上升。但这一时期门荫入仕者在政治上仍有相当大的力量，他们迫使科举出身的高级官员在开元天宝之际在政治舞台上屈居下风。而到“安史之乱”以后，科举出身者在朝廷中的地位有所回升，进士科逐渐成为宰相和高级官吏的主要来源，并于贞元元和之际稳定下来。这是一个根本性的变化，“不论在唐代的职官制度还是选官制度上，还是在中国封建社会的职官制度史和选官制度史上，都具有划时代的意义”。①

第四，科举考试不同科目地位的变化，反映出科举逐渐满足帝制国家不同层次人才的需要。《研究》指出，科举考试不同科目因其考试内容和录取标准不同，在官员选拔中的地位也不断变化。当侧重文章写作的进士科经过调整逐渐成为高级官吏主要来源的同时，侧重章句记诵的明经诸科，地位不断下降，至唐后期成为中下级官吏的重要来源。而以方略策取人的秀才科，由于难度太大，在唐初很难选拔出具有治国方略的人才，故在永徽二年（公元 651）即停废。制举是不拘常规、要求较高的考试制度，目的是为了选拔急需的政治人才，并保证他们能够越级、快速升迁。《研究》指出：唐高宗时在铨选中设长名榜之后，选拔一般人才开始遵行循资授官的原则，而武则天执政后频繁举行制举，就是为了破格选用那些卓有才干的士人和官吏。玄宗开元十八年（公元 730）设立循资格，循资选官制度化，这使得一般官吏稳步地有所升迁，对于规范铨选制度有现实意义。而为了选拔出有胆识有才干的高层次人才，避免他们因停年限格得不到迅速提升而老于下位，差不多与此同时设立了科目选。科目选设立后，随铨选大体每年举行，比制科更有利于人才的选拔。当文宗大和二年（公元 828）

---

① 　吴宗国：《唐代科举制度研究》，第 182 页。

以后，在制科实际停废的情况下，科目选就成为通过考试选拔高级政治人才的唯一途径。

第九章至第十四章，以较大的篇幅论述了科举与唐代社会的关系，这是本书整体的后半部分。包括座主门生关系的形成、请托行卷的盛行、科举中的权贵子弟问题、门荫的衰落和进士家族、唐后期应举及第范围的扩大、科举与社会等级再编制。作者通过科举制的发展变化探讨唐代社会的变革，有利于对唐代社会进行更加深入的多种角度的认识。笔者认为，这与作者对于唐代社会发展阶段性和历史特征的总体把握是一致的①，而且互为补充，连成一体。这主要表现在以下方面。

第一，紧扣唐代社会变迁的大背景，通过对身份等级与才学标准在选官制度中地位消长的分析，揭示出唐代门阀制度的彻底衰落及其后社会结构的特点。书中指出：唐代社会根本性的变化出现在武则天至玄宗时期，表现在"一般地主的发展和经济的繁荣，整个社会文化水平的提高，以及关陇贵族和功臣贵戚集团的衰落"。② 科举在选官中的地位从此日渐突出。"安史之乱"以后，随着一般地主的进一步发展，中小地主和中下级官僚子弟中苦读力学之士不断增加，到贞元年间，进士科稳定地成为高级官吏的主要来源。在士族地主早已衰落，门阀制度彻底崩溃的情况下，门第失去了与权力的必然联系。但是，全社会文化水平的提高要有一个历史过程。由于贵族和高官具有政治经济特权和学习文化知识的优越条件，到进士科成为唯一出身正途的中晚唐时期，他们转而利用进士科作为子弟承袭高位的工具，并且通过辟举与进士科的结合，形成了新的官僚世袭，出现了具有新的等级身份的进士家族。

第二，把科举制发展导致的社会等级的不稳定性与社会价值观念的变化联系起来加以考察，揭示出唐代社会各方面价值观念的嬗变。《研究》指出，科举的发展改变了原有的仕进道路，彻底摧垮了周隋以来的用人标准和价值观念。科举制的发展导致社会等级的再编制，科举成立士农工商四民身份变动的桥梁，打破了原有门第和等级的偏见，个人的命运和家族的前途都只有靠是否能够从科举取得出身来决定。这一方面使得社会上层子弟纷纷放弃依靠家族地位和父祖官品的门荫出身，重视个人的努力，致力

---

① 参见吴宗国《唐代士族及其衰落》，载《唐史学会论文集》，陕西人民出版社，1986，第1~24页。

② 吴宗国：《唐代科举制度研究》，第11页。

于通过科举求取功名；另一方面，也使得社会下层的平民百姓敢于抱有通过科举建功树名而使家肥族昌的理想。这种变革，为唐代社会价值观念的变化提供了社会土壤，在唐人传奇小说中得到充分而生动的反映。[①] 由重门第尚武功到重才学，既是用人标准的变化，也是全社会价值观念的变化，这种变化渗透到社会生活中诸如婚姻、家庭教育、丧葬、娱乐等各个方面。

第三，将科举制在唐代政治生活中的影响与唐王朝的兴衰命运联系起来加以考察，揭示出唐代社会矛盾的发展及其导致的王朝的衰亡。《研究》指出，自建中（公元 780 ～ 783）、贞元之际始，座主门生结成了一种固定的关系，随着长庆（公元 821 ～ 824）、大和（公元 827 ～ 835）以后大地主大官僚政治经济地位的进一步巩固，最高统治集团派别斗争日益显著，座主、门生和同年的关系变成了结党的重要纽带，科举也成为政治斗争中的敏感领域。而且，由于大地主大官僚垄断政权的需要，科举制的发展出现逆转，社会下层参与政权的大门被堵死，有的人甚至走上了反抗的道路，唐王朝最终走向了衰亡。

全书以第十五章"科举发展的趋势"结尾。

总之，《研究》的细微考证澄清了许多模糊认识，宏观论说又使其具备了借以认识唐代社会和官僚政治的理论价值。其注重变化和实际运作的研究方法，对于更深入地开展政治制度史的研究，也具有某种指导意义。

（原刊荣新江主编《唐研究》第一卷，北京大学出版社，1995）

2. 评宁欣著《唐代选官研究》（台北文津出版社，1995）

本书是作者在何兹全先生指导下于 1991 年完成的博士学位论文，收入台湾印行的《大陆地区博士论文丛刊》。全书除绪论和结束语外，共分五章，分别论唐代举士与选官的分途、唐代的铨选制、唐代的荐举、唐代的辟署制、唐代的门荫。

正如作者在自序和绪论中所说，选官制度是史学研究的重要课题，也已经取得了许多的研究成果，相关的论著很多。在这一个领域中，作者认为尚有探讨余地之处在于：对于唐代选官体系和选官制度在整体上进行综

---

① 参见刘后滨《传奇小说反映的唐中后期民间因果报应观及其与佛教净土信仰之关系》，载《唐文化研究论文集》，上海人民出版社，1994，第 213 ～ 223 页。

合性考察；进一步认识唐代前后期选官体系与制度的区别与变化，深入挖掘使职差遣的发展与唐后期新兴的选官方式（荐举、辟署）之间的关系；进一步对除科举外每一选官途径以及各选途之间的联系与相互渗透进行整体研究。尽管作者声明对于科举制、军功、流外入流、学馆等问题未作重点探讨，但其"再现唐代选官整体轮廓"（5页）的初衷是显而易见的。也正是因为有了这样的设想，在论述选官这一看似单一的问题时，作者展示了相当宏阔的视野。各种选官制度和选官途径的升沉分合，都紧扣唐代承上启下的历史变革的背景，尤其将唐代后期新的选官体系的形成以及如荐举、辟署等选官形式的复兴，与中唐以后社会结构、阶级关系和统治形式的变化结合起来加以考察，力图将整体选官制度作为一个不断变化的动态过程，置于具体的政治环境之中，即将静态的制度与动态的人事结合起来进行研究。这种研究取向，无疑是历史研究不断深入的表现，恐怕也是日后史学发展的一个重要方向。本书作者能够做到这一点，与其广泛吸取不同风格的先生的治学方法和从宏观上把握历史发展的大趋势的治学理念是分不开的。

第一章论举士与选官的分途，仅用两千余字的篇幅，论述举士与选官两个概念的区分，以及举士与选官分途的原因。按照作者的理解，唐代选官的途径主要包括科举、铨选、荐举、辟署和门荫，此外还有书中未予论及的军功、流外入流、学馆等，而科举制尽管是论述唐代选官问题时必须涉及的课题，但由于这方面研究的深度和广度都已经达到相当规模，所以仅在本章中做一概括性的总结。鉴于目前的研究现状，这样的处理是必要的，有利于突出重点。而且就在这两千余字的文章中，也体现了作者在宏观上把握历史发展大趋势的努力。但是，从全书结构来看，本章的概括未能与其他部分有机地结合，对于举、选分途的政治意义及其对选官制度的影响，未作说明。在全书开篇中作这种安排，让人读来略感简单化，是一个不小的失策。另外，在本章中区分有关唐代选官的层次，应是其能统领全书的一个重要方面。虽然作者明确指出："举士即科举，属获得出身一类（制举除外），位于选官的第一层次。选官则归铨选，属选官的第二层次。五品以上选授属第三层次。"但是，书中对于入仕途径和选官方式这样两个基本的层次未能明确地区分，所以导致全书结构在层次上稍有混乱之处。科举和门荫，都属于入仕途径，而铨选和辟署则是两种不同的选官方式，荐举则是选官过程中的一个环节，本书将其视为平行的几个方面，未为允当。例如，书中谓"由荐举一途入仕者与科举出身、门荫世胄几成鼎立之势，其在选官中的作用一定程度上取代了铨选的地位，逐渐发展成独立的选官形式"（68页）。不知其所谓荐举，指的是入仕途径还是选官方式。其实，《旧唐书》卷四二《职官志》记述了"有唐以来，出身入仕者"的主要途径，唐代人们获得出身的途径非常复杂，可以概括为科举及第、门荫补官和流外入流、杂色入流等。作为选官的第一层次，不同出身途径者在官员构成中比例的变化正是从整体上把握选官制度变化的重要方面，而且目前的研究成果中并未有在整体上给予充分的关注，本书惜未深论。

第二章论唐代的铨选制，包括唐代的选人与官阙、唐代铨选制的完善及流弊、唐代铨选制的衰微及变通三节。作者避开了对于铨选的具体制度的探讨，首先从阐述选人与官阙这一对矛盾的形成、发展和变化入手，力求揭示官僚机制内部矛盾的制约性。选人多而官阙少的矛盾，有其深刻的政治社会根源，是传统社会内的必然现象。书中在分析这种矛盾的原因时，力图透过表面现象探索其内在因素，指出这是中央集权政体的通弊之一。也许是由于篇幅的限制，作者在这方面的论述稍显高度有余而深度不足，提出的一些重要论点未能展开深入的论证。实际上，这种矛盾是唐代选官制度不断完善的动力之一。在分析唐代解决二者矛盾的措施时，作者首先将建立和完善铨选制摆在了重要位置，通过对高宗总章二年以设立"长名榜"为中心的改革、开元十八年"循资格"的设立和开元十三年设置"十铨"等几次改革的分析，勾勒出铨选制度逐步确立和完善的过程，并因此总结出上述改革中所体现的解决选人与官阙矛盾的基本精神。然后又分析了在入仕途径上适当加以限制的截流措施，和增加官额、扩大编制等分流措施。这样，就将唐代选官制度中的许多看起来很凌乱的问题，用解决选人与官阙矛盾这一条主线串了起来，为理解分散混乱的选官资料提供了一个很好的动态的视角。作者在这方面的长处得以体现出来，并给人以很大的启发。

不过，由于作者在论述唐代为解决选人与官阙矛盾所采取措施的过程中，一方面强调以"安史之乱"为界限的唐代前后两期的区分，另一方面，在论述唐前半期的措施时，又大量涉及唐后期的情况（28页），使人读后略感混乱。另外，书中在论述官阙数量的变化时，有一处引用史料的失误。《唐会要》卷五九兵部侍郎条载元和六年中书门下奏文中，谈到了兵部所管京官及外官员额，目的是兵部所管武官"员阙至少，难议停省，并请仍旧"。其中谓（兵部）"应管京官及外官共三千三百二十九员，京官七百六员……外官二十六万二十三员"（见中华书局 1990 年版第 1031 页）。这明显是传抄过程中的一处误笔，二十六万二十三员，应作 2623 员。其实，严耕望先生在《论唐代尚书省之职权与地位》一文中也早已指出了这一点（见《唐史研究丛稿》，香港新亚研究所，1969 年，第 96 页）。而本书作者由于未能细审此段材料，将元和时期外官的总数误定为 260023 员，并因此论证唐后期官僚数目膨胀速度之快，以及将其视为唐后期通过增加员额解决选人与官阙矛盾的重要措施之一（16，19 页）。这样的疏忽可能导致人们对其结论的不必要怀疑。

关于铨选制的完善和流弊，尽管作者对于具体制度的论述尽量简略，对于此前已经涉及的为了解决选人与官阙矛盾而不断改革的铨选制度的完善过程，没有在剖分缕析相关典籍选官资料的基础上进行细密的分析（应该说，这一点难度相当大）。但是，书中指出铨选制从确立到完善的长过程，大体在开元时期基本完成，列举出其完善的主要标志，并进一步揭示出这种完善与中古时期社会结构和权力结构变化的关系。在此基础上分析铨选制的流弊及其产生的原因，再次触及传统社会走向僵化和专制主义中央集权制度的根本弊病。这些都为进一步认识唐代选官制度提供了具有相当高度的重要启发。

关于铨选的衰微和变通，最重要的在于指出了以下趋势。由于唐后期使职差遣的发展，以及职事官的阶官化，使得以选拔职事官为内容的铨选，职能范围缩小，重要性降低，而使府幕僚的选任采取辟、奏、荐等方式，无须经过铨选（这一点有不准确的地方），选官方式向多层次转化；至于铨选制本身的整顿与变通，则主要体现在缩小铨选范围、扩大科目选和鼓励非时选等几项措施。对于科目选设立的意义及其所体现的举、选由分到合的趋势，书中也有沟通唐宋的精彩的论述。

第三章论唐代的荐举，主要是唐后期荐举制的发展演变。这里的一个重要问题是，各种方式的荐举与吏部的铨选是什么关系？作者是将荐举作为一种选官形式而不是入仕途径来看待的，但是被举荐的人是通过何种方式任命的呢？例如，高级官僚及其他不在吏部铨选范围内的常参官、八品以上清官和刺史县令等地方官的举人自代，被举者的任命权在皇帝和宰相，其任命原本与吏部铨选无关。但是，如果被荐为吏部铨选范围内的官，则同样要经过吏部的注拟。不论是何种方式的举荐，都只是提供一些候选人，然后，根据官员身份的不同，通过不同级别的考核、考试和除授、注拟。因此，举荐只是选官过程中的一个环节，而不构成一种独立的任官方式。作者已经意识到了这一点，如在论冬荐制时指出，"冬荐制之所以在冬季举行，是否也与冬集有关，以便于吏部及中书门下统一考核、管理和定夺"（82 页）。然而，由于对选官的层次未加措意，所以对荐举和制授、敕授、奏授等不同层次的授官方式之间的关系，虽然有所涉及，而且对于举荐与辟署的联系虽有确当的论述，如谓"冬荐制是中央选任与使府辟奏二者之间联系的纽带之一，或者说是唐后期的选官枢纽之一，一些非正途出身的幕职官，由辟署充职，由奏授得朝衔，再由冬荐得正官，比起先取得出身，再参加铨选，然后蹑级而上的漫长过程，显然是条捷径"（84 页），但在总体上没有对使府僚佐的选任机制作出明确的交代。另外，书中多处论及不同举荐方式适用的范围不同，如常荐制主要适用于中央高级官僚和台省清要官、常参官，而"冬荐制的形成，正是在幕职队伍逐渐扩大化与固定化后，中央将这批人的选任、迁转制度化的结果"（83 页）等。由于不同时期的侧重点不一样，如果能与荐举的发展过程结合起来，分别论述其特点与作用、发展原因与趋势，则更有利于对这个问题认识的深入。

第四章论唐代的辟署制，主要是唐后期在地方藩府和财政使职系统内发展起来的辟署制。书中指出，这是"与使职差遣发展相适应的选官制度"，"是为适应新形成的官僚系统而出现的"（102，113 页）。又结合唐后期地方在政治、财政经济等方面有着较自由的支配权力，论述辟署制兴起的原因；分析辟署制以其在官吏迁转过程中的跳跃性和容纳量，在社会变革中所发挥的特殊作用，以及辟署制在实施过程中出现的利弊；探讨唐代辟署制与前期辟署之法不同的辟、奏、荐三权相结合的特点。这些都与作者对于唐代历史的整体认识分不开，在历史发展的高度上把握得很好。不过，由于这些方面学界已经有了相当可观的研究，如果想要在已有的成果上更多地出新，恐怕还要进一步加强对具体制度的考订和理解。

第五章论唐代的门荫，主要是不同身份者以门荫入仕的不同方式以及门荫在选官中地位的变化。如前所述，门荫出身是唐代入仕途径中的重要一途，其适用范围是五品以上高官的子孙，或直接以散官当番待选，或通过学馆和担任卫官；与门荫相联系的还有斋郎和品子。书中对于这些方面的论述，充分吸取了以毛汉光《唐代荫任之研究》（《历史语言研究所集刊》）1984 年第 55 本第 3 分）为代表的成果，而置于整个唐代选官制度的背景下，在分析门荫制的发展变化方面有所提高。不过，还有一些与本书主旨相关的有代表性的研究成果，惜未引起作者的充分关注。

总之，本书是专门以唐代选官制度作为整体而进行研究的极少几部专著之一，无论在选题或具体论证方面，都有着重要的学术价值。笔者认为其中存在的主要问题是，尚未将各方面的研究成果充分融合起来，对于选官制度中的一些具体问题也还缺少细致深入的探讨。当然，这也确实是不可能在一本著作中完全解决的。而且，作者出版本书之后，还正在撰写更为详尽的选举专著《中华文化通志·选举志》，一些缺漏可以进一步得到补充完善。笔者不揣浅陋，在拜读完本书之后，以管见所及，提出了上述也许是不成熟甚至以是为非的看法，还望能够得到宁欣先生和关心此类问题的师友的指正！

（原刊荣新江主编《唐研究》第三卷，北京大学出版社，1998）

参考文献

一　史料

《汉书》，中华书局，1962。

《后汉书》，中华书局，1965。

《三国志》，中华书局，1959。

《晋书》，中华书局，1974。

《魏书》，中华书局，1974。

《北齐书》，中华书局，1972。

《周书》，中华书局，1971。

《北史》，中华书局，1974。

《隋书》，中华书局，1973。

《旧唐书》，中华书局，1975。

《新唐书》，中华书局，1975。

《旧五代史》，中华书局，1976。

《新五代史》，中华书局，1974。

《宋史》，中华书局，1977。

《资治通鉴》，中华书局，1956。

（汉）刘向：《战国策》，中州古籍出版社，2007。

（隋）虞世南：《北堂书钞》，中国书店影印本，1989。

（唐）白居易：《白居易集》，顾学颉校点，中华书局，1979。

（唐）杜牧：《樊川文集》，上海古籍出版社，1978。

（唐）杜佑：《通典》，王文锦等点校，中华书局，1988。

（唐）封演：《封氏闻见记校注》，赵贞信校注，中华书局，1958。

（唐）韩愈：《韩愈全集校注》，屈守元等校，四川大学出版社，1996。

（唐）李林甫：《大唐六典》，〔日〕广池千九郎训点，横山印刷株式会社，1973。

（唐）李商隐：《李商隐文编年校注》，刘学锴等编注，中华书局，2002。

（唐）李肇：《唐国史补》，上海古籍出版社，1979。

（唐）刘肃：《大唐新语》，许德楠、李鼎霞点校，中华书局，1986。

（唐）陆贽：《陆贽集》，王素点校，中华书局，2006。

（唐）裴庭裕：《东观奏记》，中华书局，1994。

（唐）权德舆：《权载之文集》，四部丛刊本。

（唐）王定保：《唐摭言》，上海古籍出版社，1978。

（唐）吴兢：《贞观政要》，上海古籍出版社，1978。

（唐）姚汝能：《安禄山事迹》，曾贻芬点校，上海古籍出版社，1983。

（唐）张九龄：《曲江集》，上海古籍出版社，1992。

（唐）张说：《张说集校注》，熊飞校注，中华书局，2013。

（唐）张鷟：《朝野佥载》，中华书局，1979。

（唐）长孙无忌等：《唐律疏议》，刘俊文点校，中华书局，1983。

（唐）赵璘：《因话录》，上海古籍出版社，1979。

（宋）洪迈：《容斋三笔》，上海古籍出版社，1987。

（宋）洪迈：《容斋随笔》，孔凡礼点校，中华书局，2005。

（宋）黎靖德：《朱子语类》，中华书局，1986。

（宋）李昉：《文苑英华》，中华书局，1966。

（宋）李焘：《续资治通鉴长编》，中华书局，1990。

（宋）庞元英：《文昌杂录》，中华书局，1958。

（宋）司马光：《涑水纪闻》，中华书局，1989。

（宋）宋敏求：《唐大诏令集》，商务印书馆，1959。

（宋）宋敏求：《春明退朝录》，中华书局，1980。

（宋）苏轼：《苏轼文集》卷七，孔凡礼点校，中华书局，1986。

（宋）孙逢吉：《职官分纪》卷九《甲库》，影印文渊阁四库全书本。

（宋）王谠：《唐语林校证》，周勋初校正，中华书局，1997。

（宋）王溥：《唐会要》，中华书局，1955。

（宋）王溥：《五代会要》，上海古籍出版社，1978。

（宋）王钦若等：《册府元龟》，中华书局，1960。

（宋）王应麟：《玉海》，广陵书社，2003。

（宋）徐天麟：《东汉会要》，上海古籍出版社，1978。

（宋）叶梦得：《石林燕语》，宇文绍奕考异，中华书局，1984。

（宋）章如愚：《山堂考索》，影印文渊阁四库全书本。

（元）马端临：《文献通考》，中华书局，2011。

（明）陈邦瞻：《宋史纪事本末》，中华书局，1977。

（清）董诰：《全唐文》，中华书局，1983。

（清）王夫之：《读通鉴论》，中华书局，1975。

（清）徐松：《宋会要辑稿》，中华书局，1957。

（清）徐松：《登科记考》，中华书局，1984。

法国国家图书馆编《法藏敦煌西域文献》，上海古籍出版社，2001。

国家图书馆善本金石组编《宋代石刻文献全编》，北京图书馆出版社，2003。

李希泌主编《唐大诏令集补编》，上海古籍出版社，2003。

荣新江、李肖、孟宪实主编《新获吐鲁番出土文献》，中华书局，2008。

荣新江、胡戟主编《大唐西市博物馆藏唐代墓志》，北京大学出版社，2012。

天一阁博物馆、中国社会科学院历史研究所天圣令整理课题组：《天一阁藏明钞本天圣令校证》，中华书局，2006。

中国文物研究所、新疆维吾尔自治区博物馆、武汉大学历史系编，唐长孺主编《吐鲁番出土文书（图录本)》，文物出版社，1996。

周绍良主编《唐代墓志汇编》，上海古籍出版社，1992。

周绍良主编《唐代墓志汇编续集》，上海古籍出版社，2001。

〔日〕小田义久：《大谷文书集成》，京都：法藏馆，1983。

二　著作

陈寅恪：《唐代政治史述论稿》，上海古籍出版社，1982。

陈国灿：《吐鲁番出土唐代文献编年》，台北新文丰出版公司，2002。

陈志坚：《唐代州郡制度研究》，上海古籍出版社，2005。

邓小南：《北宋文官选任制度诸层面》，河北教育出版社，1993。

戴伟华：《唐方镇文职僚佐考》，广西师范大学出版社，2007。

顾学颉：《白居易集》，中华书局，1979。

黄留珠：《秦汉仕进制度》，西北大学出版社，1985。

黄约瑟：《日本学者研究中国史论著选译》，中华书局，1992。

李昌宪：《宋朝官品令与合班之制复原研究》，上海古籍出版社，2013。

李锦绣：《唐代财政史稿》，北京大学出版社，1995。

刘后滨：《唐代中书门下体制研究》，齐鲁书社，2004。

刘俊文：《敦煌吐鲁番唐代法制文书考释》，中华书局，1989。

刘俊文：《唐律疏议笺解》，中华书局，1996。

刘琴丽：《唐代武官选任制度初探》，社会科学文献出版社，2006。

陆扬：《清流文化与唐帝国》，北京大学出版社，2016。

苗书梅：《宋代官员选任和管理制度》，河南大学出版社，2008。

宁欣：《唐代选官研究》，台北文津出版社，1995。

孙国栋：《唐代中央重要文官迁转途径研究》，香港龙门书店，1978。

孙继民：《唐代瀚海军文书研究》，甘肃文化出版社，2002。

石云涛：《唐代幕府制度研究》，中国社会科学出版社，2003。

汪征鲁：《魏晋南北朝选官体制研究》，福建人民出版社，1995。

王国维：《静安文集续编》，载《王国维遗书》，上海古籍书店 1983 年据商务印书馆 1940 年版影印。

王勋成：《唐代铨选与文学》，中华书局，2001。

王亚南：《中国官僚政治研究》，中国社会科学出版社，1981。

吴宗国：《唐代科举制度研究》，辽宁大学出版社，1992。

阎步克：《察举制度变迁史稿》，辽宁大学出版社，1991。

阎步克：《士大夫政治演生史稿》，北京大学出版社，1996。

阎步克：《品位与职位》，中华书局，2002。

余嘉锡：《世说新语笺疏》（修订本），上海古籍出版社，1993。

郁贤皓：《唐刺史考全编》，安徽大学出版社，2000。

章群：《唐代考选制度考》，台北"中央文物供应社"，1954。

朱金城：《白居易集笺校》，上海古籍出版社，1988。

祝总斌：《两汉魏晋南北朝宰相制度研究》，中国社会科学出版社，1990。

卓遵宏：《唐代进士与政治》，台北"国立编译馆"，1987。

张国刚：《唐代藩镇研究》，中国人民大学出版社，2010。

赵冬梅：《文武之间：北宋武选官研究》，北京大学出版社，2010。

〔日〕池田温：《唐令拾遗补》，东京：东京大学出版会，1997。

〔日〕池田温：《中国古代籍帐研究》，龚泽铣译，中华书局，2007。

〔日〕大津透：《日唐律令制の財政构造》，東京：岩波书店，2006。

〔日〕近藤一成：《宋代中国科举社会研究》，东京：汲古书院，2009。

〔日〕仁井田陞、池田温：《唐令拾遗补》，东京：东京大学出版会，1997。

〔日〕中村裕一：《唐代制敕研究》，东京：汲古书院，1991。

〔日〕中村裕一：《唐代官文书研究》，京都：中文出版社，1991。

〔日〕中村裕一：《唐代公文书研究》，东京：汲古书院，1996。

三、论文

白化文、倪平：《唐代的告身》，《文物》1977 年第 11 期。

曹家齐：《宋代书判拔萃科考》，《历史研究》2006 年第 2 期。

曹家齐：《宋代身言书判试行废考论》，《文史》2014 年第 3 期。

陈寅恪：《论韩愈》，原载《历史研究》1954 年第 2 期，后收入氏著《金明馆丛稿初编》，上海古籍出版社，1980。

陈苏镇：《北周隋唐的散官与勋官》，《北京大学学报》1991 年第 2 期。

陈国灿：《"唐李慈艺告身"及其补阙》，《西域研究》2003 年第 2 期。

戴建国：《唐〈开元二十五年令·杂令〉复原研究》，《文史》2006 年第 3 辑。

邓广铭：《宋朝的家法和北宋的政治改革运动》，载《邓广铭学术论著自选集》，首都师范大学出版社，1994。

邓小南：《略谈宋代的"堂除"》，《史学月刊》1990 年第 4 期。

邓小南：《课绩与考察——唐代文官考核制度发展趋势初探》，《唐研究》第二卷，北京大学出版社，1996。

邓小南：《再谈宋代的印纸历子》，《国学研究》第 32 卷，北京大学出版社，2013；收录于《宋代历史探求——邓小南自选集》，首都师范大学出版社，2015。

傅礼白：《北宋审官院与宰相的人事权》，《山东大学学报》（哲社版）2001 年第 5 期。

葛承雍：《唐代甲库考察》，《人文杂志》1987 年第 1 期。

顾江龙：《周隋勋官的"本品"地位》，《魏晋南北朝隋唐史资料》第 26 辑，2010。

顾成瑞：《唐代蠲免事务管理探微——基于对〈新安文献志〉所录唐户部蠲牒的考释》，《中国经济史研究》2015 年第 3 期。

黄留珠：《中国古代选官制度纵横谈》，《西北大学学报》1988 年第

3 期。

黄清连：《唐代散官试论》，《历史语言研究所集刊》1987 年第五十八本第三分。

黄永年：《"士先器识而后文艺"正义》，载史念海主编《唐史论丛》第四辑，三秦出版社，1988。

黄正建：《唐代的"起家"与"释褐"》，《中国史研究》2015 年第1 期。

李锦绣：《唐代"王言之制"初探》，《季羡林教授八十华诞纪念论文集》，江西人民出版社，1991。

李全德：《文书运行体制中的宋代通进银台司》，载邓小南主编《政绩考察与信息渠道——以宋代为重心》，北京大学出版社，2008。

李全德：《从堂帖到省札——略论唐宋时期宰相处理政务的文书之演变》，《北京大学学报》2012 年第 2 期。

刘后滨：《传奇小说反映的唐中后期民间因果报应观及其与佛教净土信仰之关系》，载《唐文化研究论文集》，上海人民出版社，1994。

刘后滨：《论唐代县令的选授》，《中国历史博物馆馆刊》1997 年第2 期。

刘后滨：《唐后期使职行政体制的确立及其在唐宋制度变迁中的意义》，《中国人民大学学报》2005 年第 6 期。

刘后滨：《唐宋间选官文书及其裁决机制的变化》，《历史研究》2008 年第 3 期。

刘海峰：《唐代选举制度与官僚政治的关系》，《厦门大学学报》1989 年第 3 期。

刘海峰：《唐后期铨选制度的演进》，《厦门大学学报》1991 年第 1 期。

刘诗平：《唐代前后期内外官地位的变化——以刺史迁转途径为中心》，荣新江主编《唐研究》第二卷，北京大学出版社，1996。

鲁丁：《唐代甲库制度》，《文史杂志》1989 年第 2 期。

赖亮郡：《唐代卫官试论》，高明士主编《唐代身分法制研究——以唐律名例律为中心》，台北五南图书出版公司，2003。

赖亮郡：《唐代特殊官人的告身给付——〈天圣令·杂令〉唐 13 条再释》，载《台湾师范大学历史学报》2010 年第 43 期。

赖亮郡：《唐宋告身制度的变迁——从元丰五年〈告身式〉谈起》，

《法制史研究》第 18 期，台北"中央研究院"史语所，2011。

雷闻：《隋和唐前期的尚书省》，见吴宗国主编《盛唐政治制度研究》，上海辞书出版社，2003。

卢向前、熊伟：《本阶官位形成与演化———北周隋唐官制研究》，《浙江大学学报》2009 年第 1 期。

陆扬：《唐代的清流文化——一个现象的概述》，原刊北京大学中国古代史研究中心编《田余庆先生九十华诞颂寿论文集》，中华书局，2014；修订补充后收录于《清流文化与唐帝国》，北京大学出版社，2016。

骆祥发：《初唐四杰与"浮躁浅露"说》，《浙江师大学报》1991 年第 1 期。

毛汉光：《唐代士大夫的进士第》，台北《"中央研究院"成立五十周年纪念论文集》第二辑，1978。

毛汉光：《论唐代制书程序上的官职》，《第二届国际华学研究会议论文集》，台北中国文化大学，1991。

孟宪实：《唐令中关于僧籍内容的复原问题》，《唐研究》第十四卷，北京大学出版社，2008。

倪道善：《唐代甲库考略》，《档案学通讯》1987 年第 5 期。

宁欣：《科举制研究百年考量》，收录于《唐史识见录》，商务印书馆，2009。

邱添生：《论唐宋变革期的历史意义——以政治、社会、经济之演变为中心》，文载《"国立"台湾师范大学历史学报》1979 年第 7 期。

任士英：《唐代流外官制研究》，分载于史念海主编《唐史论丛》，第 5、6 辑，三秦出版社，1990、1995。

任士英：《唐代流外官的管理制度》，《中国史研究》1995 年第 1 期。

任育才：《唐代铨选制度述论》，收入《唐史研究论集》，台北鼎文书局，1975。

芮国强：《唐代甲库制度》，《湖北档案》1993 年第 3 期。

史睿：《唐调露二年东都尚书省吏部符考释》，载《敦煌吐鲁番研究》第 10 卷，上海古籍出版社，2007。

史睿：《唐前期铨选制度的演进》，《历史研究》2007 年第 2 期。

孙国栋：《从梦游录看唐代文人迁官的最优途径》，载《唐宋史论丛》，香港龙门书店，1980。

孙国栋：《唐代中书舍人迁官途径考释——兼论唐代中央政府组织的变迁与职权的转移》，《唐宋史论丛》，香港龙门书店，1980。

孙继民：《唐西州张无价及其相关文书》，武汉大学历史系魏晋南北朝隋唐史研究室编《魏晋南北朝隋唐史资料》第九、十辑，武汉大学学报编辑部，1988。

孙正军：《官还是民：唐代三卫补吏称"释褐"小考》，《复旦学报》（社会科学版）2013年第2期。

唐长孺：《跋吐鲁番所出唐代西州差兵文书》，武汉大学历史系魏晋南北朝隋唐史研究室编《魏晋南北朝隋唐史资料》第三辑，1981。

唐长孺：《唐西州差兵文书跋》，武汉大学历史系魏晋南北朝隋唐史研究室编《敦煌吐鲁番文书初探》，武汉大学出版社，1983。

唐长孺：《南北朝后期科举制度的萌芽》，原载《魏晋南北朝史论丛续编》，生活·读书·新知三联书店，1959；后收录于《唐长孺文存》，中华书局，2006。

汪篯：《唐玄宗时期吏治与文学之争》，《汪篯隋唐史论稿》，中国社会科学出版社，1981。

王德权：《试论唐代散官制度的成立过程》，《唐代文化研讨会论文集》，台北文史哲出版社，1991。

王静：《朝廷和方镇的联络枢纽：试谈中晚唐的进奏院》，载邓小南主编《政绩考察与信息渠道—以宋代为重心》，北京大学出版社，2008。

王静、沈睿文：《唐墓埋葬告身的等级问题》，《北京大学学报》2013年第4期。

王寿南：《唐代文官任用制度之研究》，收入《唐代政治史论集》，台北商务印书馆，1977。

王亚南：《支持官僚政治高度发展的第二大杠杆——科举制》，《中国官僚政治研究》，中国社会科学出版社，1993。原文刊于《时与文》1947年第2卷第14期。

王杨梅：《徐谓礼告身的类型与文书形式——浙江武义新出土南宋文书研究》，《浙江社会科学》2013年第11期。

王永兴：《唐敦煌天宝差科簿研究——兼论唐代色役制和其他问题》，载《敦煌吐鲁番文献研究论集》，中华书局，1982。

王永兴、李志生：《吐鲁番出土〈氾德达告身〉校释》，北京大学中国中古史研究中心编《敦煌吐鲁番文献研究论集》第 2 辑，北京大学出版社，1983。

王永兴：《关于唐代流外官的两点意见》，《北京大学学报》1990 年第 2 期。

吴丽娱：《唐高宗永隆元年文书中"签符"、"样人"问题再探》，《敦煌学辑刊》1991 年第 1 期。

吴宗国：《唐贞观二十二年敕旨中有关三卫的几个问题——兼论唐代门荫制度》，载北京大学中国中古史中心编《敦煌吐鲁番文献研究论集》第三辑，北京大学出版社，1986。

吴宗国：《唐代士族及其衰落》，载《唐史学会论文集》，陕西人民出版社，1986。

吴宗国：《石云涛著〈唐代幕府制度研究〉序》，载石云涛《唐代幕府制度研究》，中国社会科学出版社，2003。

熊伟：《唐代本阶官位的形成与勋官地位的演革》，《郑州大学学报》2014 年第 3 期。

徐畅：《存世唐代告身及其相关研究述略》，《中国史研究动态》2012 年第 3 期。

徐畅：《蠲符与唐宋间官人免课役的运作程序》，《文史》2013 年第 2 辑。

阎步克：《秦政、汉政与文吏、儒生》，《历史研究》1986 年第 3 期。

严耕望：《唐代方镇使府僚佐考》，《新亚学报》1966 年第 7 卷第 2 期；后收入氏著《唐史研究丛稿》，九龙新亚研究所，1969。

严耕望：《唐代府州上佐与录事参军》，台北《清华学报》，1970 年新八卷第一、二期合刊。

严耕望：《中国地方行政制度史》甲部《秦汉地方行政制度》，台北《中研院史语所专刊》之四十五 A，1997 年 6 月影印四版。

严复：《严几道与熊纯如书札节钞》第 39 通信札，《学衡》1923 年第 13 期。

赵守俨：《略论唐代科举制度的历史作用》，《历史研究》1959 年第 8 期。收录于《赵守俨文存》，中华书局，1998。

张东光：《唐代官凭文书告身若干问题研究》（上、下），分别载于《档案学通讯》2014 年第 2 期、第 3 期。

张其凡：《关于"唐宋变革期"学说的介绍与思考》，载《暨南学报》（哲学社会科学版）2001 年第 1 期。

张全民：《唐河东监军使刘中礼墓志考释》，《敦煌学辑刊》2007 年第 2 期。

张荣芳：《唐代京兆府领京畿县令之分析》，载黄约瑟、刘健明《隋唐史论集》，香港香港大学亚洲研究中心，1993。

张泽咸：《唐代"南选"及其产生的社会前提》，原载《文史》第 22 辑，中华书局，1984；收录于《一得集》，兰州大学出版社，2003。

郑若玲：《科举考试的功能与科举社会的形成》，《厦门大学学报》2005 年 2 期。

朱雷：《跋敦煌所出〈唐景云二年张君义勋告〉——兼论"勋告"制度的渊源》，《中国古代史论丛》1982 年第三辑，福建人民出版社，1982；又收录于朱雷《敦煌吐鲁番文书论丛》，甘肃人民出版社，2000。

〔日〕大庭脩：《唐告身の古文書学的研究》，《西域文化研究》第三，京都：法藏馆，1960。

〔日〕近藤一成：《〈长编〉に收録された蘇東坡の一逸話をめぐって》，载〔日〕長澤和俊編『アジアにおける年代記の研究』，昭和六十年度科学研究費補助金綜合的研究（A）研究成果報告書，1986。

〔日〕近藤一成：《宋代科举社会的形成——以明州庆元府为例》，《厦门大学学报》2005 年第 6 期。

〔日〕久保田和男：《宋代に于ける制敕の伝达について：元豊改制以前を中心として》，《宋代社会のネットワーク》，東京：汲古書院，1998。

〔日〕砺波护：《唐代的县尉》，载刘俊文主编、夏日新等译《日本学者研究中国史论著选译》第四卷，中华书局，1992。

〔日〕小田义久：《关于德富苏峰纪念馆藏"李慈艺告身"的照片》，乜小红译，《西域研究》2003 年第 2 期。

〔日〕小田义久：《唐代告身的一个考察——以大谷探险队所获李慈艺及张怀寂告身为中心》，李济沧译，武汉大学中国三至九世纪研究所编《魏晋南北朝隋唐史资料》第二十一辑，2004。

四　学位论文（按作者姓氏拼音顺序排列）

高智伟：《甲库制度与唐代铨选》，中国人民大学硕士学位论文，2004，指导教师刘后滨。

王湛：《论地方历练与唐中后期选官——"不历州县不拟台省"原则的阶段考察》，中国人民大学硕士学位论文，2005，指导教师刘后滨。

吴铮强：《宋代科举与乡村社会》，浙江大学博士学位论文，2006，指导教师包伟民。

徐聪：《中晚唐藩镇使府僚佐选任机制研究》，中国人民大学硕士学位论文，2015，指导教师刘后滨。

意如：《唐代"台省"概念考释》，中国人民大学硕士学位论文，2011，指导教师刘后滨。

张祎：《制诏敕札与北宋的政令颁行》，北京大学博士学位论文，2009，指导教师邓小南。

郑庆寰：《体制内外：宋代幕职官形成述论》，中国人民大学博士学位论文，2013，指导教师包伟民。

后　记

　　本书是以本人 1991 年在北京大学历史系完成的硕士学位论文为基础，不断扩展补充而成的。硕士论文的题目是《唐前期文官铨选制度研究》，由吴宗国教授指导。所以，我给吴老师的邮件里说，这是一篇用了将近 30 年才完成的作业。事实上，也只是一篇显得粗糙的作业，其中有的部分还是对老师相关研究的读书心得和照猫画虎写下的概述，惶恐地想以之当作献给老师从教 60 周年纪念的一个小礼物。

　　附录的两篇书评，是当年在北京大学历史系在职攻读博士学位期间（1995～1999 年），应《唐研究》主编荣新江教授之约所写，现在看来显得颇为粗疏，甚至有以是为非之处。不过，因为要完成这两篇书评，使得本人在硕士论文完成后有了继续从事选官制度研究的动力或压力。感谢荣新江教授的约稿与督促。

　　本书写作过程中受到启发最多的论著，除了两位导师祝总斌教授的《两汉魏晋南北朝宰相制度研究》和吴宗国教授的《唐代科举制度研究》外，主要还有阎步克《察举制度变迁史稿》、邓小南《宋代文官选任制度诸层面》、苗书梅《宋代官员选任和管理制度》、赵冬梅《文武之间：北宋武选官研究》等。在书稿修订的最后阶段，又收到了"同年"兼同行的畏友陆扬教授赠送的新作《清流文化与唐帝国》，虽未及细读，然其有关唐代"清流"文化的论述，却对本书所论选官制度中考试原则及其利弊产生了新的启发。感谢上述师友直接或间接的指导与讨论。

　　本书力图构建一个相对完整的唐代选官政务研究框架，注重每个章节之间的历史逻辑与制度逻辑。由于时间和学力所限，这个目标没有完全达到。点到为止的一些问题，希望今后有机会展开进一步的研究。书中的若干部分是最近整理完成的，有的部分则作为单篇论文发表过，这次又进行了较大幅度的修订完善。

我在中国人民大学历史系（历史学院）指导的研究生中，有若干位的硕士学位论文题目与本书的主旨相关，如高智伟《甲库制度与唐代铨选》（2004年）、王湛《论地方历练与唐中后期选官——"不历州县不拟台省"原则的阶段考察》（2005年）、意如《唐代"台省"概念考释》（2011年）以及徐聪《中晚唐藩镇使府僚佐选任机制研究》（2015年）等。征得他们本人同意后，我又作了较大的增删，在新的思路和研究框架下进行了修改。感谢他们同意我收录到本书中并进行修改。

需要致谢的还有中国人民大学历史学院在读的唐宋史专业研究生王杨梅、宋伟华、高峰、王玮、岳爽、牟学林、赵晨等，诸位同学对全书史料核校了一过，付出了辛劳。顾成瑞、张亦冰、朱博宇、刘家隆等同学对本书的一些思考和英文目录的译制亦有所贡献。本书作为"中国人民大学唐宋史研究丛书"之一种，写作和出版过程中，得到了唐宋史研究中心主任包伟民及中心同仁孟宪实、陈怀宇、李全德、皮庆生、王静、张耐冬、刘新光、丁超等人的关心和支持，本书的完成得益于中心日渐浓厚的学术氛围。

刘后滨
2016年3月

图书在版编目（CIP）数据

唐代选官政务研究 / 刘后滨著 . --北京:社会科
学文献出版社，2016.5（2025.5 重印）
（中国人民大学唐宋史研究丛书）
ISBN 978 - 7 - 5097 - 9085 - 4

Ⅰ.①唐…　Ⅱ.①刘…　Ⅲ.①官制 - 研究 - 中国 - 唐
代　Ⅳ.①D691.42

中国版本图书馆 CIP 数据核字（2016）第 086565 号

·中国人民大学唐宋史研究丛书·

唐代选官政务研究

著　　者 / 刘后滨

出 版 人 / 冀祥德
项目统筹 / 宋月华　李建廷
责任编辑 / 范明礼
责任印制 / 岳　阳

出　　版 / 社会科学文献出版社 · 人文分社（010）59367215
　　　　　　地址：北京市北三环中路甲 29 号院华龙大厦　邮编：100029
　　　　　　网址：www. ssap. com. cn
发　　行 / 社会科学文献出版社（010）59367028
印　　装 / 唐山玺诚印务有限公司

规　　格 / 开　本：787mm × 1092mm　1/16
　　　　　　印　张：14.5　字　数：242 千字
版　　次 / 2016 年 5 月第 1 版　2025 年 5 月第 3 次印刷
书　　号 / ISBN 978 - 7 - 5097 - 9085 - 4
定　　价 / 68.00 元

读者服务电话：4008918866